मिर्ज़ा शेख़ एतेसामुद्दीन

मिर्ज़ा शेख़ एतेसामुद्दीन (1738-1800) सम्भवत पहले पढ़े-लि... यूरोप की यात्रा की थी। मिर्ज़ा बंगाल के नदिया ... वाले थे। उनका सम्बन्ध एक पढ़े-लिखे ... बांग्ला, हिन्दुस्तानी और फ़ारसी भाषा के ... कूटनीति और क़ानून के क्षेत्र में महारत हा... मुंशी थे। उन्होंने शहंशाह शाह आलम द्वितीय ... किया। शहंशाह ने उन्हें मिर्ज़ा की पदवी से नवाजा था। यह पद ... अंग्रेज़ों के 'नाइट' की तरह थी। यूरोप से आने के बाद मिर्ज़ा बहुत मशहूर हो गए और लोग उन्हें 'विलायत मुंशी' के नाम से जानने लगे थे। इस बीच वे बिहार, बंगाल और अवध के विभिन्न शहरों में रहे और इस कारण वे कुछ महत्त्वपूर्ण ऐतिहासिक घटनाओं के साक्षी भी थे। उन्होंने फ़ारसी में एक और पुस्तक *नसबनामा* शीर्षक से लिखी है।

हैदर अली

हिन्दी-उर्दू साहित्य के अन्तर्सम्बन्धों के अध्येता हैदर अली ने बी.ए. से पी-एच.डी. तक की शिक्षा जामिया मिल्लिया इस्लामिया, नई दिल्ली से प्राप्त की। प्रतिष्ठित साहित्यिक पत्रिकाओं में उनके लेख प्रकाशित होते रहे हैं। *हिन्दी उर्दू के उपन्यासों में सुधारवादी चेतना, पहली बारिश, हिन्दुस्तानियत का राही* उनकी प्रकाशित पुस्तकें हैं।

सम्प्रति : जामिया मिल्लिया इस्लामिया, दिल्ली के हिन्दी विभाग में असिस्टेंट प्रोफ़ेसर।

मो. हिफ़ज़ुर रहमान

फ़ारसी और अरबी के विशेषज्ञ। जवाहरलाल नेहरू विश्वविद्यालय से फ़ारसी साहित्य में पी-एच.डी. प्राप्त। फ़ारसी, उर्दू और हिन्दी के अन्तर्सम्बन्धों में विशेष रुचि।

आनन्द स्वरूप वर्मा

पत्रकार और अनुवादक। 1970 से 1974 तक आकाशवाणी के हिन्दी समाचार विभाग में नौकरी की। भारत सहित तीसरी दुनिया के देशों में चल रहे साम्राज्यवाद विरोधी, उपनिवेशवाद विरोधी तथा जनतांत्रिक आन्दोलनों में विशेष रुचि। पिछले तीन दशक से वैकल्पिक मीडिया/वैकल्पिक सूचना व्यवस्था विकसित करने के लिए प्रयासरत। मासिक पत्रिका *समकालीन तीसरी दुनिया* के सम्पादक।

विलायत के अजूबे

एक हिन्दुस्तानी द्वारा 18वीं सदी में लिखित यूरोप का पहला सफ़रनामा

मिर्ज़ा शेख़ एतेसामुद्दीन

प्रस्तावना

असग़र वजाहत

अनुवाद तथा सम्पादन

हैदर अली

हिफ़्ज़ुर रहमान

आनन्द स्वरूप वर्मा

राजकमल पेपरबैक्स

राजकमल पेपरबैक्स में
पहला संस्करण : अप्रैल, 2022
दूसरा संस्करण : अगस्त, 2022

राजकमल पेपरबैक्स : उत्कृष्ट साहित्य के जनसुलभ संस्करण

राजकमल प्रकाशन प्रा.लि.
1-बी, नेताजी सुभाष मार्ग, दरियागंज
नई दिल्ली-110 002
द्वारा प्रकाशित

शाखाएँ : अशोक राजपथ, साइंस कॉलेज के सामने, पटना-800 006
पहली मंज़िल, दरबारी बिल्डिंग, महात्मा गांधी मार्ग, प्रयागराज-211 001
36 ए, शेक्सपियर सरणी, कोलकाता-700 017

वेबसाइट : www.rajkamalprakashan.com
ई-मेल : info@rajkamalprakashan.com

बी.के. ऑफसेट
नवीन शाहदरा, दिल्ली-110 032
द्वारा मुद्रित

मूल्य : ₹199

VILAYAT KE AJOOBE
Travelouge by Mirza Sheikh I'tesamuddin

ISBN : 978-93-92757-28-0

विलायत के अजूबे

एक हिन्दुस्तानी द्वारा 18वीं सदी में लिखित
यूरोप का पहला सफ़रनामा

क्रम

प्रस्तावना

महान मुग़ल साम्राज्य की पतन गाथा औरंगज़ेब की मृत्यु (1707) के बाद ही शुरू हो गई थी। 18वीं शताब्दी मुग़ल साम्राज्य के पतन के साथ-साथ यूरोपीय शक्तियों, विशेष रूप से 'ईस्ट इंडिया कम्पनी' के उत्थान की शताब्दी है। पतन और उत्थान की यह शताब्दी हिन्दुस्तान के सामन्ती ढाँचे के टूटने और उपनिवेश विस्तार की शताब्दी भी है। हिन्दुस्तान के इतिहास में पहली बार एक यूरोपीय शक्ति स्थापित हो रही थी। उपनिवेशवादी षड्यंत्रों और विस्तारवादी नीति से पहली बार इस महाद्वीप का सामना हो रहा था। इस संक्रमण काल ने शताब्दियों से यथावत् चले आ रहे हिन्दुस्तान के सामाजिक ढाँचे को छिन्न-भिन्न करने की प्रक्रिया प्रारम्भ कर दी थी। यह वही युग था जिसमें मिर्ज़ा शेख़ एतेसामुद्दीन (1730-1800 ई.) ने अपना सफ़रनामा 'शिगुर्फ़नामा-ए-विलायत' लिखा था। यह यात्रा संस्मरण किसी हिन्दुस्तानी द्वारा लिखा गया यूरोप का पहला यात्रा संस्मरण है। इस सफ़रनामे का अध्ययन कई दृष्टियों से महत्त्वपूर्ण है। इसके माध्यम से यह जानकारी मिलती है कि 18वीं शताब्दी में हिन्दुस्तान के लोग यूरोपीय प्रभाव के प्रति कितने सचेत थे। सफ़रनामे के लेखक ने हिन्दुस्तानी दृष्टिकोण से यूरोपीय समाज को जाँचने और परखने का काम भी किया है। सफ़रनामा कई ऐतिहासिक प्रसंगों का आँखों देखा विवरण भी प्रस्तुत करता है। ध्यान देने योग्य तथ्य यह है कि मिर्ज़ा शेख़ एतेसामुद्दीन ने यूरोप की यात्रा (1766-69) राजाराम मोहन राय की यूरोप यात्रा (1831-33) से पैंसठ साल पहले की थी। राजाराम मोहन राय से पहले दो और हिन्दुस्तानी भी यूरोप जाने का जोखिम उठा चुके थे। पटना के शेख़ दीन मोहम्मद (1759-1851) अपने अंग्रेज़ संरक्षक गॉडफ्रे इवान बेकर के साथ 1782 में यूरोप गए थे, जहाँ एक गोरी कन्या से उनका प्रेम भी हो गया था। उस समय के क़ानून के अनुसार कोई ग़ैर क्रिश्चियन किसी क्रिश्चियन से शादी नहीं कर सकता था। इसलिए अपने

प्रेम को अंजाम तक पहुँचाने के लिए शेख़ दीन मोहम्मद ने ईसाई धर्म स्वीकार कर लिया था और उनका नाम सीक डीन मोमट हो गया था। उन्होंने अंग्रेज़ी में एक पुस्तक भी लिखी थी, जो किसी हिन्दुस्तानी द्वारा लिखी और छपी (1794) अंग्रेज़ी की पहली किताब मानी जाती है। इनके बाद मुर्शिदाबाद के मिर्ज़ा अबू तालिब (1752-1806) ने भी अपने मित्र डेविड थॉमस रिचर्डसन के साथ यूरोप की कठिन यात्रा (1799-1800) की थी और बहुत विस्तार से फ़ारसी में यात्रा संस्मरण भी लिखा है, जिसका अंग्रेज़ी और उर्दू अनुवाद उपलब्ध है।

18वीं शताब्दी में हिन्दुस्तान संक्रमण काल से गुज़र रहा था। केन्द्रीय सत्ता के विघटन का सिलसिला औरंगज़ेब के दक्षिण अभियान के समय ही आरम्भ हो चुका था। दक्षिण की जटिल परिस्थितियों और लम्बे चलने वाले युद्धों ने औरंगज़ेब को पूरी तरह उलझा लिया था। उत्तर-भारत पर उसका नियंत्रण ढीला पड़ने लगा था। उत्तर-पश्चिम में अफ़ग़ान क़बीले, पंजाब में सिख, ब्रज क्षेत्र में जाट, मध्य देश में बुन्देला राजपूत और दक्षिण में मराठे पहले से ही केन्द्रीय सत्ता को चुनौती देते आ रहे थे। औरंगज़ेब की मृत्यु के बाद मुग़ल साम्राज्य की अव्यवस्था और अराजकता ने इन्हें बड़ा अवसर प्रदान किया। पचास-पचपन वर्षों में ही आठ मुग़ल शहज़ादे बादशाह बनकर दिल्ली के सिंहासन पर बैठ चुके थे, लेकिन कोई भी केन्द्रीय सत्ता को पुनः स्थापित न कर सका था। यह युग हिन्दुस्तान के इतिहास में अराजकता, षड्यंत्रों, कुचक्रों और आन्तरिक युद्धों का युग माना जाता है। मुग़ल सम्राट केवल नाममात्र के सम्राट रह गए थे जबकि असली सत्ता स्वार्थी, चापलूस अमीरों, क्षेत्रीय राजाओं तथा विदेशी शक्तियों के हाथों में जा चुकी थी। विशेष उल्लेखनीय तथ्य यह है कि 18वीं सदी से पहले सत्ता संघर्ष केवल मुग़ल शहज़ादों में होता था और सामन्त या अमीर केवल उनकी सहायता करते थे, परन्तु बाद में महत्त्वाकांक्षी अमीर और सामन्त स्वयं सत्ता के लिए षड्यंत्र करने लगे थे। एक प्रकार से गृहयुद्ध जैसी स्थिति बन गई थी और कई वर्षों तक शक्तिशाली सामन्त ही सत्ता के असली मालिक बने रहे। इसमें सैयद बन्धुओं का नाम प्रमुखता से लिया जा सकता है। मुग़ल दरबार में निरन्तर चलने वाले कुचक्रों ने प्रशासनिक व्यवस्था को ठप कर दिया था। ऐसे स्वतंत्र राज्यों की संख्या बढ़ती ही गई, जिनमें मराठा (महाराष्ट्र और उत्तर-भारत), जाट (भरतपुर), सिख (पंजाब), अफ़ग़ान (रुहेलखंड) एवं मैसूर आदि प्रमुख थे। इन अधिकांश राज्यों की स्थापना मुग़ल अमीरों ने ही की थी। अपनी कमज़ोर

स्थिति के कारण मुग़ल साम्राज्य ने इन राज्यों को मान्यता दे दी थी क्योंकि इसके अलावा कोई और उपाय न था।

मुग़ल साम्राज्य की बची-खुची प्रतिष्ठा को नादिर शाह (1739) तथा अहमद शाह अब्दाली (1748) जैसे आक्रमणकारियों ने धूल में मिला दिया था। नादिर शाह ने मुग़ल बादशाह मुहम्मद शाह रंगीला को बन्दी बना लिया था। वह यहाँ से भारी सम्पदा लूटकर चला गया था। परिणामस्वरूप, नाममात्र का मुग़ल साम्राज्य कंगाल हो गया था। रही-सही कसर अहमद शाह अब्दाली के बार-बार के आक्रमणों ने पूरी कर दी थी। अब्दाली ने सन् 1761 में मराठों को पानीपत में हरा दिया था। इससे मराठों की महत्त्वाकांक्षा को गहरा आघात लगा था और वे कुछ वर्षों के लिए कमज़ोर पड़ गए थे।

ऐसी विकट परिस्थितयों के बीच सन् 1759 में शाह आलम द्वितीय गद्दी पर बैठा। ईस्ट इंडिया कम्पनी की बढ़ती हुई शक्ति से भयभीत बंगाल के नवाब मीर क़ासिम, अवध के नवाब शुजाउद्दौला और दिल्ली के सम्राट शाह आलम द्वितीय ने मिलकर कम्पनी के विरुद्ध युद्ध छेड़ दिया। इस युद्ध को इतिहास में बक्सर की लड़ाई के नाम से याद किया जाता है। इस युद्ध का परिणाम बहुत भयानक हुआ। कम्पनी की सेना ने हिन्दुस्तान के तीन बड़े शासकों की संयुक्त सेना को बुरी तरह हरा दिया। शाह आलम द्वितीय ने ईस्ट इंडिया कम्पनी को न केवल बंगाल, बिहार और उड़ीसा की मालगुज़ारी वसूल करने के अधिकार दे दिए थे बल्कि युद्ध के पश्चात् बनी नई राजनैतिक परिस्थितयों में वे अपने आपको असुरक्षित भी अनुभव कर रहे थे। शत्रुओं से घिरे मुग़ल सम्राट ने ईस्ट इंडिया कम्पनी से अपनी सुरक्षा की अपील भी की थी।

18वीं शताब्दी में हिन्दुस्तानी राजनीति और समाज के पतन की गाथा वास्तव में त्रासद है। उर्दू के महान कवि मीर तक़ी मीर (1723-1810) की कविता में इस पतन का बड़ा बखान है—

गुज़रा हूँ जिस ख़राबे से, कहते हैं वां के लोग
है कोई दिन की बात ये घर था ये बाग़ था।

दिल्ली देखते-देखते खंडहर में तब्दील हो गई थी। यह वही राजधानी थी जो शताब्दियों तक संसार की भव्यतम् राजधानियों में गिनी जाती थी। जिसके बारे में 'मीर' ने ही कहा था—

दिल्ली के न थे कूचे, अवराक़े मुसव्विर[1]
जो शक्ल नज़र आई, तस्वीर नज़र आई।

लेकिन अब उस तस्वीर के रंग बदल चुके थे। भुखमरी और अकाल ने जीवन के रंगों को काला कर दिया था।

ख़ूबरू[2] *अब नहीं हैं गन्दुम गूँ*[3]
मीर हिन्दोस्तां में काल[4] *पड़ा।*

इन हालात ने फ़ारसी और तुर्की की एक काव्य विधा शहरे-आशोब (शोक में डूबा शहर) को बहुत लोकप्रिय बना दिया था। बड़े-से-बड़े युगीन कवि शहर का शोक गीत लिखने लगे थे। मीर तक़ी मीर ने भी दिल्ली पर शोक गीत लिखा था उनके अनुसार—

दिल्ली, दिल्ली न रही, सबके रोज़गार की सूरत बिगड़ गई।
कुंजड़े रोते हैं तो बक़्क़ाल झींकते हैं।
सिपाहियों में कोई ढाल बेच रहा है तो कोई तलवार।
शाही मुलाज़िमों को सालों से वेतन नहीं मिला।
भुखमरी और बेरोज़गारी से सब बेहाल हैं।

यह एक ऐसे सम्राट का युग कहा जा सकता है, जो स्वयं पराजय और त्रासदी का प्रतीक था। उसके साम्राज्य के बारे में कहा जाता था—*सल्तनत-ए-शाह आलम, अज़ दिल्ली ता पालम।* मतलब यह है कि शाह आलम द्वितीय का साम्राज्य सिर्फ़ दिल्ली से पालम तक है। शाह आलम द्वितीय के पिता जहांदार शाह अपने भतीजे अज़ीम-अल-शान से आगरा युद्ध (1713) में हार जाने के बाद बन्दी बनाकर लाल क़िले के सलीम गढ़ कारागार में क़ैद कर दिए गए थे। शाह आलम की जवानी भी अपने पिता के साथ क़ैदखाने में ही बीती थी। दिल्ली को बर्बाद करने वाले सम्राट अहमद शाह अब्दाली ने ही शाह आलम को दिल्ली का सम्राट बनाया था, लेकिन साम्राज्य पूरी तरह प्रधानमंत्री वज़ीर एमादुल मुल्क के हाथ में था। शाह आलम को डर था कि वज़ीर उनकी हत्या करा देगा। इसलिए 1758 में वे दिल्ली से भाग गए थे। बक्सर की लड़ाई (1764) में ईस्ट इंडिया कम्पनी से हार जाने के बाद वे कम्पनी के संरक्षण में छह साल इलाहाबाद के क़िले में रहे थे। दिल्ली पर

1. चित्रकार के चित्र थे, 2. सुन्दर चेहरे वाले, 3. गेहुँआ रंग, 4. अकाल।

मराठों का अधिकार (1771) के बाद ही वे दिल्ली लौटे थे। अब वे मराठा सरदार महादाजी सिन्धिया के संरक्षण में थे। उन्होंने सिन्धिया को साम्राज्य के उच्चत्तम ख़िताब दिए थे। सिन्धिया को 'वकील-उल-मुतलक़' और 'अमीर-रुल-उमरा' की उपाधियों से नवाज़ा गया था।

शाह आलम द्वितीय पर मुसीबत का पहाड़ तो उस समय टूटा था जब मौक़ा पाकर रोहिल्ला सरदार ग़ुलाम क़ादिर ने लाल क़िले में घुसकर सारा ख़ज़ाना लूट लिया था। सम्राट की दाढ़ी नोचकर उनका न केवल अपमान किया था (10 अगस्त, 1788) बल्कि अपने हाथों से मुग़ल सम्राट को अन्धा भी कर दिया था। शाह आलम के इस अपमान का बदला उनके परम विश्वसनीय मराठों ने लिया था। मराठों ने ग़ुलाम क़ादिर को हराकर उसे गिरफ़्तार किया था और सम्राट की इच्छानुसार उसके कान और नाक काटकर उसकी हत्या कर दी थी।

मिर्ज़ा शेख़ एतेसामुद्दीन का सफ़रनामा युगीन परिस्थितियों के परिप्रेक्ष्य में ही देखा जाना चाहिए। राजनीतिक पृष्ठभूमि और उसके समाज पर पड़ने वाले प्रभाव को जाने बिना सफ़रनामे के बहुत से पक्षों को समझना कुछ कठिन होगा। मिर्ज़ा साहब ने जगह-जगह इतिहास की घटनाओं और प्रसंगों का हवाला दिया है।

मिर्ज़ा शेख़ एतेसामुद्दीन ने अपने बारे में आवश्यक जानकारियाँ सफ़रनामे में ही दी हैं। उन्होंने न केवल अपने परिवार के सम्बन्ध में विस्तार से लिखा है बल्कि अपनी वंशावली और परिवार के ईरान से हिन्दुस्तान आने के कारणों पर भी प्रकाश डाला है। अन्य सूत्रों से उनके सम्बन्ध में जो जानकारियाँ मिलती हैं, उनके आधार पर कहा जा सकता है कि मिर्ज़ा शेख़ एतेसामुद्दीन अपने धर्म और परम्पराओं पर विश्वास करने वाले व्यक्ति थे। उन्होंने ईस्ट इंडिया कम्पनी और उच्च अंग्रेज़ अधिकारियों के साथ काम अवश्य किया था, परन्तु उन्हें अपनी श्रेष्ठता पर पूरा विश्वास था। यद्यपि वे यूरोप की साइंस और तकनीक में की गई प्रगति के प्रशंसक थे, परन्तु वे यूरोप के अन्ध भक्त नहीं कहे जा सकते। यूरोपीय समाज और संस्कृति के बारे में उनका दृष्टिकोण बहुत सन्तुलित है। न तो वे अनावश्यक प्रशंसा करते हैं और न उसकी घोर निन्दा करते हैं। सफ़रनामे के पाठक को यह जानकारी बहुत सरलता से मिल जाएगी कि मिर्ज़ा शेख़ एतेसामुद्दीन रंग और नस्ल की श्रेष्ठता पर विश्वास करते थे। उनके मन में काले रंग के लोगों के लिए पूर्वग्रह भी थे। अपनी यूरोप यात्रा के दौरान उन्होंने गोरी स्त्रियों के अलौकिक सौन्दर्य की भी चर्चा की है। समाजशास्त्र और एंथ्रोपॉलॉजी के अध्येताओं के

लिए मिर्ज़ा साहब का सफ़रनामा कई दृष्टियों से महत्त्वपूर्ण है क्योंकि उन्होंने लन्दन, ऑक्सफ़ोर्ड और स्कॉटलैंड में हुए अनुभवों का बहुत विस्तार से वर्णन किया है। उनकी पैनी दृष्टि ने व्यक्तियों, घटनाओं और सामाजिक सन्दर्भों को बहुत गहराई से परखा है।

मिर्ज़ा शेख़ एतेसामुद्दीन ने अपने यात्रा संस्मरण में बक्सर की लड़ाई के उपरान्त घटी घटनाओं पर भी प्रकाश डाला है। अपने शत्रुओं से भयभीत शाह आलम द्वितीय ने ईस्ट इंडिया कम्पनी जनरल रॉबर्ट क्लाइव से अनुरोध किया था कि उनकी सुरक्षा के लिए ब्रिटिश सैनिकों की सेवाएँ दी जाएँ। इस अनुरोध पर रॉबर्ट क्लाइव ने सम्राट को बताया था कि किसी विदेशी सम्राट की रक्षा करने के लिए ब्रिटिश सैनिकों को तैनात करना उसके अधिकार में नहीं है। इसलिए यह तय हुआ कि इस आशय का एक अनुरोध-पत्र और भेंट के रूप में एक लाख रुपए मुग़ल सम्राट की ओर से ब्रिटेन के सम्राट जॉर्ज तृतीय को भेजे जाएँ। इस कार्य के लिए कैप्टन स्विंटन को चुना गया था। सम्राट ने सुझाव दिया था कि कैप्टन स्विंटन के साथ किसी ऐसे आदमी को भी भेजा जाए, जो फ़ारसी अच्छी तरह जानता हो ताकि पत्र में लिखी हुई बातों को वह उचित ढंग से स्पष्ट कर सके। मिर्ज़ा शेख़ एतेसामुद्दीन फ़ारसी के अच्छे जानकार थे। उन्हें ईस्ट इंडिया कम्पनी में काम करने का अनुभव भी था। सम्राट के सुझाव पर यह तय हुआ था कि वे कैप्टन स्विंटन के साथ लन्दन जाएँ। इस प्रकार मिर्ज़ा साहब की असाधारण और रोमांचक यात्रा की बुनियाद पड़ी थी। यह यात्रा और उनका लन्दन प्रवास तीन वर्षों तक चला था। यात्रा का मुख्य उद्देश्य तो पूरा नहीं हो सका क्योंकि पत्र इंग्लैंड के सम्राट तक नहीं पहुँच सका। वास्तव में पत्र लॉर्ड क्लाइव ने कैप्टन स्विंटन को दिया ही नहीं था। इसकी जानकारी मिर्ज़ा शेख़ एतेसामुद्दीन को तीन सप्ताह यात्रा करने के बाद हुई थी। यह पत्र लॉर्ड क्लाइव ने यह कहकर अपने पास रख लिया था कि जब तक उपहार की राशि हाथ में नहीं आ जाएगी तब तक पत्र भेजने का कोई अर्थ नहीं है, लेकिन उसने कैप्टन स्विंटन को यह आश्वासन दे दिया था कि उपहार राशि मिलने के बाद पत्र जल्दी ही भेज दिया जाएगा। क्लाइव की इस धोखाधड़ी के पीछे एक कारण यह भी हो सकता है कि वह नहीं चाहता था कि मुग़ल सम्राट और ब्रिटेन के सम्राट के बीच कोई सीधा सम्पर्क स्थापित हो।

इंग्लैंड के सम्राट जॉर्ज तृतीय को लिखा शाह आलम द्वितीय का यह पत्र नष्ट नहीं हुआ है। सन् 1939 में इतिहासकार प्रो. हबीबउल्ला ने इसका अंग्रेज़ी अनुवाद

इंडियन हिस्टॉरिकल रिकॉर्ड्स कमीशन को प्रस्तुत किया था। यह पत्र साउथ एशियन ऑरकॉइव में उपलब्ध है। शाह आलम को यद्यपि अपने पहले पत्र का उत्तर नहीं मिला क्योंकि वह जॉर्ज तृतीय को मिला ही नहीं था, लेकिन इसके बाद भी शाह आलम ने जॉर्ज तृतीय को कई पत्र लिखे थे। इन पत्रों में उन्होंने अंग्रेज़ों का संरक्षण प्राप्त करने के अतिरिक्त नए और आधुनिक हथियारों की माँग भी की थी। अपनी सेना को ट्रेनिंग देने के लिए वे इंग्लैंड से विशेषज्ञों को भी बुलाना चाहते थे। उन्होंने सम्राट से यह भी प्रार्थना की थी कि उन्हें ईस्ट इंडिया कम्पनी निर्धारित पेंशन नहीं दे रही है, जिसके कारण वे बहुत कठिन स्थिति में हैं।

मिर्ज़ा शेख़ एतेसामुद्दीन के यात्रा संस्मरण से यह जानकारी भी मिलती है कि उस समय हिन्दुस्तान और यूरोप के बीच किस प्रकार के धार्मिक और सांस्कृतिक विवाद चल रहे थे। यह भी स्पष्ट होता है कि राजनीतिक प्रभुत्व स्थापित करने के पश्चात् अंग्रेज़ किस प्रकार अपना धार्मिक वर्चस्व भी स्थापित करना चाहते थे। मिर्ज़ा साहब ने हिन्दुस्तान में कार्यरत यूरोपियन कम्पनियों का भी संक्षिप्त विवरण दिया है। समुद्री यात्रा का वर्णन बहुत रोमांचक ढंग से किया गया है। इसके पश्चात् उन्होंने 'नेविगेशन' सम्बन्धी तथ्य सामने रखे हैं और उन स्थानों का विवरण दिया है जो उन्होंने रास्ते में देखे थे।

यूरोप की यात्रा से लौट आने के बाद मिर्ज़ा शेख़ एतेसामुद्दीन की प्रतिष्ठा बढ़ गई थी। उन्हें लोग 'विलायती मुंशी' कहने लगे थे। उन्हें ईस्ट इंडिया कम्पनी में दोबारा नौकरी भी मिल गई थी। कई वर्षों तक उन्होंने ईस्ट इंडिया कम्पनी और मराठों के बीच राजनयिक दूत के रूप में भी काम किया था। सन् 1775 में वे कर्नल जॉन हैमिल्टन (John Hamilton) के साथ मराठा सरदारों नारद सखाराम और नाना फ़र्नवीस से शान्तिवार्ता करने पूना भी गए थे। उन्होंने सफ़रनामा के अतिरिक्त फ़ारसी में 'नसबनामा' अर्थात् अपने परिवार की वंशावली भी लिखी थी, जिसे क़ाज़ी मोहम्मद सद्उल्ला ने सम्पादित किया है।

फ़ारसी की पांडुलिपियों का हिन्दी अनुवाद बहुत कम हुआ है जबकि यह काम बहुत आवश्यक है। कई शताब्दियों तक फ़ारसी हिन्दुस्तान की राजभाषा रही है। फ़ारसी में ऐसे महत्त्वपूर्ण ग्रंथ लिखे गए थे जो हमारे इतिहास समाज और संस्कृति को जानने और समझने में बहुत सहायक सिद्ध हो सकते हैं, विशेषरूप से मध्यकाल के इतिहास और साहित्य को फ़ारसी ग्रंथों की सहायता के बिना नहीं समझा जा सकता। इसलिए प्रस्तुत अनुवाद एक सराहनीय कार्य माना जाएगा। यह डॉ. हैदर

अली की पहल पर एक प्रोजेक्ट के रूप में किया गया है। कई लोगों की मेहनत के परिणामस्वरूप यह आपके सामने है।

मुझे आशा है कि फ़ारसी पांडुलिपियों के हिन्दी अनुवाद का काम और आगे बढ़ेगा तथा अन्य महत्त्वपूर्ण फ़ारसी ग्रंथ भी हिन्दी पाठकों के सामने आएँगे।

—असग़र वजाहत

हम्द और नात

सारी प्रशंसा विश्व की रचना करने वाले के लिए है जो सर्वव्यापी है, जिसका भेद जानने में दुनिया के बड़े-बड़े दार्शनिक और बुद्धिजीवी भी असमर्थ रहे। यह नीला आकाश उस सर्वशक्तिमान की असीम अनुकम्पा का एक अंशमात्र है। मनुष्य का समस्त ज्ञान भी उसके आगे पानी के बुलबुले की भाँति है। साथ ही, हज़रत मुहम्मद (सल्ल.) की प्रशंसा अनिवार्य है, जिनके द्वारा इनसानियत को सच्चाई की रौशनी (ज्ञान) प्राप्त हुई। आप दुनिया के लिए रहमत बनाकर भेजे गए, नि:संदेह आप अन्तिम ईशदूत (रसूल) और सभी ईशदूतों में श्रेष्ठ हैं। अब ज़रूरी यह लगता है कि मैं हज़रत मुहम्मद को सलाम भेजने के बाद अपने मुख्य उद्‌देश्य की ओर बढ़ूँ तथा अपना हाल बयान करूँ।

पुस्तक लेखन का कारण

सबसे पहले पाठकों को इस बात से परिचित कराऊँ कि लेखक को तक़दीर कुछ साल पहले विलायत खींच ले गई। इस यात्रा के दौरान जो अजीबो-ग़रीब तजुर्बे हुए तथा ज़मीन और समुद्र की जो विशेषताएँ देखने और सुनने में आईं, उनकी दास्ताँ बहुत रोचक और आश्चर्यजनक है। 1785 (1199 हिज्री) में जिन दिनों मेरा दिल उदास और मन विचलित था और ज़माने की करवट ने मुझे आर्थिक तंगी में डाल रखा था, बेचैनी के उन दिनों में अपने शुभचिन्तकों के बार-बार अनुरोध करने पर मैं इस बात पर तैयार हो गया कि मैं अर्थात् एतेसामुद्दीन, सुपुत्र स्वर्गीय शेख़ ताजुद्दीन, निवासी बाजनौर, ज़िला नदिया विलायत का अपना सफ़रनामा लिखूँ और क़लम को अपने उद्देश्य की प्राप्ति के लिए तैयार करूँ। चूँकि मुख्य उद्देश्य विलायत के हालात से पाठकों को अवगत कराना है, इसलिए मैंने इस पुस्तक को शब्दों के मायाजाल में फँसाने की कोशिश नहीं की बल्कि बहुत ही संयमित शैली और सीधी-सादी भाषा का प्रयोग किया और इस किताब का नाम 'शिगुर्फ़नामा-ए-विलायत' रखकर ज़माने के सफ़हे पर अपनी यादगार छोड़ी। बस, मैं यही सोचता हूँ कि मेरे खींचे इस नक़्शे को देखकर लोग मुझे याद कर सकें।

व्यक्तिगत और ऐतिहासिक पृष्ठभूमि

नवाब मीर जाफ़र अली ख़ान की हुकूमत के दौरान मैं नवाब के साथ काम करता था। इसी दौरान उनके मुंशी शेख़ सलीमुल्लाह और उनके मीर मुंशी मिर्ज़ा मोहम्मद क़ासिम के साथ रहने के प्रभाव से फ़ारसी लिखने और पढ़ने का कुछ सलीक़ा प्राप्त हुआ। जब मीर क़ासिम अली ख़ान नवाब बन गए तो मैंने मेजर पार्क के यहाँ नौकरी कर ली और बीरभूम के शासक असदुज़्ज़मां ख़ान के ख़िलाफ़ मेजर पार्क ने जो मुहिम चलाई उसमें मैं मौजूद था। जब यह लड़ाई ख़त्म हुई तो मैं उनके साथ अज़ीमाबाद चला गया जहाँ बादशाह शाह आलम से मिलने का सौभाग्य प्राप्त हुआ, और इसके बाद कलकत्ता चला गया, जहाँ सात और मुंशियों के साथ मैं भी कम्पनी का मुलाज़िम बन गया। जब मेजर पार्क इंग्लैंड वापस चले गए तो उन्होंने मेजर एडम को मेरा हवाला देकर पटना भेजा, लेकिन मुंशी नवकिशन की चालबाज़ियों की वजह से मुझे उनके यहाँ नौकरी नहीं मिली। बाद में मिस्टर स्ट्राचे ने मुझे मदद पहुँचाई और कैप्टन मैकिनॉन ने एक अनाथालय की ज़िम्मेदारी मुझे सौंप दी। मैं वहाँ दो साल तक रहा और इसके बाद कम्पनी और नवाब मीर क़ासिम के बीच लड़ाई छिड़ने के बाद मैं अपने मालिक के साथ उनकी मुहिम में लग गया और फिर घरिया तथा उदयनाला की लड़ाइयों के वक़्त वहाँ मौजूद रहा। इसके बाद एक साल तक मैंने मिस्टर बार्डेट के तहत कुतुबपुर में तहसीलदार की नौकरी की।

मिस्टर स्ट्राचे ने मेरा कॅरियर बनाने में बड़ी मदद की थी, लेकिन अचानक उनका इन्तक़ाल हो गया। इसका मुझे गहरा सदमा लगा और तक़रीबन एक महीने तक मैं इस सदमे से उबर नहीं सका। आज भी जब मैं उन्हें याद करता हूँ तो एक दर्द मेरे ऊपर हावी हो जाता है।

इसके कुछ ही दिनों बाद 1141 हिज्री अर्थात् 1764 ई. में मेजर हेक्टर मुनरो ने बक्सर की लड़ाई में मीर क़ासिम और शुजाउद्दौला की मिली-जुली सेना को

रौंद दिया, जिसके नतीजे के तौर पर वे दोनों भागकर रोहिलकुंड पहुँच गए। 1765 में मैंने ब्रिटिश कमांडर इन चीफ़ कर्नल कारनॉक के मातहत नौकरी शुरू की और उन्हीं दिनों चनारगढ़ में शहंशाह शाह आलम से मिलने का सौभाग्य प्राप्त हुआ। वहाँ से मैं इलाहाबाद होते हुए लखनऊ चला गया।

जब मराठा सरदार मल्हार राव ने शहंशाह शाह आलम के ख़िलाफ़ शुजाउद्दौला से हाथ मिलाया तो नए सिरे से कुछ मुसीबतें पैदा हो गईं। शुजाउद्दौला ने काल्पी की तरफ़ कूच किया और मल्हार राव ने अपने पचास हज़ार घुड़सवारों के साथ कोरा जहानाबाद पर धावा बोल दिया। कर्नल कारनॉक को हुक्म मिला था कि वह शहंशाह की मदद करे, लिहाज़ा वह अपनी फ़ौजों के साथ फ़ैज़ाबाद से रवाना हुआ। उसने गंगा नदी पार करते हुए शिवराजापुर घाट से गंगा नदी को पार किया और मराठों की फ़ौज से मुक़ाबला किया। शुजाउद्दौला कन्नौज की तरफ़ चले गए। अब शान्ति समझौते की बातचीत का माहौल बन गया था। इस मक़सद से हम इलाहाबाद की ओर रवाना हुए और कटरा माँगपुर पहुँचकर बादशाह से मुलाक़ात का सौभाग्य प्राप्त कर इलाहाबाद के क़िले में पहुँच गए। उस समय में लॉर्ड क्लाइव जंग बहादुर बंगाल के प्रबन्धन के लिए यूरोप से आए हुए थे। वह उस समय इलाहाबाद में ही थे। मेरी ज़िन्दगी में अचानक एक तब्दीली तब आई जब हमारी मुलाक़ात कोरा-मानिकपुर में शहंशाह से हुई। उन्होंने मेरे सामने पेशकश की कि मैं मिर्ज़ा के ख़िताब के साथ उनके दरबार में मुंशी बन जाऊँ और मैंने तहेदिल से शुक्रिया अदा करते हुए इस पेशकश को मंज़ूर कर लिया।

यूरोप के दौरे के बाद मैं फिर कम्पनी की नौकरी में आ गया और मराठा युद्ध से सम्बन्धित जो कूटनीतिक कामकाज हो रहे थे, उसमें शामिल हो गया। 1775 में मैं उस समय कर्नल जॉन हेमिल्टन के साथ पूना गया, जब वे मराठा युद्ध सरदारों के साथ एक समझौते को अंजाम देने की कोशिश कर रहे थे। इस समझौते को अमली जामा पहनाने के लिए मुझे मराठों के पास राजदूत के रूप में जाना पड़ा और वहाँ मैंने नारद सखाराम तथा नाना फड़नवीस जैसे बड़े मराठा अफ़सरों से बातचीत की और कैप्टन वानसिटार्ट की मदद से समझौते का एक मसौदा तैयार किया, जिसकी एक नक़्ल आज भी मेरे पास मौजूद है।

कुल मिलाकर मेरी जवानी का जो सबसे अच्छा हिस्सा था, वह कम्पनी की नौकरी में गुज़रा। अभी जिस बदक़िस्मती के दौर से मैं गुज़र रहा हूँ, उसके मुक़ाबले वे दिन मेरे लिए बहुत शानदार थे।

शहंशाह और शुजाउद्दौला के बीच जो समझौता हुआ, उसके बारे में कुछ और खुलासा करना चाहूँगा। कुछ ही दिनों पहले कम्पनी के गवर्नर के रूप में लॉर्ड क्लाइव वापस बंगाल पहुँचे थे और वह भी इलाहाबाद आए। उन्होंने शहंशाह के साथ एक समझौते पर दस्तख़त किए, जिसके मुताबिक़ कोरा और इलाहाबाद ज़िलों, जिनकी क़ीमत सालाना 24 लाख रुपए थी, को शहंशाह को सौंपा गया और साथ में नज़राने के रूप में सालाना छब्बीस लाख रुपए की एक और रक़म तय की गई। बनारस और ग़ाज़ीपुर को छोड़कर अवध का बाकी हिस्सा नवाब शुजाउद्दौला को लौटा दिया गया, लेकिन इसके लिए उन्हें हरजाने के रूप में पचास लाख रुपए की रक़म चुकानी पड़ी ताकि सेना पर कम्पनी का जो ख़र्च हुआ है, उसकी भरपाई की जा सके। नवाब और कम्पनी के बीच समझौते की दो नक़्ल तैयार की गईं, उन पर दस्तख़त किए गए और मुहर लगाई गई और उसके बाद लॉर्ड क्लाइव ने नवाब को बाइबिल की एक प्रति और नवाब ने लॉर्ड क्लाइव को क़ुरान की एक प्रति भेंट की और फिर दोनों गले मिले। इसके सात रोज़ के बाद शुजाउद्दौला अपने इलाक़े में लौट गए। इस समझौते से लॉर्ड क्लाइव ने शाही फ़रमान के ज़रिए यह पक्का कर लिया कि मरहूम नवाब मीर जाफ़र अली ख़ाँ के बेटे नज़ीमुद्दौला को बंगाल, बिहार और उड़ीसा का नवाब बना दिया जाए और कम्पनी के पास दीवानी वाले हक़ हों। इसका मतलब यह हुआ कि टैक्स वग़ैरह वसूलने का काम इन इलाक़ों में कम्पनी करेगी। समझौते के बाद जब लॉर्ड क्लाइव ने अनुमति चाही तो शहंशाह ने अपनी आँखों में आँसू भरकर कहा, "आपने कम्पनी के मामलों को भरसक इत्मीनान के साथ सुलटा लिया है, लेकिन मेरी हैसियत को मज़बूत बनाने के लिए आपने कुछ भी नहीं किया। आपने ऐसा कोई इन्तज़ाम नहीं किया है, जिससे यहाँ अंग्रेज़ी फ़ौज तैनात की जा सके जो मुझे हुकूमत करने में मदद पहुँचाए और अब आप मुझे तमाम धोखेबाज़ लोगों के बीच में अकेला छोड़कर जा रहे हैं।'

लॉर्ड क्लाइव और कर्नल कार्नाक उनकी इस बात को सुनकर बहुत दुखी हुए और एक हद तक शर्मिन्दा भी। उन्होंने बादशाह से कहा कि फ़ौजी सहायता इंग्लैंड के राजा की अनुमति के बिना नहीं दी जा सकती। मेरे लिए ऐसा कर पाना नामुमकिन है, लेकिन अब हम लोग राजा के पास एक दरख़्वास्त के ज़रिए यहाँ के हालात उन्हें बताएँगे और जैसे ही इंग्लैंड से कोई आदेश आता है, हम सेना तैनाती का काम शुरू कर देंगे। जब तक ऐसा नहीं होता, मैं आपको यही सलाह दूँगा कि आप ख़ुद को इलाहाबाद तक महदूद रखें। इस बीच जनरल स्मिथ, जो

अंग्रेज़ी फ़ौजों के एक हिस्से की कमान सँभालते हैं, अपनी एक बटालियन के साथ आपकी ख़िदमत में मौजूद रहेंगे। इसके अलावा जौनपुर के नज़दीक हम लोग एक कैंटोनमेंट बना चुके हैं और वहाँ जो सैनिक मौजूद होंगे, वे भी ज़रूरत पड़ने पर आपकी मदद के लिए आ सकते हैं। ऐसी हालत में योर हाइनेस को बहुत परेशान होने की ज़रूरत नहीं है। हम आपको पूरा भरोसा देते हैं कि जब भी ज़रूरत पड़ेगी, हम आपकी मदद के लिए हाज़िर हो जाएँगे।

इसके बाद शहंशाह की इच्छा के अनुसार उनके दो मंत्रियों, नवाब मुनीरुद्दौला और राजा शिताब राय ने इंग्लैंड के महाराजा के नाम एक ख़त का मसौदा तैयार किया, जिसमें कहा गया था कि भारतीय साम्राज्य के प्रशासन में मदद पहुँचाने के लिए अंग्रेज़ी सेना के तहत अगर इंग्लैंड एक फ़ौज की टुकड़ी तैनात करे तो यह दोनों राज्यों के बीच दोस्ती का प्रतीक होगा। यह भी कहा गया था कि भारतीय शहंशाह ने इंग्लैंड के राजा के प्रति अपना आदर प्रकट करने के लिए कम्पनी को कह दिया है कि बंगाल में टैक्स वसूली का काम वह ख़ुद कर सकती है और इसे अंग्रेज़ी सेना की सेवाओं के बदले में एक इनाम माना जाए। दरबार ने यह भी तय किया कि इस ख़त के साथ एक लाख रुपए भी पेश किए जाएँगे।

नवाब मुनीरुद्दौला और राजा शिताब राय, दोनों लॉर्ड क्लाइव के साथ कलकत्ता गए। इसके बाद कम्पनी के सदस्य परिषद् की जानकारी के बग़ैर इन लोगों ने कर्नल कार्नाक, कैप्टन स्विंटन और दुभाषिए जॉर्ज वानिसटार्ट के साथ दमदम गार्डेन में बातचीत की, जहाँ उस ख़त की नक़्ल तैयार की गई और उस पर बादशाह शाह आलम की शाही मुहर लगाने के बाद उसे कैप्टन स्विंटन को सौंप दिया गया। इस ख़त को बेल-बूटे की कढ़ाई वाले एक लिफ़ाफ़े में बन्द किया गया। कैप्टन स्विंटन को अधिकार दिया गया कि वह बादशाह के राजदूत की भूमिका निभाएँ और इसी हैसियत से इंग्लैंड के महाराजा से मुलाक़ात करें। यह भी ज़रूरी समझा गया कि बादशाह की नुमाइन्दगी करने के लिए किसी ऐसे व्यक्ति को भेजा जाए, जिसको फ़ारसी में महारत हासिल हो और इस काम के लिए सबने मेरे नाम का सुझाव दिया। नवाब मुनीरुद्दौला ने रास्ते के ख़र्च के लिए मुझे चार हज़ार रुपए दिए और उम्मीद ज़ाहिर की कि शहंशाह से ज़रूर मदद मिलेगी। मैं उन दिनों जवान था और कुछ तो जवानी का जोश और कुछ क़िस्मत का खेल समझकर विलायत देखने की अपनी चाहत को पूरा करने के मक़सद से कैप्टन स्विंटन के साथ इंग्लैंड जाने के लिए निकल पड़ा।

एक हफ़्ते बाद कैप्टन स्विंटन ने मुझे बताया कि लॉर्ड क्लाइव ने बादशाह शाह आलम का ख़त उनसे लेकर अपने पास रख लिया था और कहा था कि चूँकि बनारस से अभी एक लाख रुपए उन तक पहुँचे नहीं हैं, लिहाज़ा, जब तक वे रुपए नहीं पहुँच जाते, यह ख़त देना मुनासिब नहीं होगा। उन्होंने यह भी कहा कि अगले वर्ष क्लाइव ख़ुद इंग्लैंड जाएँगे और अपने साथ ख़त तथा एक लाख रुपए लेकर आएँगे। इंग्लैंड में इन दोनों चीज़ों को वह कैप्टन के सुपुर्द कर देंगे ताकि महाराजा तक इन्हें पहुँचाया जा सके। इस जानकारी से मैं हक्का-बक्का रह गया और मेरी समझ में यह बात आ गई कि कोई गहरी चाल चली गई है। इस हालत में हम लोगों के इंग्लैंड रवाना होने का कोई मतलब ही नहीं था। हम लोग रास्ते में तमाम तरह की तकलीफ़ें भी उठाएँगे और इससे कोई फ़ायदा भी हासिल नहीं होगा। अगर मुझे पहले से इसका थोड़ा भी अन्देशा रहा होता तो मैं इस सफ़र के लिए तैयार नहीं होता, लेकिन अब तो चीज़ें हाथ से निकल गई थीं। हम लोगों ने एक कदम उठा लिया था—तीर कमान से छोड़ा जा चुका था और अब हम चुपचाप बस देख सकते थे। यही सोचकर मैंने भी अपने को क़िस्मत और अल्लाह के हवाले कर दिया और सफ़र की तकलीफ़ें झेलते हुए छह मास के बाद इंग्लैंड पहुँचा।

इंग्लैंड पहुँचने के बाद मैंने बहुत सारी नायाब चीज़ें देखीं, लेकिन मैं उनका मज़ा नहीं ले सका क्योंकि दिमाग़ में लगातार यही बात चल रही थी कि उस ख़त के साथ क्यों ऐसा सुलूक किया गया? इस बारे में मैं बार-बार कैप्टन स्विंटन से पूछता रहा, लेकिन कुछ ख़ास जवाब नहीं मिलता था। मेरी अजीब हालत थी—एक ऐसी हालत, जिसमें खुलकर मैं अपने दिल की बात नहीं कह सकता था। मेरे अन्दर इतनी हिम्मत भी नहीं थी कि मैं यह बताऊँ कि इस सिलसिले में मैं क्या करना चाहता था। मेरा पूरा वजूद एक बोझ बन गया था और एक-एक दिन मैं किसी न किसी तरह गुज़ार रहा था। मनोरंजन के लिए मैंने इतिहास की किताबें पढ़ने की कोशिश की, लेकिन मेरे अन्दर कभी ऐसी इच्छा नहीं पैदा हुई कि अंग्रेज़ी की लिपि के बारे में भी कुछ पढ़ाई करूँ। यही वजह है कि जब मैं वापस बंगाल पहुँचा तो लोग मुझसे कहते कि इतने लम्बे समय तक इंग्लैंड में रहने के बावजूद मैंने अंग्रेज़ी भाषा नहीं सीखी। मैं उनकी किसी बात का जवाब नहीं दे पाता था—और जब तक उस ग़ायब हुए ख़त के रहस्य का पूरा ब्योरा नहीं मिलता, मैं कैसे इस बारे में कुछ बता सकता था? उनके सवालों के जवाब में मैं लगातार चुप्पी साधे रहता और अनाड़ी नज़र आता।

ख़त का अंजाम और मेरी वापसी

सारांश यह है कि एक वर्ष छह मास तक हमने बादशाह के पत्र का इन्तज़ार किया जब लॉर्ड क्लाइव इंग्लैंड पहुँचे तो राजा की सेवा में बादशाह के भेजे हुए तोहफ़े को अपने नाम से प्रस्तुत किया। इस प्रकार बादशाह की दृष्टि में प्रिय हुए और शहंशाह शाह आलम के पत्र का नाम तक न लिया। कप्तान स्विंटन ने भी इस रहस्य को रहस्य ही रहने दिया क्योंकि इन दोनों के बीच जो सम्बन्ध था, वह इसका ख़याल रखने को मजबूर थे। परन्तु जब वह इस धोखाधड़ी से मायूस (उदास) हो गए तो मुझसे कहा कि जो कुछ तुम सोचते थे, वही सामने आया। लॉर्ड ने मेरे साथ धोखा किया। कप्तान बादशाह के लोगों की क़रीबी प्राप्त न होने तथा उनके लोगों के विरोध के भय से कम्पनी के ज़िम्मेदारों को इसे बताने का साहस नहीं कर सका। लेकिन कुछ दिनों के पश्चात् बादशाह के ख़त को छुपाने का रहस्य इस तरह मालूम हुआ कि उस समय इंग्लैंड के राजा तथा विधान मंडल के लोगों का यह मानना था कि कम्पनी का महाजन एक व्यवसायी है। उसका कार्य तिजारत (व्यवसाय) करना है। उसको हुकूमत और राज-पाट से क्या मतलब? बंगाल इंग्लैंड के राजा की सेनाओं के प्रयास से प्राप्त हुआ था। उससे उनका मानना था कि उसमें हस्तक्षेप का अधिकार अंग्रेज़ी सरकार को प्राप्त है और व्यवसाय का सम्बन्ध कम्पनी से है। इसका उत्तर कम्पनी के लोगों ने यह दिया कि नवाब सिराजुद्दौला और मीर क़ासिम अली ख़ान की वजह से कम्पनी की कोठियाँ बरबाद हुई थीं, जिससे करोड़ों रुपए की हानि हुई थी तथा कम्पनी ने सिपाहियों पर भी बहुत बड़ी राशि ख़र्च की है और कम्पनी के प्रयासों से बंगाल पर क़ब्ज़ा हुआ है। ये सब लाभ और हानियाँ व्यावसायिक हैं। इसके अतिरिक्त जो सन्धि कम्पनी और अंग्रेज़ प्रधान मंत्री के बीच पुराने समय से चली आ रही है उसके अनुसार कम्पनी तय की हुई राशि के भुगतान के लिए तैयार है। इंग्लैंड के राजा और फ़ौज की सहायता के लिए कम्पनी हमेशा तैयार रहती है। अब इस सन्धि के विरोध में कार्य किया जा रहा है। यह बात इंसाफ़ के ख़िलाफ़ है और राष्ट्र अपने ही सिद्धान्तों से परे जाकर कम्पनी के अधिकार क्षेत्र में हस्तक्षेप कर रहा है। इसी प्रकार का प्रश्न एवं उत्तर, दोनों ओर चल रहा था। चूँकि लॉर्ड क्लाइव कम्पनी का ख़ैरख़्वाह था, इसलिए कम्पनी के हिस्सेदारों के परामर्श से उसने बादशाह का ख़त इंग्लैंड के बादशाह के सामने प्रस्तुत नहीं किया क्योंकि

वह ख़त शाही सदस्यों को एक अवसर दे सकता था और इस बात की जानकारी मुझे बंगाल आने के बाद मिली।

कैप्टन स्विंटन और मेरे बीच के मतभेदों ने धीरे-धीरे हमारे सम्बन्धों में तनाव पैदा कर दिया। समस्या की जड़ में लॉर्ड क्लाइव का घिनौना विश्वासघात था, जिसके नतीजे के तौर पर मुग़ल बादशाह का ख़त इंग्लैंड के राजा को कभी दिया ही नहीं जा सका और बादशाह को क्लाइव ने जो आश्वासन दिया था वह पूरा नहीं हुआ। इसका असर कैप्टन स्विंटन के कॅरियर पर भी पड़ा क्योंकि भारत वापस जाने की उनकी उम्मीदें ख़त्म हो गईं।

लेकिन हमारे सम्बन्धों के बिगड़ने के कुछ और भी कारण थे। जैसा कि मैंने पहले ही बताया है कि वह ऐसा समय था जब इंग्लैंड में फ़ारसी भाषा की किसी को जानकारी नहीं थी, लेकिन बहुत सारे लोग उसे सीखना चाहते थे। कैप्टन स्विंटन, डॉक्टर फुल्टन, कैप्टन स्टील और उच्च पदों पर आसीन कुछ अन्य लोगों ने आपस में सलाह-मशविरा किया और तय किया कि मुझे कुछ और वर्षों तक इंग्लैंड में रोक लिया जाए। उन लोगों की ओर से कैप्टन ने बार-बार मुझसे कहा कि मैं वहाँ रुक जाऊँ और इसके लिए उन्होंने मुझे तरह-तरह से प्रलोभन दिए।

उन्होंने कहा, "अभी इंग्लैंड में ऐसा कोई नहीं है जो अच्छी तरह फ़ारसी जानता हो। यहाँ बहुत सारे मशहूर लोग इस भाषा को आपसे सीखना चाहते हैं और वे आपके हितों को आगे भी बढ़ाएँगे। यहाँ से नियमित तौर पर कुछ पैसे बंगाल भेजे जाएँगे ताकि आपकी पत्नी और बच्चों को कोई दिक़्क़त न हो और अगर आप अपने धार्मिक रीति-रिवाजों के अनुसार यहाँ दूसरी या तीसरी पत्नी भी रखना चाहें तो उसका भी इन्तज़ाम किया जा सकता है।"

शुरू-शुरू में मैंने इन बातों को मज़ाक़ में लिया और कोई जवाब नहीं दिया, लेकिन जब वे लोग लगातार ज़िद पर अड़े रहे और सारी हदें पार करते हुए उन्होंने मेरे ऊपर व्यंग्य करना शुरू किए तथा मेरे धर्म पर कुछ ताने कसे तो इससे मुझे बहुत तकलीफ़ हुई। इससे भी ज़्यादा तकलीफ़ तब हुई जब उन्होंने लगातार इस बात की कोशिशें कीं कि मैं उनके साथ लम्बे सफ़र पर जाता रहूँ और उन्हीं के साथ खाना-पीना भी खाऊँ। मुझे महसूस हुआ कि मैं कैप्टन स्विंटन की इस दोस्ती और मेहमाननवाज़ी पर भरोसा नहीं कर सकता हूँ। लिहाज़ा, मैंने भी अपनी भद्रता को छोड़ते हुए उनकी इन बातों को मानने से इनकार कर दिया। अपने धार्मिक आदर्शों को ध्यान में रखते हुए मैंने उनसे कहा, "आपके यहाँ शान-शौक़त से रहने

की बजाय मैं अपने देश में ग़रीबी में ही रहना बेहतर समझूँगा। इसके अलावा मेरे लिए परियों जैसी फ़िरंगी औरतों के मुक़ाबले सांवली और काली भारतीय नारियाँ ज़्यादा ठीक हैं।"

इन सबके बावजूद कैप्टन स्विंटन ने अपना आग्रह नहीं छोड़ा। उन्होंने कहा, "मेरा इरादा कुछ जगहों पर जाने का है और मैं चाहता हूँ कि आप भी मेरे साथ चलें। हम लोग यूरोप के कई देशों में घूमेंगे और वहाँ के अनुभवों से हम दोनों को काफ़ी फ़ायदा होगा।"

दरअसल, कैप्टन स्विंटन अपने साथ मुझे इसलिए ले जाना चाहते थे कि यूरोप के अज्ञानी लोग जब मुझे भारतीय पोशाक में देखेंगे तो वहाँ के किसी कुलीन घराने का समझेंगे—शायद किसी नवाब के ख़ानदान का समझें और इससे यह नतीजा निकालेंगे कि चूँकि मैं कैप्टन के साथ हूँ, इसका मतलब यह हुआ कि बंगाल में कैप्टन की काफ़ी धाक है। दरअसल, मैं जानता था कि एडिनबर्ग में इसी तरीक़े से कैप्टन को थोड़ी शोहरत मिली है और यही सिलसिला वह आगे भी जारी रखना चाहते थे।

मैंने जवाब में उनसे कहा, "मैं ख़ुद भी अनेक देशों की यात्रा करना चाहता हूँ, लेकिन ऐसा मैं तभी कर सकता हूँ जब मैं अपना खाना पकाने के लिए अपने साथ अपने नौकर को भी ले जा सकूँ।"

कैप्टन स्विंटन ने ऐसा करने के पीछे काफ़ी ख़र्च आने का हवाला दिया और कहा, "आप और हम तो एक गाड़ी में जा सकते हैं, लेकिन अगर आपका नौकर भी साथ जाएगा तो हमें एक अलग गाड़ी करनी होगी, जिसका ख़र्च काफ़ी आएगा। बेहतर यह हो कि नौकर को आप यहीं रहने दें और यात्रा के दौरान आप और हम एक ही साथ खाना खाएँ।"

यह प्रस्ताव मुझे मंज़ूर नहीं था। मैंने उनसे बताया कि यह इस्लाम के उसूलों के एकदम ख़िलाफ़ है कि मैं दुनियावी आराम के लिए धर्म की क़ुर्बानी दे दूँ। मैंने यह भी कहा कि आपने मेरे साथ बहुत अच्छा व्यवहार किया है, लेकिन अपने साथ मुझे ले जाने की ज़िद आप न करें।

कैप्टन स्विंटन मेरी इस बात पर चिढ़ गए और उसी अन्दाज़ में उन्होंने जवाब दिया, "मुझे भी पता है कि इस्लामिक तौर-तरीक़े क्या हैं? इस्लाम सफ़र में जा रहे व्यक्ति को इस बात की इजाज़त देता है कि ज़िन्दा रहने के लिए वह कुछ भी कर सकता है, भले ही इसके लिए उसे खान-पान के नियमों का उल्लंघन क्यों न करना पड़े।"

मैंने इसका विरोध करते हुए कहा, "लेकिन मेरे साथ कोई मजबूरी नहीं है कि मैं यात्रा करूँ। आप जो बात कह रहे हैं, वह उस हालत में सच है जब किसी के पास कोई मजबूरी हो या वह भूख से मरने की हालत में पहुँच रहा हो और तब उसके लिए ज़रूरी है कि उसे जो भी मिले, वह खा ले। लेकिन हमारे धार्मिक लोगों ने कहा है कि दुनियावी फ़ायदा उठाने के लिए शरिया क़ानून का उल्लंघन करने से बचना चाहिए और बेहतर तो यह है कि धर्म के लिए अपनी ज़िन्दगी को क़ुर्बान कर देना चाहिए।"

इस तरह की बहसें अब अकसर होने लगीं। कैप्टन ने सोचा होगा कि मैं मूर्ख और कट्टर मुस्लिम हूँ और अगर मुझे कुछ दिन उपवास करना पड़े तो मेरे होश ठिकाने आ जाएँगे। जल्द ही उन्हें एक ऐसा मौक़ा भी मिल गया जब वो मुझे परख सकें और इस सिलसिले में तक़रीबन चौदह दिनों तक मुझे बड़ी मुसीबतों का सामना करना पड़ा। हालाँकि अल्लाह की मर्ज़ी से मुझे कोई नुक़सान नहीं पहुँचा।

हुआ यह कि ईस्ट इंडिया कम्पनी की कलकत्ता कौंसिल के कुछ सदस्यों के ख़िलाफ़ लन्दन में एक मुक़दमा क़ायम हुआ। जिन लोगों के ख़िलाफ़ मुक़दमा क़ायम हुआ था, उनमें एक मिस्टर जॉन जानस्टोन थे, जिन पर आरोप था कि उन्होंने नवाब मीर ज़ाफ़र अली ख़ान, मोहम्मद रज़ा ख़ान, महाराजा नन्द कुमार और महाराजा राय दुर्लभ राम से घूस ली है। कैप्टन स्विंटन, कैप्टन स्टील और मिस्टर पीकॉक कुछ ही दिनों पहले बंगाल से लौटे थे, इसलिए उन्हें गवाह के रूप में पेश होने को कहा गया था। मुझे भी अपने साथ लन्दन ले जाने के इरादे से उन्होंने कहा कि "मेरे पास फ़ारसी में लिखे कुछ पत्र हैं, जिन्हें मैं अपनी गवाही के दौरान पेश करना चाहता हूँ। उन पत्रों को पढ़ने और उनका अनुवाद अदालत में पेश करने के लिए आपकी ज़रूरत पड़ेगी। इसलिए आप मेरे साथ लन्दन चलें।"

मैंने बचने के लिए उनसे कहा कि अगर मैं अपना खाना बनाने के लिए अपना नौकर नहीं ले जा सकूँगा तो मुझे बहुत दिक़्क़त होगी, लेकिन कैप्टन स्विंटन अपनी बात पर अड़े रहे। उन्होंने कहा, "अगर हम आपका नौकर साथ ले जाएँगे तो हमें एक अलग गाड़ी किराए पर लेनी पड़ेगी और इसमें पाँच-छह दिन का समय लग सकता है। मुझे कहा गया है कि मैं तीन दिनों के अन्दर ही अदालत में अपनी हाज़िरी दूँ। इसलिए मैं चाहूँगा कि आप अकेले ही मेरे साथ चलें।"

अब मैं क्या कर सकता था? मैंने हथियार डाल दिए और मौत के लिए मन

ही मन तैयार होते हुए मैं भी कैप्टन के साथ गाड़ी में बैठ गया। अपने साथ मैंने केवल अपना हुक़्क़ा और कुछ तम्बाकू रख लिया।

लगातार एक दिन और एक रात चलने के बाद हम लोग एक सराय में रुके, जहाँ मैंने अपने लिए शर्बत बनाया और रात के खाने के रूप में अखरोट, किशमिश और खजूर खाकर काम चलाया। जब कैप्टन का खाना तैयार हुआ तो उन्होंने एक नौकर भेजकर मुझे बुलवाया। उन्होंने मुझसे कहा, "इस खाने में गेहूँ की रोटी है जो हम दोनों लोग खा सकते हैं और इसके साथ चिड़िया का मांस है। और इनमें से कोई ऐसी चीज़ नहीं है जिसे खाने में आप पर कोई पाबन्दी हो। हम भी जानवरों को आपकी ही तरह मारते हैं। आप लोग आधी गर्दन काटते हैं जबकि हम गर्दन में छेद करके पहले सारा ख़ून निकाल लेते हैं और फिर सिर और गर्दन को काट देते हैं। हम लोग भी क़ुदरती तौर पर मरे हुए जानवर का मांस नहीं खाते। फिर आप इस मांस को खाने से क्यों इनकार कर रहे हैं? आप क्यों कलकत्ता के अहमक़ों की तरह व्यवहार कर रहे हैं और ख़ुद को तकलीफ़ में डाल रहे हैं?"

मैंने जवाब दिया, "आप लोग भी एक धार्मिक किताब को मानते हैं और इस वजह से हमें इस बात की इजाज़त है कि आपके आदमियों द्वारा तैयार किया गया खाना मैं खा लूं बशर्ते वह रसोइया साफ़-सुथरा हो और जिस बर्तन में खाना पकाया जा रहा हो, वह भी साफ़ हो। इसके अलावा अगर वह मांस किसी मुसलमान द्वारा क़ुर्बानी के बाद बनाया गया हो, तभी खाया जा सकता है। केवल गर्दन काट देने से क़ुर्बानी नहीं हो जाती। इसके साथ ही खाने से पहले नहाना-धोना और अल्लाह की इबादत करना भी ज़रूरी है। एक बात और है कि आप लोग खाना बनाते समय नमक, मसाला या घी का इस्तेमाल नहीं करते, इसलिए कच्चे मांस की अजीब सी गन्ध आती रहती है। ऐसे खाने को मैं किस तरह अपने हलक़ से नीचे उतार सकूँगा?"

जिस समय मैं इन बातों को कह रहा था, कैप्टन की भौहें लगातार सिकुड़ती जा रही थीं और अन्त में उन्होंने कहा कि "तुम मुसलमान लोग क्या समझते हो कि हम लोग गन्दे ढंग से खाते हैं?"

मैंने उनसे बताया कि मेरा क़तई ऐसा इरादा नहीं है और न मैं उन्हें अपमानित करना चाहता हूँ। मैं बस यही बताना चाहता हूँ कि हर देश के कुछ अपने तौर-तरीक़े और रीति-रिवाज होते हैं, इसलिए अपने देश का खाना किसी को भी ज़्यादा अच्छा लग सकता है, लेकिन हो सकता है किसी विदेशी को वह अरुचिकर लगे। मैंने यह भी कहा कि हमें ख़ास तौर पर इस बात का ध्यान रखना चाहिए कि हमारे और

उनके तौर-तरीक़ों में वही फ़र्क़ है जो पूर्व और पश्चिम के लोगों के बीच होता है।

जिस समय हम लोगों का यह संवाद चल रहा था, मेरे अन्दर भूख की आग भड़क रही थी। मैंने शरबत के साथ जो अंगूर और अखरोट खाए थे, उनसे भूख शान्त नहीं हुई थी बल्कि और तेज़ हो गई थी।

जब हम लोग लन्दन पहुँचे, उस समय तक भूख से मेरी ऐसी हालत हो गई थी कि मैं लगभग बेहोशी की हालत में एक लाश की तरह पड़ गया और सोता रहा। कैप्टन स्विंटन के नौकर ने जब मेरी ऐसी हालत देखी तो वह काफ़ी डर गया और दौड़ता हुआ अपने मालिक के पास गया। कैप्टन स्विंटन घबराए हुए मेरे पास आए और मेरा नाम लेकर ज़ोर-ज़ोर से बुलाने लगे, तब कहीं जाकर मेरी नींद टूटी। उन्होंने मेरी तबीयत के बारे में पूछा तो मैंने उन्हें बताया कि मैं काफ़ी ठीक हूँ, हालाँकि मुझे बहुत कमज़ोरी महसूस हो रही है। उन्होंने तुरन्त अपने नौकर को आदेश दिया कि वह मेरे लिए चावल, मसाले और एक मुर्ग़ा लेकर आए। मैंने मुर्गे की क़ुर्बानी दी, उसको पकाया, कुछ चावल उबाला और खाने के बाद अगली शाम तक सोता रहा। इसके बाद मैं फिर ख़ुद को पहले जैसा महसूस करने लगा। हम लोग एक सप्ताह लन्दन में रहे और इस दौरान अपना खाना मैं ख़ुद पकाता रहा। इसके बाद हम चारों लोगों ने एक गाड़ी ली और पाँच दिनों की यात्रा पूरी करने के बाद एडनबर्ग पहुँचे।

एक दूसरे मौक़े पर कैप्टन स्विंटन मुझे लेकर पास के एक क़स्बे में गए, जहाँ उनके बड़े भाई जॉन चीफ़ मजिस्ट्रेट थे। यह जगह एडनबर्ग से एक दिन के सफ़र की दूरी पर थी। वापसी में हमें तीन दिन और तीन रातें गुज़ारनी पड़ीं और इस दौरान मेरी हालत वैसी ही हो गई जैसी लन्दन में हुई थी।

एक दिन कैप्टन स्विंटन ने मुझसे कहा, "मैंने बंगाल में बीस साल बिताए और इन बीस वर्षों के दौरान मैं मुसलमानों के तौर-तरीक़ों को अच्छी तरह समझ गया। मैं नवाबों के साथ और वहाँ के रईसों के बेटों के साथ रह चुका हूँ और उनके साथ खाया-पिया भी है। मैंने ग़ौर किया है कि अनजान लोगों के बीच वे लोग दावा करते हैं कि 'हम तो कभी शराब नहीं पीते' लेकिन जैसे ही वे अकेले होते हैं, शराब पर टूट पड़ते हैं और जमकर उसे पीते हैं। पीने के बाद कहते हैं कि शराब शानदार चीज़ है और यह तो दैवी वरदान है, जिसका मुक़ाबला पृथ्वी पर किसी भी चीज़ से नहीं किया जा सकता। वे यह भी कहते हैं कि मुसलमानों पर पाबन्दी है कि वे लोगों के सामने न पिएँ, लेकिन अगर वे अकेले में पीते हैं तो कोई बुरी बात नहीं

है। अब आप तो इस देश में एक अनजान आदमी हैं और अगर आपने यहाँ कुछ भी किया तो आपके देश के लोगों को इसकी जानकारी नहीं होगी और फिर भी आप न तो हमारे यहाँ का मांस खाते हैं न हमारी शराब पीते हैं। मैं समझता हूँ कि इसकी एकमात्र वजह यह है कि आप एक बंगाली हैं और भारतीयों में बंगाली अपनी मूर्खताओं के लिए काफ़ी शोहरत पाते रहे हैं।"

मैंने जवाब में कहा : "मुसलमानों के बीच कुलीनता की परख दुनियावी धन-दौलत से नहीं बल्कि ज्ञान बटोरने, ईमानदार ज़िन्दगी जीने और अल्लाह तथा उसके पैग़म्बर के क़ानूनों का पालन करने में होती है। जो लोग अल्लाह और उनके पैग़म्बर द्वारा बनाए गए नियमों का पालन करते हैं, वही सच्चे मुसलमान हैं। अगर धन का घमंड या शैतान द्वारा दिए गए लोभ से कोई व्यक्ति अपने धार्मिक नियमों के ख़िलाफ़ काम करता है तो यह मानने का कोई कारण नहीं है कि क्यों सामान्य परिवार का कोई मुसलमान उन रईसों के तौर-तरीक़ों का पालन करे। और सबसे बड़ी बात है कि धन-दौलत का मतलब क्या होता है? हमारे धार्मिक नेताओं का मानना है कि एक ईमानदार भिखारी पैग़म्बर के किसी विधर्मी बेटे से ज़्यादा श्रेष्ठ है। हर व्यक्ति मिस्र के फेरो को कोसता है जबकि वह एक धनी राजा था, लेकिन उसने हज़रत मूसा के आदेशों का उल्लंघन किया था। इसलिए आम लोगों के दिल में ऐसे लोगों के प्रति नफ़रत की भावना रहती है जो दुनियावी दौलत की ललक में या ताक़तवर लोगों को ख़ुश करने की कोशिश में अपने धर्म को भूल जाते हैं।

"मुसलमानों के बीच ग़रीबी को अपमानजनक नहीं समझा जाता। इसके उलट हम उसे इज़्ज़त की निगाह से देखते हैं क्योंकि हमारे पैग़म्बर और उनके समर्थकों ने किसी भिखारी के लकड़ी के बने जूतों को भी किसी शाही ताज से कम नहीं समझा। उन्होंने धन-दौलत को लात मार दी और उनके वंशजों ने भी इसी तरह की सोच को बढ़ावा दिया। वे लोग भी सांसारिक मामलों के मुक़ाबले धर्म को ज़्यादा तरजीह देते हैं और ग़रीबी को लेकर शर्मिन्दा नहीं होते। धनी लोगों अथवा विदेशियों की निगाह में हो सकता है कि धार्मिक ग़रीब लोग अपमान के पात्र हों, लेकिन मुस्लिम राजाओं ने हमेशा उन्हें इज़्ज़त दी। इन सारी बातों की तस्दीक़ इतिहास की किताबों से की जा सकती है।

"मेरे पूर्वज सैयद लोग थे, जिन्हें पैग़म्बर का वंशज कहा जाता है। इनमें से कुछ लोग पैग़म्बर के अनुयायियों के परिवारों से थे। ज़ाहिर-सी बात है कि वे ख़लीफ़ा

के उत्तराधिकारी थे और ताज और तख़्त के दावेदार भी थे, लेकिन ज्ञान की तलाश में उन्होंने सांसारिक सुविधाओं और सम्मान को छोड़ दिया और अपनी मर्ज़ी से अकेलेपन की ज़िन्दगी गुज़ारने लगे। भारत के सुल्तानों और टर्की के ख़लीफ़ा आदि लोगों ने उन्हें पेंशन और जागीरें दीं। जब सैयद लोगों की सन्तानें बढ़ने लगीं और फ़ारस और भारत में उनका फैलाव होने लगा, तब राजाओं और सम्राटों ने उन्हें काफ़ी सम्मान दिया, लेकिन इससे उनके अन्दर एक बेचैनी भी दिखाई दी। इन लोगों को पता था कि ख़लीफ़ा की उनकी दावेदारी बहुत वाजिब है, लेकिन उन्हें लगता था कि उनकी वजह से युद्ध और टकराव बढ़ेगा। इसी वजह से सावधानी बरतते हुए अनेक शासकों ने (लेकिन मुग़लों ने नहीं) सैयद लोगों के पद और हैसियत को कम कर दिया। इसका नतीजा यह हुआ कि जब उनकी तादाद बढ़ने लगी तो उनके पास खाने-पीने की दिक़्क़तें भी पैदा हुईं और फिर वे नौकरी की तलाश में दूर-दूर तक जाने लगे ताकि कुछ पैसे जुटा सकें। अल्लाह का शुक्र है कि वे आज भी अपने मज़हब के रास्ते से भटके नहीं हैं। मैं सैयद वंश का एक ग़रीब आदमी हूँ जो कुछ पाने की हसरत से इस देश तक आ गया। मैं अलग-थलग पड़ा हुआ हूँ और मेरा कोई दोस्त भी नहीं है। मुझे लगातार मुसीबतों का सामना करना पड़ा है और मैं बहुत धीरज के साथ आनेवाले समय का इन्तज़ार कर रहा हूँ।"

मेरी बात सुनकर कैप्टन स्विंटन आश्चर्य करने लगा, क्योंकि वह अंग्रेज़ी भाषा में इस्लामी इतिहास का अध्ययन ख़ूब कर चुका था। मेरी बात को वह मान तो गया, लेकिन अपने मुल्क के सिद्धान्तों को आगे रखना चाहता था। इसलिए मुझसे तो इसी प्रकार बातें करता रहा, परन्तु दूसरे लोगों के सामने मेरी प्रशंसा भी करता था। और ये भी कहता था कि मैं बहुत दिनों तक बंगाल में रहा, लेकिन इतना पक्का मुसलमान नहीं देखा। समुद्री यात्रा के दौरान उसे एक बार भयंकर डायरिया हुआ और मैं डर गया था। मैंने बहुत कोशिश की कि दवा के रूप में उसे शराब पिला दूँ, लेकिन उसने एक बूँद भी नहीं ली और फिर अपने आप ही ठीक हो गया।

एक दिन कैप्टन स्विंटन ने मुझसे पूछा, "आपकी इस तन्दुरुस्ती का राज़ क्या है?"

"परहेज़", मैंने जवाब दिया। "जब मैं विलायत के लिए रवाना हुआ था मैं यह सोचकर परेशान था कि न जाने किस तरह की लालच का मैं वहाँ शिकार हो जाऊँगा। मैंने अल्लाह से प्रार्थना की कि मुझे वह शराब पीने से बचा ले और इसके बाद मैंने बहुत सादगी के साथ जीवन बिताया। मुझे पता था कि अगर मैं इंग्लैंड में

बीमार पड़ूँगा तो डॉक्टर लोग टॉनिक के रूप में मुझे शराब पिला देंगे। अल्लाह ने मेरी फ़रियाद सुन ली और मुझे बीमार पड़ने से बचा लिया।"

इंग्लैंड में मैंने डेढ़ साल बिताए और इस दौरान मुग़ल सम्राट के पत्र के आने की उम्मीद करता रहा, लेकिन जब लॉर्ड क्लाइव इंग्लैंड वापस पहुँचे तो उन्होंने राजा के लिए सम्राट द्वारा भेजे गए तोहफ़े को अपने नाम से सम्राट को दिया और इसके बदले राजा से काफ़ी फ़ायदा उठाया। क्लाइव ने उस चिट्ठी का ज़िक्र तक नहीं किया। क्लाइव से अपनी दोस्ती के कारण कैप्टन स्विंटन ने भी चिट्ठी के बारे में कुछ नहीं कहा जबकि क्लाइव पर उन्हें बहुत भरोसा था। उन्हें क्लाइव की इस धूर्तता से बहुत निराशा हुई और उन्होंने मुझसे कहा, "आपको जो डर था, वह सच साबित हुआ। लॉर्ड क्लाइव ने पूरी तरह मुझे धोखा दिया है।" लॉर्ड क्लाइव को ईस्ट इंडिया कम्पनी के डायरेक्टरों का भरपूर समर्थन प्राप्त था और राजा के मंत्रियों के सहयोग के बिना कैप्टन स्विंटन क्लाइव का पर्दाफ़ाश नहीं कर सकते थे।

कुछ दिनों बाद मुझे पता चला कि किस वजह से बादशाह शाह आलम के पत्र को दबा दिया गया था? दरअसल, उन दिनों बंगाल की जीत तथा कुछ अन्य मामलों को लेकर कम्पनी और राजा के मंत्रियों के बीच विवाद चल रहा था। मंत्रियों का कहना था कि कम्पनी तो महज़ व्यापारियों का एक समूह है और इसलिए किसी देश को जीतने का इसे अधिकार नहीं है। उनका यह भी कहना था कि यह जो जीत हासिल हुई है, वह शाही सैनिकों के प्रयासों और बलिदानों से हुई है। लिहाज़ा देश के प्रशासन की ज़िम्मेदारी राजा की सरकार के हाथों में होनी चाहिए। जहाँ तक कम्पनी का सवाल है, उसे तो बस व्यापार तक सीमित रहना चाहिए। नवाब सिराजुद्दौला और नवाब मीर क़ासिम अली ख़ान से युद्ध के दौरान कम्पनी इनके ख़िलाफ़ लड़ाई में शामिल हो गई थी और बंगाल में इन नवाबों की फ़ैक्ट्रियों को लूट लिया था, जिससे करोड़ों का नुक़सान हुआ था। इसके अलावा इन लोगों ने सैनिकों के रख-रखाव पर काफ़ी पैसे ख़र्च किए थे और ऐसा कम्पनी के अफ़सरों की वजह से हुआ था। सैनिकों ने बहुत मुसीबतें उठाते हुए लड़ाई लड़ी थी और तब कहीं जाकर बंगाल पर जीत हासिल हुई थी। कम्पनी राजा को जो नज़राना और टैक्स देती थी, वह इसलिए क्योंकि ऐसा करने का समझौता हुआ था।

विवाद बढ़ता गया, लेकिन यह बात साफ़ हो गई कि मंत्री लोग अपने दावों और दलीलों के पक्ष में कोई ठोस प्रमाण नहीं दे सके। लॉर्ड क्लाइव कम्पनी का शुभचिन्तक था और डायरेक्टरों से सलाह-मशविरा करके उसने सोचा कि अगर

बादशाह के पत्र को दबा दिया जाए तो इससे कम्पनी का फ़ायदा होगा। अगर वह पत्र राजा तक पहुँच जाता तो मंत्रियों का पक्ष मज़बूत होता।

इन बातों की जानकारी मुझे भारत लौटने के बाद हुई। विवाद लगभग तीन वर्षों तक चला और अन्त में बीच-बचाव के लिए राजा के पास सारे मामले को भेजा गया। राजा ने ऐलान किया : "भारत के बादशाह शाह आलम ने कम्पनी को तोहफ़े के रूप में बंगाल दिया है। अगर हम अपने प्रशासन में इसे लेते हैं तो इसका मतलब बादशाह का संरक्षण लेना हुआ और फिर हमारी हैसियत एक मातहत की हो जाएगी। यह हमारे लिए अपमानजनक होगा, ख़ास तौर से ऐसे समय जब समूचा भारत ब्रिटेन के शासन के तहत चल रहा हो।" इस घोषणा के बाद विवाद समाप्त हो गया, राजा के मंत्रियों ने कम्पनी पर कई करोड़ रुपए का टैक्स लगाया और साथ में यह भी व्यवस्था की कि टैक्स की इस राशि में सालाना बढ़ोत्तरी होगी। कुछ लोगों का कहना है कि दोनों पक्ष इस बात पर राज़ी हो गए थे कि कुछ वर्षों के बाद कम्पनी बंगाल की सरकार को राजा के मंत्रियों को सौंप देगी, लेकिन इसमें कितनी सच्चाई है, यह तो अल्लाह ही बता सकता है।

वतन से मुहब्बत

कैप्टन स्विंटन ने बहुत प्रयास किया कि मैं चार वर्ष इंगलिस्तान में रहूँ, मगर मैंने उनकी बात नहीं मानी। उस ज़माने में ईस्ट इंडिया कम्पनी के क्षेत्र में कोई फ़ारसी जानने वाला न था। बंगाल पर सत्ता प्राप्त करने के बाद अंग्रेज़ों में फ़ारसी पढ़ने का शौक़ पैदा हो गया था। इसलिए मुझसे कहा गया कि मैं वहाँ रहकर बच्चों और नौजवानों को फ़ारसी पढ़ाऊँ। इसके बदले मेरे ख़र्च का इन्तज़ाम तय किया गया था, परन्तु मैं देश की जुदाई और क़रीबी रिश्तेदारों और दोस्तों की दूरी के कारण परेशान था और उनकी याद मेरी जान ले रही थी। इस अवसर पर दिल में ख़याल आया।

हुब्बे वतन अज़ तख़्त-ए-सुलैमान ख़ुशतर अस्त।
ख़ारे वतन ज़ सुंबुल व रैहान ख़ुशतर अस्त।
यूसुफ़ के दर मिस्र बादशाही मी कर्द।
मी गुफ़्त गदा बूदन ए कन्आन ख़ुशतर अस्त।

(देशप्रेम हज़रत सुलेमान के तख़्त से भी बेहतर है। देश के काँटे सुंकुल और

रेहान के फूल से अच्छे हैं। हज़रत यूसुफ़ मिस्र में शासन कर रहे थे और कहते थे कि कनआन यानी अपने वतन में गदा (भिखारी) होना ज़्यादा अच्छा है।)

आख़िरकार कैप्टन स्विंटन ने मिस्टर मिचांड को मुझे सौंप दिया जो कलकत्ता में कौंसिल के पूर्व चीफ़ सेक्रेटरी थे और फिर मुझे वहाँ से विदा कर दिया। 1769 में मैं वापस बंगाल लौटा। समुद्री यात्रा के दौरान आने-जाने में मेरा पूरा एक साल बीता था। इंग्लैंड और स्कॉटलैंड में मैंने एक साल बिताया, मद्रास में सात महीने और विभिन्न बन्दरगाहों पर दो महीने बिताए। इस प्रकार समूची यात्रा में दो साल नौ महीने गुज़र गए।

सुरक्षित तौर पर अपने वतन लौटने पर मैंने अल्लाह का शुक्रिया अदा किया।

फ़िरंगियों की समुद्री यात्राएँ

पूर्व और भारत में फ़िरंगियों ने अपनी जो समुद्री यात्राएँ की थीं, उनका ज़िक्र करना भी यहाँ ज़रूरी है।

इतिहासकारों से हमें पता चलता है कि जिस प्रकार अंग्रेज़ लोग आज तमाम देशों में मशहूर हैं, उसी तरह किसी ज़माने में पुर्तगाली लोग अपने धन-दौलत और सैनिक ताक़त के लिए मशहूर हुआ करते थे। सबसे पहले इन्हीं लोगों का जहाज़ बंगाल तथा दक्षिण एशिया के दूसरे हिस्सों में पहुँचा था। तक़रीबन दो सौ साल पहले शहंशाह अकबर के शासनकाल के दौरान ये लोग मालाबार, सिलोन और पेगू के तटवर्ती इलाक़ों में लूटपाट का काम करते थे। उस समय के दस्तावेज़ों में समुद्री डाकुओं द्वारा हज करने जाने वालों के साथ लूटपाट की ख़बरें दिखाई देती हैं। ये लुटेरे भी पुर्तगाल के ही होते थे।

दरअसल, साटन, मलमल, रेशम और अफ़ीम जैसे सामान बंगाल में बहुत बड़े पैमाने पर मौजूद थे और यूरोप में इनकी काफ़ी माँग थी। वहाँ इनकी क़ीमतें भी बहुत ज़्यादा मिलती थीं। इसकी सबसे बड़ी वजह यह थी कि यूरोप के देशों में इन्हें पहुँचाने की कोई सुविधा नहीं थी और इसके अलावा इस व्यापार में कई बिचौलिए भी थे। व्यापारी लोग यहाँ से मस्तूल वाले जहाज़ों और बजरों में सामान लादते थे और फिर सूरत और गुजरात के बन्दरगाहों से इनकी यात्रा जेद्दा और बसरा तक के लिए शुरू होती थी। वहाँ के लोग इनसे सारा सामान लेने के बाद उसे सीरिया, मिस्र और तुर्की के बाज़ार में भेजते थे। हालत यह थी कि बंगाल में

साटन के एक थान की क़ीमत दस रुपए थी जो अन्तिम हाथ तक पहुँचते-पहुँचते पचास रुपए प्रति थान हो जाती थी।

फ़िरंगियों ने पूर्व के लिए एक समुद्री रास्ते की तलाश शुरू की ताकि इनके जहाज़ उन इलाक़ों से सीधे-सीधे व्यापार कर सकें। यह काम जिस समय शुरू हुआ, उस समय तक क़ुतुबनुमा की खोज नहीं हुई थी। उस समय जहाज़ बनाने और उसको चलाने का वैसा कौशल भी विकसित नहीं हुआ था जैसा बाद के दिनों में हुआ। आख़िरकार पुर्तगाल के राजा ने, जो बहुत महत्त्वाकांक्षी था, इस काम में मदद के लिए हाथ बढ़ाया। उसने चार-पाँच जहाज़ों का एक बेड़ा तैयार किया, उसमें खाने-पीने की चीज़ें इतने बड़े पैमाने पर रखी गईं ताकि सालभर वे चल सकें और फिर कुशल चालकों की एक टीम के साथ इन जहाज़ों को बन्दरगाह से रवाना कर दिया।

ये जहाज़ धीरे-धीरे आगे बढ़ने लगे। रफ़्तार इतनी कम थी कि वे एक दिन में छह से आठ मील तक ही चल पाते थे। वे लगातार कुछ चट्टानों वग़ैरह की मदद से ऐसे निशान छोड़ते जाते थे ताकि पीछे आनेवाले जहाज़ों के लिए भी काम आसान हो जाएँ। चूँकि क़ुतुबनुमा नहीं था, इसलिए मजबूरी में वे समुद्री तट के सहारे ही आगे बढ़ते रहते थे।

एक साल में इस बेड़े ने तक़रीबन सौ मील की दूरी तय की। खाने का जो सामान जहाज़ों में लदा था, वह समाप्त होने लगा, लेकिन वे आसानी से लौट सकते थे क्योंकि पहचान के लिए रास्ते में कुछ संकेत छोड़ दिए गए थे। अगले वर्ष ये फिर अपनी यात्रा शुरू करते और उनकी यही कोशिश होती कि कोई और रास्ता लेते हुए वे पिछली यात्रा के मुक़ाबले ज़्यादा दूरी तय कर सकें। इस प्रकार हर साल वे इन अनजानी जगहों में से कोई नई जगह चुन लेते और उससे परिचित हो जाते। इस समूची तकलीफ़देह प्रक्रिया में बहुत सारे जहाज़ नष्ट हुए और कई लोग मारे भी गए। आख़िरकार एक दिन जहाज़ों का यह बेड़ा यूरोप और भारत के बीच एक अन्तरीप (केप) पर पहुँचा। यहाँ इन लोगों को बहुत उम्मीद की किरण दिखाई दी। लिहाज़ा, इस जगह का नाम उन्हीं लोगों ने 'केप ऑफ गुड होप' रख दिया। जब यह ख़बर यूरोप तक पहुँची तो फ़िरंगियों ने अपने हैट उछाल-उछाल कर जश्न मनाया।

नौ साल के संघर्ष के बाद पुर्तगाली जहाज़ भारत के तट तक पहुँचे। वे सबसे पहले मद्रास, मलाबार, सिलोन और पेगू के तट पर पहुँचे और वहाँ से इन इलाक़ों

के बेशुमार बहुमूल्य चीज़ों और सामान को लेकर इनका जहाज़ वापसी के लिए रवाना हुआ। अभियान की इस सफलता से अंग्रेज़ों को इतनी ख़ुशी हुई, जैसे लगा कि उन्होंने सारी दुनिया को जीत लिया हो। इसके तीन साल बाद दूसरी मुहिम और फिर इसके दो साल बाद एक और मुहिम शुरू हुई। इसके बाद वे हर साल आने लगे। ब्रिटिश विद्वानों ने इनके लिए गाइड बुक तैयार की। इन किताबों में बड़े-बड़े समुद्री नक़्शे होते थे और दक्षिण एशिया के देशों की विशेषताओं की जानकारी भी होती थी। इससे काफ़ी पहले फ्रांस, इंग्लैंड, नीदरलैंड और डेनमार्क के जहाज़ भी एक के बाद एक मद्रास, फूलछड़ी और बंगाल में अपने व्यापारिक केन्द्र स्थापित कर चुके थे। यूरोप से ये लोग भी अपने जहाज़ों में कुछ अद्भुत चीज़ें लाते थे, जिन्होंने भारतीयों का मन मोह लिया था।

मुग़ल सम्राट अकबर के शासनकाल के दौरान ही पुर्तगालियों ने मालाबार, सिलोन और अन्य द्वीपों पर नियंत्रण स्थापित कर लिया था और इनके तटवर्ती इलाक़ों में रहने वाले लोगों को इन्होंने बहुत आतंकित किया था। इनमें से कइयों का इन्होंने अपहरण कर लिया था और ग़ुलाम के रूप में इन्हें बेच दिया था। इसका नतीजा यह हुआ कि शाही दरबार के साथ इनका तालमेल अच्छा नहीं बैठ सका। अकबर ने इनको यहाँ बस्तियाँ बनाने की इजाज़त देने से मना कर दिया था, लेकिन उसके उत्तराधिकारी जहांगीर ने फ़िरंगियों का एक दूतावास यहाँ खोलने की इजाज़त दे दी। इसके बदले में फ़िरंगियों ने यूरोप से लाए गए अनेक बेशक़ीमती सामान जहांगीर को उपहार में दिए। जहांगीर ने व्यापार केन्द्रों की स्थापना की रज़ामन्दी तो दे दी थी, लेकिन क़िले बनाने के लिए उसने प्रतिबन्ध लगाया। ये लोग तोपख़ाना भी बनाना चाहते थे, लेकिन जहांगीर ने इसकी इजाज़त नहीं दी। इस पाबन्दी को औरंगज़ेब के शासन के अन्तिम दिनों तक बड़ी कड़ाई से लागू किया गया और बंगाल के गवर्नर द्वारा जारी प्रत्येक आदेश में इसका ज़िक्र मिलता है।

औरंगज़ेब की मृत्यु के बाद मुग़ल दरबार में एक अजीब तरह की अनुशासनहीनता देखने को मिली और इसका सबसे गन्दा रूप हाल के मोहम्मद शाह के शासनकाल में दिखाई दिया। मोहम्मद शाह का सारा समय मौज-मस्ती और अय्याशी में बीतता था और उसने प्रशासन की ज़िम्मेदारी को कभी महसूस ही नहीं किया। इसके ज़माने में युद्ध के दिनों में बजने वाले नगाड़ों और बिगुल का स्थान सारंगी और तानपूरे ने ले लिया। दरबार में हमेशा नर्तकियाँ होती थीं और इसकी वजह से लोगों को अपनी इबादत में भी ख़लल पड़ती दिखाई दी। बहुत सारे कंगाल दरबार की

ख़ुशामद करके अमीर बन गए और जो ख़ानदानी रईस थे, उनका पतन शुरू हो गया। प्रान्तीय गवर्नरों ने प्रशासन की बागडोर सँभाल ली और यह सारा काम वे सेना को ख़ुश करके पूरा कर लेते थे। हालत यह हुई कि चारों तरफ़ अपराधियों का बोलबाला हो गया। भ्रष्टाचार भी तेज़ी से फैल गया। पुर्तगालियों तथा यूरोप के अन्य व्यापारियों ने भ्रष्टाचार तथा इन हालात का फ़ायदा उठाया और महँगे-महँगे उपहारों तथा घूस के ज़रिए स्थानीय अफ़सरों से उन्होंने छोटे-बड़े क़िले बनाने का अधिकार हासिल कर लिया। परिणामस्वरूप, हुगली के उत्तरी सिरे पर बालागढ़ में पुर्तगालियों ने एक क़िला बनाया। उन्होंने अपना एक चर्च भी बनाया, जो अभी भी मौजूद है। इससे अतिरिक्त दक्षिण बंगाल के गोलघाट में अंग्रेज़ों ने अपना पहला क़िला बनाया। डच व्यापारियों ने चिनसुरा में और डेनमार्क के व्यापारियों ने सेरमपुर में अपने-अपने क़िले बनाए। अगर बाद में भी इस पाबन्दी को कड़ी निगरानी के साथ लागू किया जाता तो शायद भारत को ग़ुलामी के दिन देखने नहीं पड़ते।

पुर्तगालियों का निकाला जाना

बालागढ़ के क़िले के साथ ही पुर्तगालियों ने एक गिरिजाघर बनाया था, जहाँ उन्होंने ईसा मसीह, मेरी और विभिन्न ईसाई सन्तों की मूर्तियाँ लाकर रख दी थीं। गवर्नर शाइस्ता ख़ान के शासनकाल में इनकी उद्दंडता और गुंडागर्दी इस सीमा तक बढ़ गई कि ये लोग मुग़ल शासक के आदेशों की भी अवेहलना करने लगे। जब ये लोग ग़रीब किसानों और व्यापारियों से सामान ख़रीदने जाते तो अकसर इनके बीच मारपीट की नौबत आ जाती। इन इलाक़ों से ये लोग अपनी दबंगई के बल पर लड़कों और लड़कियों का अपहरण भी करते और दूर-दराज़ के स्थानों में ले जाकर उन्हें बेच देते ताकि वे दास के रूप में ज़िन्दगी बिताएँ। इतवार को ये लोग अपने गिरिजाघर की घंटियाँ जान-बूझकर इतनी तेज़ बजाते कि मुसलमानों को प्रार्थना करने या क़ुरान पढ़ने में दिक़्क़त पैदा होती। स्थानीय मुग़ल मजिस्ट्रेट के रूप में काम करने वाले फ़ौजदार के बार-बार मना करने पर भी इनकी हरकतों में कोई कमी नहीं आती थी। हालत इतनी बदतर हुई कि इन पुर्तगालियों ने फ़ौजदार पर हमला करने की योजना बनाई। वैसे तो इनके पास यूरोप के केवल तीस सैनिक थे और यूरेशिया तथा देशज ईसाई समुदाय के लगभग डेढ़ सौ सिपाही थे, लेकिन इन्होंने मुग़लों से टक्कर लेने की तैयारी शुरू कर दी। हुगली में मुग़लों के एक क़िले

के सामने इनका जहाज़ी बेड़ा रुका और वहीं से इन्होंने भारी बमबारी शुरू की। उस समय शकरुल्ला नामक बहादुर फ़ौजदार स्थानीय मनसबदार यानी मुग़ल गवर्नर के घर पर मौजूद था। गोलाबारी की पहली आवाज़ सुनते ही उसे भावी ख़तरे की आशंका हो गई और वह घोड़े पर बैठकर सीधे समुद्र की ओर गया ताकि पुर्तगाली जहाज़ों को तट से बांधकर रखने वाली रस्सियों को वो अपनी तलवार से काट दे। उसने ऐसा ही किया और फिर इन पुर्तगाली खलनायकों का मुक़ाबला करने के लिए अपना जहाज़ लेकर पहुँचा। इस स्थिति को देखकर पुर्तगालियों ने हथियार डाल दिए। वे भाग खड़े हुए और फ़ौजदार ने उन्हें दौड़ा लिया। जब ये भगोड़े मोघुआ पहुँचे तो इनके सामने एक दूसरा संकट पैदा हो गया। फ़ौजदार के आदेश घुड़सवारों द्वारा पहले ही पहुँचाए जा चुके थे और स्थानीय थानेदार ने नदी के किनारे काफ़ी दूर तक मज़बूत ज़ंजीरें लगा रखी थीं। इन सबके बावजूद पुर्तगालियों ने उन अवरोधों को तोड़ दिया और वहाँ से भागते हुए वे सिलोन, मालाबार तथा अन्य द्वीपों में पहुँचे जहाँ इनके सबसे शुरुआती दिनों के अड्डे स्थित थे।

इस घटना के कुछ ही दिनों बाद अल्लाह ने इन्हें इनकी बर्बर और लुटेरी करतूतों का दंड दिया। भीषण भूकम्प में उनकी राजधानी ध्वस्त हो गई और समुद्र में उठी तेज़ लहरों की वजह से इनका शाही क़िला भी ध्वस्त हो गया। केवल वही लोग इस क़हर से बच सके, जो वहाँ से भाग सके। बाक़ी सब लोग ख़त्म हो गए। माल और असबाब पानी में डूब गया। जब दौलत ने उस देश से मुख फेर लिया तो पुर्तगाल का राजा कमज़ोर हो गया। दोबारा पुर्तगाली भारत की ओर नहीं आए। सैनिक ताक़त के बल पर अब वे यहाँ दबदबा क़ायम नहीं कर सकते थे और उन्होंने अपनी इस मुहिम को इतने पर ही रोक दिया। पुर्तगाल वैसे भी बहुत छोटा देश है और फ्रांस, रूस, स्पेन या जर्मनी अगर चाहते तो उसे आसानी से हड़प सकते थे। हैट पहनने वाले फ़िरंगियों में अल्लाह ने सबसे ज़्यादा ताक़त अंग्रेज़ों को दी थी और इंग्लैंड के सम्राट ने पुर्तगाल के राजा को हिफ़ाज़त दी थी, इसलिए वे देश उस पर क़ब्ज़ा नहीं कर सके।

गोलघाट से अंग्रेज़ों का निकाला जाना और कलकत्ता की स्थापना

हुगली स्थित मुग़लों के क़िले से कुछ ही दूरी पर गोलघाट में अंग्रेज़ों ने अपना एक कारख़ाना बनाया। यहाँ भी स्थानीय फ़ौजदार के सामने वही समस्याएँ आईं

जो पुर्तगालियों ने पैदा की थीं। यहाँ भी चर्च की घंटियों की वजह से मुसलमानों को इबादत में मुश्किलें आने लगीं। नतीजतन, अकबर बादशाह ने उन्हें वहाँ से हटाकर कहीं और अपना ठिकाना बनाने का आदेश दिया। गोलघाट की फ़ैक्टरी का कामकाज मिस्टर चारनॉक सँभालते थे। उन्हें 'गवर्नर' कहा जाता था। गोलघाट से हटाए जाने के बाद उन्होंने टीटागढ़ के पास एक गाँव का चुनाव किया और उस गाँव का नाम आगे चलकर चारनॉक नगर बना।

प्राचीन समय से ही अंग्रेज़ों को इस बात की ख्याति मिली थी कि वे बहुत महत्त्वाकांक्षी हैं और जो तय कर लेते हैं, उसे पूरा करते हैं। अब अपने शान्तिपूर्ण व्यवहार की वजह से उनको लोग पसन्द भी करने लगे थे।

जिस समय दक्षिण में गोलकुंडा फ़ोर्ट पर औरंगज़ेब की सेना ने इस क़िले की घेराबन्दी कर ली, उस समय यह घेराबन्दी इतने लम्बे समय तक चली कि राशन तथा साज़ो-सामान कम पड़ गया। जब यह ख़बर मिस्टर चारनॉक को मिली तो वह अपनी जहाज़ों पर काफ़ी साज़ो-सामान लादकर औरंगज़ेब की मदद के लिए रवाना हुआ। उनकी वजह से सेना भुखमरी का शिकार होने से बच गई। औरंगज़ेब ने चारनॉक से मिलने की इच्छा व्यक्त की और चारनॉक ने मुग़ल दरबार में जाकर औरंगज़ेब के पैरों के पास की ज़मीन को झुककर बड़े अदब के साथ चूमा।

चारनॉक ने इंग्लैंड से लाए गए कुछ दुर्लभ उपहार शहंशाह औरंगज़ेब को भेंट किए। इसके साथ ही चारनॉक ने प्रस्ताव रखा कि सेना के कामों में वह मदद पहुँचाएँगे। धीरे-धीरे औरंगज़ेब के वह कृपापात्र बन गए और फिर उन्होंने अनुरोध किया कि ईस्ट इंडिया कम्पनी को कर मुक्त व्यापार करने की छूट दी जाए। उन्होंने चालीस बीघा ज़मीन भी माँगी, जो उन्हें फ़ौरन दे दी गई। बंगाल लौटने के बाद इसी ज़मीन पर उन्होंने एक छोटी-सी फ़ैक्टरी स्थापित की जो धीरे-धीरे बढ़ती गई और फिर एक दिन उसका नाम कलकत्ता हो गया।

सुब्हान अल्लाह तक़दीर की नैरंगी (खेल) जब बेख़बरी का परदा आँखों पर से हटाती है तो मालूम होता है कि घमंड में मस्त शासकों की बेपरवाही के नतीजे ने यह दिन दिखाया है कि जो व्यक्ति एक बीघा जमीन का मुहताज था, उसको आधे भारत का मालिक बना दिया। वास्तविकता यह है कि यह सब हमारी उपेक्षा की सज़ा है।

समुद्र और समुद्री यात्रा

जनवरी 1766 के बाद के महीनों की बात है। मेरी तैयारियाँ पूरी हो गई थीं और मैंने अल्लाह का नाम लेकर हुगली बन्दरगाह से मस्यर कारविले नामक जहाज़ पर बैठने की तैयारी की। मेरे दोस्त क़ाज़ी अलीमुल्लाह मुझे विदा करने आए थे। जब जहाज़ चलने के लिए तैयार हुआ तो अल्लाह ही जानता है कि अपना वतन छोड़ने और अपने साथ के लोगों से रुख़सत होने का कैसा दर्द मैं अपने दिल में महसूस कर रहा था।

चार दिनों तक हुगली नदी में चलने के बाद हम समुद्र तट पहुँचे। तट के पास जो पानी था, उसमें खारेपन और मिठास का मेल था और वह देखने में कुछ-कुछ गेहुँआ रंग का लगता था। जैसे-जैसे हम आगे बढ़ते गए, पानी का रंग नीला होता गया और लहरों से उठती हुई झाग रात में किसी लैम्प की तरह चमकती हुई दिखाई देने लगी। विद्वानों का कहना है कि पृथ्वी के चारों तरफ़ नीली-नीली चोटियों की एक क़तार है, जिसे हम काकेशस कहते हैं। इनके अन्दर जो चमक है, वह बिलकुल शीशे की तरह लगती है। समुद्र का जो नीलापन है, वह आकाश की परछाईं की वजह से है। इसका सीधा सबूत यह है कि अगर आप समुद्र के पानी को अपने हाथ की अंजुरी में लें तो वह देखने में नीला नहीं बल्कि थोड़ा सफ़ेद रंग का नज़र आता है। जहाँ तक इसके खारेपन का सवाल है, समुद्र की सतह पर निकलने वाली गैस की वजह से यह खारापन है। मेरे पास इस खारे पानी से ही नहाने के अलावा और कोई चारा नहीं था।

फ़िरंगी डॉक्टरों का मानना है कि समुद्र की हवा स्वस्थ लोगों और मरीज़ों दोनों के लिए फ़ायदेमन्द है। मेरे तजुर्बे से भी यह बात सही साबित होती है। समूची यात्रा के दौरान मुझे कोई बीमारी नहीं हुई—एक बार थोड़ा पेट गड़बड़ हुआ और उसके लिए भी इसबगोल की भूसी को नमक के साथ पानी में मिलाकर मैंने पी

लिया और कुछ ही घंटों के अन्दर आराम मिल गया।

हमें यह नहीं भूलना चाहिए कि समुद्र की गहराइयों के रहस्य की पूरी जानकारी केवल अल्लाह को ही हो सकती है—हमें तो बस उसकी मामूली-सी जानकारी हो पाती है। इसकी विशालता और भयावहता वाली जो ताक़त मुझे देखने को मिली, उससे मुझे महसूस हुआ कि अल्लाह किस क़दर क़ादिर (शक्तिशाली और महान) हैं।

पृथ्वी समुद्र की विशालता के बीच तैरते हुए अंडे की तरह मालूम होती है। मैंने सुना था कि समुद्र की गहराई नापने की कोशिश में एक फ़िरंगी राजा ने तट से एक दिन का सफ़र पूरा करने की दूरी पर जाकर एक मोटी रस्सी पानी के अन्दर डाली। न जाने कितने गज़ रस्सी अन्दर तक चली गई, लेकिन रस्सी का सिरा समुद्र की सतह तक नहीं पहुँच सका। इससे फ़िरंगी वैज्ञानिकों ने अनुमान लगाया कि किसी आदमी की उँगली की मोटाई वाली हज़ारों गज़ रस्सी को भी अगर पानी में डाल दिया जाए तो वह समुद्र की सतह तक नहीं पहुँच पाएगी।

भारतीय लोगों के पास समुद्र के बारे में कोई ख़ास जानकारी नहीं है और वे मानते हैं कि महान सिकन्दर ने दुनिया के सारे समुद्रों का सर्वेक्षण किया और उनको मापने की कोशिश की। यह एक अजीब बेतुकी-सी धारणा है। किसी भी हालत में यह सच नहीं हो सकती। समुद्र की सतह का कोई अता-पता नहीं है। इसके किनारों को मनुष्य की साधारण आँखों से नहीं देखा जा सकता।

लेकिन यह सही है और इसकी पुष्टि पश्चिमी इतिहासों से होती है कि समुद्र और ज़मीन को व्यवस्थित रूप से नापने का काम सिकन्दर के समय में ही शुरू हुआ। आज भी हम उस समय की इकाई को अलेक्जेनड्राइन यार्ड के नाम से जानते हैं। सिकन्दर ने यूनान से पश्चिमी यूरोप तक की दूरी को समुद्र तट से होते हुए नापा था। वैसे तो क़ुतुबनुमा के बग़ैर इस तरह की दूरी नापना बिलकुल असम्भव काम था, लेकिन बताया जाता है कि सिकन्दर ने जब यह अभियान शुरू किया तो वह तट के सहारे धीरे-धीरे आगे बढ़ता रहा और बड़ी सावधानी के साथ पैमाइश भी करता रहा। जब कोई उलटी हवा बहती थी और उसे समुद्र से दूर जाने के लिए मजबूर करती थी तो यूनान के वैज्ञानिक काफ़ी मेहनत करके फिर उसे तट तक वापस लाते थे। इसे बहुत बड़ी वैज्ञानिक उपलब्धि के रूप में याद किया जाता है।

यूरोप के विद्वानों का दावा है कि अरब और फ़ारस के इतिहासकारों ने ज़्यादातर सुनी-सुनाई बातों पर ही ध्यान दिया और एक ही घटना के अलग-अलग ब्योरों

को इतिहास में दर्ज किया। यही वजह है कि उनका लेखन परी कथाओं से ज़्यादा महत्त्व का नहीं है। सिकन्दर के बारे में भी उन्होंने जो कुछ लिखा है, उसे भी इसी रौशनी में देखा जाना चाहिए। उन्होंने तो सिकन्दर को तमाम ख़ूबियों से भरपूर दिखाया है। उनके अनुसार वह न्याय का एक नमूना था जबकि सच्चाई यह है कि वह बहुत अत्याचारी था। वह किसी धर्म को नहीं मानता था और उसके ऊपर ऐसा पागलपन सवार था कि वह ख़ुद को भगवान समझता था तो भी उसे एक पुण्यात्मा, यहाँ तक कि एक पैग़म्बर के रूप में पेश किया जाता है। चरित्र के मामले में वह बहुत अय्याश क़िस्म का था।

लेकिन सिकन्दर के बारे में कुछ आधिकारिक ब्योरे भी मौजूद हैं। मसलन, ग्रीक भाषा में उसके जनरलों द्वारा लिखे गए विवरण। बाद के ग्रीक इतिहासकारों ने राय व्यक्त की कि चूँकि सिकन्दर यूनान का था, इसलिए उसके बारे में वास्तविक बातें केवल उन्हीं यूनानियों के लेखन में मिल सकती हैं जो उसे अच्छी तरह जानते थे। अरब और फ़ारस के इतिहासकारों ने उसके बारे में जो कुछ लिखा है, उसमें काल्पनिकता ज़्यादा है क्योंकि वे स्थान और काल की दृष्टि से उससे काफ़ी दूर थे। इसीलिए मैंने कहा कि उनका लेखन आमतौर पर सुनी-सुनाई बातों पर है। ज़ाहिर-सी बात है कि सुनी-सुनाई बातों और ख़ुद अपनी आँखों से देखी बातों में बहुत फ़र्क़ होता है।

क़ुतुबनुमा

वैज्ञानिकों का मानना है कि जिस धातु को हम चुम्बक कहते हैं और जिससे क़ुतुबनुमा बनाया जाता है, उसके बारे में न तो सिकन्दर को और न प्राचीन काल के वैज्ञानिकों को कोई जानकारी थी। महज़ दो सौ साल पहले अरब के पहाड़ों में खोज के दौरान वैज्ञानिकों को इस धातु का पता चला था। इसकी महत्त्वपूर्ण ख़ूबी यह है कि यह लोहे को आकर्षित करता है और इसकी मदद से ही क़ुतुबनुमा का आविष्कार किया गया। होता यह है कि इस धातु के बीचोबीच एक लाइन खींची जाती है जो इसे दो हिस्सों में बाँट देती है। इसके एक हिस्से को 'हेड' और दूसरे हिस्से को 'फुट' कहते हैं। इसके बाद इस पट्टी को एक गोल बर्तन पर रखा जाता है और विभाजन रेखा के बीचोबीच पत्थर की एक नुकीली धुरी लगाई जाती है ताकि यह आराम से चारों तरफ़ घूम सके। धुरी के नीचे गत्ते का या धातु का एक

टुकड़ा रखा जाता है और उस पर दिशाएँ अंकित होती हैं—पूर्व, पश्चिम, उत्तर, दक्षिण, उत्तर-पूर्व, उत्तर-पश्चिम, दक्षिण-पूर्व, दक्षिण-पश्चिम और फिर इनका भी चौंसठ हिस्सों में बँटवारा किया जाता है। अब इस समूचे उपकरण को किसी बैलून की तरह लटका दिया जाता है। हल्का-सा छूने पर भी यह घूम सकता है और जब यह रुके और इसकी सूई उत्तर की दिशा में हो तो इसे छोड़ दिया जाता है। जिस प्रकार मुसलमान लोग मक्का को ध्यान में रखकर दिशा तय करते हैं और हैट पहनने वाले फ़िरंगी लोग उत्तर के अनुसार दिशा तय करते हैं, उसी तरह क़ुतुबनुमा की मदद से दिशा की जानकारी मिलती है।

जब कोई पानी का जहाज़ समुद्र में काफ़ी अन्दर तक होता है और पानी और आकाश के अलावा कुछ भी दिखाई नहीं देता, न तो कोई लाइट हाउस और न कोई तट, तब जहाज़ का कप्तान इस क़ुतुबनुमा की मदद से ही जहाज़ की दिशा तय करता है। इसकी ही मदद से नए रास्ते तैयार किए जाते हैं और फिर इसी के अनुसार नक़्शे भी बनते हैं, जिनका अध्ययन आगे की पीढ़ियाँ अपनी सुविधा के लिए करती हैं। लम्बी दूरी की यात्रा के लिए फ़िरंगियों ने इसी तरीक़े को सुरक्षित माना। क़ुतुबनुमा का इस्तेमाल दूरी नापने के लिए भी किया जाता है। यूरोप के लोगों ने समुद्री यात्रा के विज्ञान पर ज़बर्दस्त महारत हासिल की।

जहाज़ का परिचालक उस पहिए को नियंत्रित करता है जो एक रस्से की मदद से पतवार से जुड़ा होता है। अगर वह पहिए को दाएँ अथवा बाएँ घुमाता है तो उसी के अनुसार पतवार भी घूमता है और फिर जिस दिशा में जहाज़ को ले जाना होता है, वह बढ़ने लगता है। कप्तान और उसके सहयोगी बारी-बारी से परिचालक के पास अपनी ड्यूटी देते हैं और क़ुतुबनुमा की मदद से वे बग़ैर किसी बाधा के जहाज़ को आगे ले जाते हैं। अगर तूफ़ान आ गया हो या तेज़ हवा चल रही हो तो पहिए को काबू में रखने के लिए कम-से-कम दो लोगों की ज़रूरत होती है। इस दौरान कप्तान और उसके सहयोगी लगातार क़ुतुबनुमा पर अपनी निगाहें टिकाए रखते हैं, हवा की रफ़्तार पर ध्यान देते हैं और क़ुतुबनुमा द्वारा बताई गई दिशा के अनुसार ही ज़रूरी तब्दीली करने के लिए तेज़ आवाज़ में निर्देश देते हैं। इस तरीक़े से कहीं लंगर डाले बग़ैर जहाज़ रात और दिन लगातार चलता रहता है। किसी बन्दरगाह पर वह तभी रुकता है जब उसे अपने भंडार में सब्ज़ी, पानी, मुर्ग़े, भेड़ इत्यादि इकट्ठे करने की ज़रूरत हो। तूफ़ान से बचने के लिए या ज़रूरत के अनुसार मरम्मत करने के लिए भी उसे रुकना पड़ता है। आमतौर पर फ़िरंगियों का

माननना है कि एक घंटे की देर भी महीनों का नुक़सान कर सकती है।

समुद्री यात्रा के दौरान रफ़्तार की पैमाइश इस तरीक़े से की जाती है : लगभग चार बीघा ज़मीन को घेरने वाली पैमाइश के अनुसार एक रस्सी लेते हैं और उसके एक सिरे को एक तिकोनी तैरती हुई वस्तु के साथ बांध देते हैं। यह रस्सी एक घिरनी पर लगी होती है, जिसे जहाज़ के चालक की कक्ष में रखा जाता है। संकेत मिलने पर उस वस्तु को समुद्र में डाल दिया जाता है और दूरी नापने वाले यंत्र से रफ़्तार नोट करते रहते हैं। जब समुद्र का पानी शान्त होता है उस समय कोई दिक़्क़त नहीं होती और बड़े आराम से एक तालिका तैयार हो जाती है। रस्सी पर जो खिंचाव होता है, वह जहाज़ की रफ़्तार के अनुसार घटता-बढ़ता रहता है। इसकी मदद से जहाज़ की औसत रफ़्तार के बारे में मोटे तौर पर जानकारी मिल जाती है। हर रोज़ दिन के समाप्त होने पर जहाज़ का कप्तान कामकाज की समीक्षा करता है और रजिस्टर में यह दर्ज करता है कि उस दिन जहाज़ ने कितने मील की दूरी तय की। इसके साथ-साथ रोज़ का तापमान भी दर्ज किया जाता है।

जहाज़, उनके क़िस्म और ख़ूबियाँ

एक मस्तूल वाले जहाज़ को 'स्लूप', दो मस्तूल वाले को 'स्कूनर' और तीन मस्तूल वाले को 'शिप' कहते हैं। लकड़ी के बने ये मस्तूल बहुत लम्बे और मज़बूत होते हैं और इनमें जो सबसे मज़बूत होते हैं वे सोनाली लकड़ी के बने होते हैं। सबसे ऊँचे मस्तूल ऊपर की तरफ़ नुकीले हो जाते हैं और तूफ़ान का इन पर कम असर पड़ता है। अगर तूफ़ान के आने का अन्देशा होता है तो नाविक निचले मस्तूल को छोड़कर, जो सोनाली लकड़ी के बने होते हैं, सभी पालों को झुका देता है। बेशक अगर अचानक रात में कोई तूफ़ान आ गया तो सबसे ऊँचे मस्तूलों के टूटने का ख़तरा पैदा हो जाता है। हमारी वापसी की यात्रा में ऐसा एक बार देखने को भी मिला। हमने ग़ौर किया कि सोनाली के बने निचले दोनों मस्तूल सही-सलामत थे और इनकी मदद से हम आगे बढ़ते रहे जबकि इस बीच जहाज़ में तैनात बढ़इयों और लोहारों ने टूटे मस्तूलों की जगह पर नए मस्तूल बना दिए।

मस्तूल के टूटने से बस जहाज़ की रफ़्तार धीमी हो जाती है, कोई ख़तरा नहीं होता। जहाज़ों की बनावट ऐसी होती है जो बड़े-बड़े तूफ़ानों को झेल सकें। इसके विपरीत, हम जो नावें देखते हैं, वे तूफ़ान नहीं झेल पातीं और पलट जाती हैं।

जहाज़ों के पेंदे चिड़ियों के पंजर की तरह होते हैं और यह डिज़ाइन गैब्रियल के निर्देश पर नूह ने तैयार किया था।

रस्सियों और पालों की मदद से मस्तूलों को सही जगह पर टिकाए रखा जाता है। इन रस्सियों को जहाज़ के डेक में लगी बड़ी-बड़ी कीलों से बांध दिया जाता है। हर पाल और रस्सी का एक ख़ास नाम होता है। चूँकि हवा की दिशा और रफ़्तार के अनुसार पालों को लगाया जाता है, इसलिए जहाज़ के कप्तान की निगाह उन पर टिकी होती है। जब भी उनकी पोज़ीशन में तब्दीली करने की ज़रूरत होती है, कप्तान उस ख़ास रस्सी और पाल का नाम लेता है और उसकी पोज़ीशन बदलने का आदेश देता है। गरारियों की मदद से कप्तान के आदेश का पालन करने के लिए उसके सहायक हमेशा तैयार रहते हैं।

आमतौर पर किसी जहाज़ में पाँच मंज़िलें होती हैं। सबसे ऊपर की मंज़िल में कप्तान और उसके अधिकारी होते हैं। इसी मंज़िल में बेशक़ीमती चीज़ें भी रखी जाती हैं। इससे ठीक नीचे वाली मंज़िल तीन हिस्सों में बँटी होती है। एक में रसोईघर होता है और इसी में एक छोटी नाव भी होती है। बीच वाले हिस्से में चालक दल के सदस्य छत से लटक रहे झूलों में सोते या आराम करते हैं। इस मंज़िल के दोनों तरफ़ बन्दूक़ें भी रखी होती हैं। इसके बाद की दोनों मंज़िलों में खाने का सामान होता है और सबसे निचली मंज़िल में रेत और गिट्टी भरी होती है। समुद्र से उठती भाप जहाज़ के अन्दर आती रहती है और वह पानी का रूप ले लेती है। यही वजह है कि पेंदे वाली जगह में पानी इकट्ठा हो जाता है, जिसे लगातार बाहर निकालते रहने की ज़रूरत पड़ती है। रिसाव को रोकने के मक़सद से लकड़ी में जहाँ-जहाँ जोड़ होते हैं, वहाँ जूट और फूस को फँसा दिया जाता है। अगर जहाज़ किसी चट्टान से न टकराए या किसी बालूदार किनारे में न फँसे तो कोई दिक़्क़त पैदा नहीं होती है।

जिस समय बहुत तेज़ हवा चल रही हो, उस समय समुद्र की लहरें भारी आवाज़ के साथ पतवार से टकराती रहती हैं और जहाज़ ऐसे हिलने लगता है जैसे भूकम्प आ गया हो। जिनको समुद्री यात्रा का अनुभव नहीं है, वे ऐसे में आतंकित हो जाते हैं और उन्हें लगता है कि जहाज़ अब टूट जाएगा। मुझे ख़ुद भी एक बार इसी तरह का तजुर्बा हुआ। जब किसी ने मुझे तसल्ली दी और जहाज़ के तौर-तरीक़े के बारे में बताया तब मैं इत्मीनान कर सका। समुद्र की लहरें कभी-कभी ताड़ के पेड़ जितनी ऊँची उठती दिखाई देती हैं, लेकिन जहाज़ की बनावट कुछ ऐसी होती है कि वह इन लहरों का मुक़ाबला कर लेता है। जिस समय लहरें उठ

रही होती हैं, सभी कमरों के दरवाज़ों और जहाज़ के सूराख़ों को बहुत कसकर बन्द कर दिया जाता है।

अलग-अलग तरह की हवाएँ

अगर हवा का बहाव पीछे की तरफ़ से है तो पाल उसे झेल लेते हैं। ऐसी हालत में पीछे के पालों को झुका दिया जाता है, जिससे हवा उनको छूते हुए गुज़र जाती है। ऐसे समय मुसाफ़िरों को समुद्री बीमारी का भी ख़तरा होता है। अगर हवा किनारे से गुज़र रही हो तो जहाज़ के चलने में आसानी होती है। मुझे एक बार ऐसा तजुर्बा हुआ कि मुझे लगा कि जहाज़ अब तुरन्त डूब जाएगा, लेकिन कैप्टन स्विंटन ने मुझे तसल्ली देते हुए कहा, "यह तुम्हारा भारतीय जहाज़ नहीं है जो इतनी आसानी से डूब जाएगा।"

अगर साधारण रफ़्तार की उलटी हवा चल रही हो तो इससे जहाज़ को कोई नुक़सान नहीं होता। बस, उसकी रफ़्तार थोड़ी कम हो जाती है। अगर एक क़तार में हवा की विपरीत दिशा में कई जहाज़ों का क़ाफ़िला जा रहा हो तो जो सबसे आगे का जहाज़ है, उसकी ही रफ़्तार में कमी आती है, पीछे के जहाज़ों पर कोई असर नहीं पड़ता। मैंने इस यात्रा के दौरान देखा कि हमारे जहाज़ के पीछे सत्तर जहाज़ों का क़ाफ़िला था, लेकिन उन्हें कोई दिक़्क़त नहीं हुई जबकि हमारे जहाज़ को उलटी हवा का मुक़ाबला करने में काफ़ी जद्दोजहद करनी पड़ी।

अगर ज़रूरत से ज़्यादा तेज़ रफ़्तार में उलटी हवा आ रही हो तो इससे कोई जहाज़ सैकड़ों या हज़ारों मील दूर जा सकता है और इसे नुक़सान भी उठाना पड़ सकता है। अल्लाह किसी जहाज़ को ऐसी मुसीबत में न डाले। बग़ल से गुज़र रहा तूफ़ान भी जहाज़ का रास्ता बदल सकता है। तूफ़ान के साथ अगर बादल और कुहरे का भी मंज़र हो तो दिन और रात का फ़र्क़ करना मुश्किल हो जाता है और इस बात का ख़तरा पैदा हो जाता है कि समुद्र में तैर रही चट्टानों से जहाज़ टकरा न जाए। तूफ़ान थमने पर क़ुतुबनुमा की मदद से जहाज़ को फिर सही रास्ते पर लाया जा सकता है, लेकिन अगर तूफ़ान लम्बे समय तक जारी रहा और जहाज़ के मस्तूल भी क्षतिग्रस्त हो गए तब दिक़्क़त पैदा हो जाती है। इन हालात में रास्ता कटने की वजह से खाने और पीने वाले पानी की क़िल्लत भी पैदा हो जाती है। ऐसी हालत में जहाज़ का कप्तान किसी ऐसे टापू या तटवर्ती गाँव की तलाश करता

है जहाँ रुककर जहाज़ की मरम्मत की जाए और फिर सफ़र को आगे बढ़ाया जाए—तो भी अगर तूफ़ान की वजह से जहाज़ बहुत दूर पहुँच जाए और रुकने का कोई रास्ता नज़र न आए तो कुछ लोगों की मौत निश्चित हो जाती है।

अगर कोई जहाज़ चट्टान से टकरा जाता है तो उसे टूटने से कोई रोक नहीं सकता। इस तरह के हादसों की बहुत सारी कहानियाँ सुनने को मिलती हैं। हाल के दिनों में जब प्लासी के युद्ध में नवाब सिराजुद्दौला को हराने के बाद अंग्रेज़ों ने कलकत्ता में क़िला बनाना शुरू किया, उस समय ईस्ट इंडिया कम्पनी द्वारा लिये गए एक नए जहाज़ को इस तरह का हादसा झेलना पड़ा था। उस जहाज़ में बहुत सारे लोग थे और सरकार की फ़ौज के लिए 150 तोपें, 500 सैनिक और कई अधिकारी कलकत्ता आ रहे थे, लेकिन जहाज़ चट्टान से टकरा गया और नष्ट हो गया। इसके बाद केप का चक्कर लगाने के बाद एक जहाज़ जब मद्रास के लिए रवाना हुआ तो वह एक भीषण तूफ़ान में फँस गया और उसके टुकड़े हो गए। समुद्र में तैरते हुए या तैरते हुए मलबों पर सवार होकर तक़रीबन साठ लोग किसी तरह किनारे पहुँचकर अपनी जान बचा सके। बाक़ी लोगों की मौत हो गई। जहाज़ में काफ़ी माल लदा था। इसमें कपड़ों की कई गाँठें, कई बोरे चावल, आटा, ब्रेड और बिस्कुट थे, जो इंग्लैंड से आ रहे थे। पानी और शराब की बहुत सारी बोतलें भी थीं, लेकिन कुछ भी बच नहीं सका। जो लोग बचे थे, उसमें इंग्लैंड की एक महिला भी थी। समुद्र के तट पर जैसे ही उसने धूप में अपने शरीर को थोड़ी देर सेंका, उसके पति की लाश तैरती हुई तट तक पहुँची। उस लाश को देखते ही वह चीख़ उठी। यह जहाज़ समुद्र में स्थित एक पहाड़ से टकरा गया था, जिसकी चोटी पानी से महज़ एक गज़ ऊपर दिखाई दे रही थी, जबकि इसका नीचे का हिस्सा कम-से-कम चालीस वर्गमील का था। जिस तट पर बचे हुए लोग तैरते हुए पहुँचे थे, वहाँ न तो कोई वनस्पति थी और न खाने-पीने लायक़ कोई सामान उपलब्ध था। लेकिन वहाँ जंगली फ़ाख़्ते बहुत थे, जिनका शिकार कर इन लोगों ने अपने खाने का इन्तज़ाम किया। उन्होंने काफ़ी मेहनत करके सोलह दिनों में एक नाव का निर्माण किया और फिर उस नाव से जोखिम उठाते हुए मद्रास पहुँचे। जहाज़ों के टूटने और डूबने की ऐसी बहुत सारी कहानियाँ मौजूद हैं।

यूरोप के लोग न केवल समुद्री यात्रा में माहिर थे बल्कि उन्होंने लगातार अपनी क्षमता बढ़ाने के लिए मेहनत की। अपने तजुर्बे के दौरान उनको जो जानकारियाँ मिलती गईं, उन्हें वे बहुत क़ायदे से संजोते गए ताकि उससे आगे का विकास

कर सकें। यह उन्होंने केवल समुद्र विज्ञान के मामले में ही नहीं किया बल्कि ज्ञान के विभिन्न क्षेत्रों में भी किया। यूरोप के लोगों की यह ग़ज़ब की ख़ूबी है। उनकी हिम्मत और उद्यम ने उन्हें पृथ्वी की सबसे शक्तिशाली नस्ल का रूप दे दिया।

जिन ख़तरों और दिक़्क़तों को वे स्वेच्छापूर्वक बर्दाश्त कर लेते हैं, उसकी मिसाल नहीं मिलती। तूफ़ान के दौरान अगर पालों को फिर से व्यवस्थित करने की ज़रूरत पड़ती है तो वे हनुमान की तरह एकदम ऊपर वाले मस्तूल पर चढ़ जाते थे और किसी चमगादड़ की तरह लटकते रहते थे। मैंने ख़ुद देखा है कि इन सब कामों में उन्हें कभी डर नहीं लगा। एक तूफ़ानी रात में ऊपर के तीन मस्तूल टूट गए और ऊपर से ही एक फ़िरंगी नाविक नीचे गिर गया। उसी समय जहाज़ पर मौजूद एक दूसरे नाविक ने तुरन्त एक रस्सा फेंका और उससे कहा कि वह रस्से को पकड़ ले। पानी में गिरने के बावजूद उसने रस्से को अपने हाथ में अच्छी तरह लपेटा और फिर जहाज़ पर खड़े नाविक ने उसे खींचकर बचा लिया। इस वारदात के एक घंटे के अन्दर ही वह फिर अपने काम में लग गया था गोया कुछ हुआ ही न हो।

जब कोई तूफ़ान थम जाता है तो इसके बाद बड़ी शान्त और निर्मल हवा चलने लगती है, जिससे जहाज़ के रफ़्तार में कमी आ जाती है और परेशानहाल मुसाफ़िरों को काफ़ी सुकून मिलता है। जितनी ही जल्दी जहाज़ अपनी पुरानी रफ़्तार में लौटता है, सबके लिए उतना ही अच्छा होता है। कभी-कभी तो ऐसा भी होता है कि हवा बिलकुल ही न चल रही हो। उस समय जहाज़ बहुत धीमी गति से आगे बढ़ता है और इसके मस्तूल बड़े आलस्य के साथ दाएँ-बाएँ डोलते रहते हैं। समुद्र नीले आईने की तरह दूर तक फैला दिखाई देता है और सारा कुछ बहुत मनोरम लगता है। यह हालत कम-से-कम एक दो हफ़्ते तक बनी रहती है। हमारे जहाज़ को भी एक बार इन्हीं हालात से गुज़रना पड़ा। उस समय नाविकों ने ख़ूब मौज-मस्ती की और जहाज़ के मुसाफ़िर भी उनके साथ नाच-गाने में मस्त हो गए। मुझे यह सारा कुछ बहुत अजीब लग रहा था। मेरे दिमाग़ में एक ख़तरनाक विचार आया कि अगर जहाज़ लम्बे समय तक इसी तरह धीरे-धीरे चलता रहा या रुका रहा तो हम सब लोग खाने की कमी से मर जाएँगे और फिर मैं दुबारा कभी अपने देश को नहीं देख पाऊँगा।

मॉरीशस और दूसरी जगहें

मार्च के आख़िरी दिनों में हम लोग मॉरीशस पहुँचे। वहाँ मेरी मुलाक़ात चिटगाँव के एक सारंग (लश्करों का एक अफ़सर) तथा सात अन्य मुस्लिम लोगों से हुई जो हुगली, वेल्लोर और शाहपुर के रहने वाले थे। वे लोग इस शहर में ईद की नमाज़ पढ़ने आए थे। वे सभी काफ़ी दिनों से यहाँ आकर बस गए थे और अब अपने देश वापस लौटने का उनका कोई इरादा नहीं था। कहा जा सकता है कि उन्होंने पूरी तरह दिमाग़ी तौर पर भी ग़ुलामी को क़ुबूल कर लिया था। उनकी पत्नियाँ फ्रेंच मालिकों की ग़ुलाम थीं और उनके मालिक कभी इस बात की इजाज़त नहीं देते कि वे मॉरीशस छोड़कर कहीं और जाएँ। अपने देश के लोगों से मिलकर मुझे बहुत ख़ुशी हुई और उन सोलह दिनों के दौरान जब तक मैं वहाँ रहा, उनकी ख़ातिरदारी से मुझे बहुत आराम मिला। लेकिन इसी के साथ यह सोचकर मेरा मन भी बहुत दुखी हुआ कि उन लोगों ने अपने देश को बिलकुल छोड़ दिया है।

मॉरीशस देश की परिधि छह सौ मील की है। इसका मध्य का हिस्सा पहाड़ों, जंगलों और ऊबड़-खाबड़ ज़मीन से भरा हुआ है, लेकिन पूर्वी तट की ओर दो से तीन हज़ार बीघा खेती वाली ज़मीन है और इसी इलाक़े में एक छोटा-सा शहर भी है, जहाँ फ्रांसीसी लोगों ने एक कारख़ाना और एक क़िला बनाया है।

यहाँ रहने वाले फ्रांस के धनी लोग शानदार कोठियों में रहते हैं जो राज्य के बीचोबीच कई बीघा ज़मीन पर बनी हुई हैं। इन कोठियों के चारों तरफ़ एक बाड़ा बना होता है। इनके खेतों में फ़सल बोने के लिए सौ से अधिक ग़ुलाम मर्द और औरतें लगे होते हैं। बाज़ार के लिए ये लोग संतरे, मकई और साग-सब्ज़ियाँ उगाते हैं। जो भी पैदावार होती है, उसका आधा हिस्सा ज़मीन के मालिक के पास जाता है और आधा हिस्सा इन ग़ुलामों के बीच बाँट दिया जाता है। इन ग़ुलामों को बंगाल, मालाबार, डकन और अन्य क्षेत्रों से कम उम्र में ही ख़रीदकर लाया

जाता है और यहाँ एक-एक व्यक्ति को पचास से साठ रुपए में बेच दिया जाता है।

मॉरीशस में रहने वाले सम्पन्न लोग गेहूँ और चावल खाते हैं। अच्छे क़िस्म का चावल बंगाल, मालाबार या यूरोप से आयात किया जाता है, लेकिन जो ग़रीब देसी लोग हैं, वे मकई खाकर ही अपना गुज़ारा कर रहे हैं। वैसे भी फ़सल के नाम पर यहाँ मकई की ही खेती होती है। ये लोग मूली की तरह का ज़मीन के अन्दर उगने वाला एक पौधा उखाड़ते हैं और उसका आटा बनाकर उससे रोटी पकाते हैं। इस रोटी का स्वाद मैंने लिया जो बहुत फीका था—न तो मीठा, न खट्टा और न नमकीन।

लश्कर के जिन लोगों से मेरी जान-पहचान हुई थी, वे मेरे लिए दुभाषिए का काम कर रहे थे। उनकी ही मदद से मैंने आम, तरबूज़, ककड़ी तथा और कई तरह के फल ख़रीदे, जो गर्मियों में बंगाल में भी मिलते थे। यहाँ के आमों का वज़न तक़रीबन एक किलो था और बग़ैर रेशे वाले ये आम खाने में बहुत स्वादिष्ट थे। यहाँ आम की एक क़िस्म दिखाई दी, जो मैंने बंगाल में कभी नहीं देखी थी। यह बाहर से हरा दिखाई देता था, लेकिन छीलने पर इसके गूदे का रंग नीला था और यह स्वाद में बहुत मीठा था। यहाँ की पहाड़ियों में काग़ज़ी नींबू और लाल मिर्ची की फ़सल काफ़ी दिखाई देती है, जिसे यहाँ के ग़रीब लोग तोड़कर बाज़ार में बेचते हैं।

मॉरीशस में तांबे के सिक्कों और कौड़ियों का चलन नहीं है, लेकिन काग़ज़ के नोटों का काफ़ी चलन है। ये नोट एक से लेकर सौ रुपए तक के होते हैं और बाज़ारू काम के यही मुख्य माध्यम हैं।

यहाँ की हवा में काफ़ी नमी है। बारिश बहुत ज़्यादा होती है और मिट्टी रेतीली है। इसकी वजह से यहाँ मिट्टी के मकान बनाना व्यावहारिक नहीं है। यही वजह है कि यहाँ जो भी मकान बनते हैं, वे लकड़ी के होते हैं और इन मकानों को ज़मीन से दो-तीन फीट की ऊँचाई पर शहतीर लगाकर बनाया जाता है। मकान की दीवारें लकड़ी के पटरों की होती हैं और छतें भी लकड़ी के पटरों को ही खपड़ैल की तरह एक-दूसरे पर रखकर और कील से ठोंक कर बनाई जाती हैं। छतों की बनावट ऐसी होती है कि पानी की एक बूँद भी अन्दर नहीं जा सकती। इन मकानों की अगर पचास से सौ साल तक मरम्मत न भी कराई जाए तो कोई फ़र्क़ नहीं पड़ता। चूँकि इन मकानों को शहतीर पर बनाया जाता है, इसलिए इनके नीचे पहिए लगाकर इन्हें एक स्थान से दूसरे स्थान ले जाया जा सकता है।

मॉरीशस थोड़ी कठिन जगह है। समुद्र तट के पास इतनी पहाड़ियाँ हैं, जिनकी वजह से जहाज़ों का वहाँ तक पहुँचना मुश्किल हो जाता है। केवल पूरब का हिस्सा

ही ऐसा है, जहाँ पर इसका एकमात्र बन्दरगाह है। इस बन्दरगाह तक पहुँचने के लिए भी छह मील लम्बी सुरंग से गुज़रना पड़ता है जो बहुत ख़तरनाक है। जो लोग इस रास्ते से परिचित नहीं हैं, उन्हें तो लगता है कि इससे गुज़रना नामुमकिन हो जाएगा। इन्हीं कारणों से फ्रांस का यह एकमात्र ऐसा उपनिवेश है, जिस पर अंग्रेज़ क़ब्ज़ा नहीं कर सके, जबकि अंग्रेज़ों और फ्रांसीसियों के बीच हाल में ही भारी युद्ध हुआ था। कैप्टन वेदरबर्न के नेतृत्व में ब्रिटिश फ़ौजों ने कई बार इस इलाक़े पर क़ब्ज़ा करने के लिए हमला किया, लेकिन कामयाबी नहीं मिली।

बताया जाता है कि इस द्वीप पर सबसे पहले पुर्तगाल का क़ब्ज़ा हुआ था, लेकिन यहाँ साँपों, बिच्छुओं और तरह-तरह के ख़तरनाक जन्तुओं का इतना प्रकोप था कि वे यहाँ से वापस जाने के लिए मजबूर हो गए। उनके जाने के बाद फ्रांस ने यहाँ प्रवेश किया। फ्रांस के पादरियों ने कुछ ऐसा उपाय किए कि सारे ख़तरनाक जन्तु क़ाबू में आ गए और उन्हें फिर पकड़कर समुद्र में डुबो दिया। इसके बाद से इस द्वीप में अमन की शुरुआत हुई। अब यह तो अल्लाह ही जानता है कि यह कहानी कहाँ तक सच है, लेकिन लोगों के बीच यही कहानी प्रचलित है।

यहाँ के पानी में मछलियाँ बहुत हैं, जिन्हें यहाँ रहने वाले कटिया डालकर और जाल के ज़रिए पकड़ते हैं। यहाँ की बहुत सारी मछलियाँ वैसी ही हैं जैसी बंगाल में पाई जाती हैं। हालाँकि उन्हें आप हू-ब-हू बंगाली मछलियों जैसा नहीं कह सकते। यहाँ छोटी मछलियों की एक नस्ल है, जिसका मुँह काफ़ी चौड़ा है, लेकिन वह खाने में बहुत स्वादिष्ट है। एक और मछली है जो अपने रंगों से ही मन मोह लेती है और यह भी बहुत स्वादिष्ट है।

जिस दिन हम लोग मॉरीशस पहुँचे, उसके दूसरे ही दिन भीषण समुद्री तूफ़ान आया। तीन दिनों तक हवा का प्रकोप जारी रहा और जमकर बारिश हुई। इस तूफ़ान की वजह से फ्रांस के दो जहाज़ चट्टानों से लड़कर टूट गए। हमारे जहाज़ ने लंगर डाल रखा था, लेकिन तूफ़ान का इतना ज़ोर था कि वह भी उसी दिशा की ओर बढ़ने लगा। हमने महसूस किया कि अब हमें भारी नुक़सान उठाना पड़ सकता है, लेकिन अल्लाह का शुक्र है और हमारे नाविकों की मेहनत कि उस जहाज़ को खींचकर वापस लाया जा सका और दुबारा लंगर डाला जा सका। तूफ़ान ने जहाज़ के एक बाहरी पटरे को तोड़ दिया था, जिसकी वजह से पानी का रिसाव अन्दर होने लगा और इसके साथ ही जहाज़ के ऊपर लगी कुछ दूरबीनों को भी नुक़सान पहुँचा था। इसके बाद जहाज़ की मरम्मत शुरू हुई, जिसमें काफ़ी

समय लग गया और हम लोगों को कई दिनों तक मॉरीशस में ही फँसे रहना पड़ा।

इस तूफ़ान में जो कई जहाज़ नष्ट हुए थे, उनमें फ्रांस का वह जहाज़ भी था जो हमारे साथ ही हुगली से चला था। अभी यह मॉरीशस के तट तक पहुँचा भी नहीं था कि तूफ़ान की चपेट में आ गया और फिर हवा के ज़ोर से बहुत दूर तक पीछे चला गया। तूफ़ान ने जहाज़ को तोड़ दिया था। बाद में हम जब अपनी यात्रा के दौरान केप के पास पहुँचने वाले थे, हमने उस जहाज़ के मलबे को देखा। अगर तट पर पहुँचने से पहले हमारा जहाज़ भी तूफ़ान की चपेट में आ गया होता तो हमारी क़िस्मत भी वैसी ही होती। इसके लिए हमने अल्लाह को शुक्रिया अदा किया। उसका रहम ऐसा रहा कि यूरोप पहुँचने तक हमें फिर ऐसे किसी तूफ़ान का सामना नहीं करना पड़ा।

एक दिन कैप्टन स्विंटन और मिस्टर पीकॉक नाम के यात्री ने हँसी-हँसी में मुझसे कहा, "आपके शुभ पाँवों की बदौलत हम ख़तरे का मुक़ाबला कर सके।" वे लोग भाग्यशाली पैर की बात कर रहे थे, जैसे मुसलमानों और हिन्दुओं में समान रूप से भाग्यशाली आँख की चर्चा की जाती है। मैंने जवाब दिया, "मैं तो एक नापाक प्राणी हूँ जो कोई फ़ायदा नहीं पहुँचा सकता। यह तो अल्लाह की इनायत है कि इस जहाज़ में मौजूद लोग हिफ़ाज़त से हैं और एक बार फिर हरियाली देखने की उम्मीद कर सकते हैं।"

मॉरीशस जाते समय रास्ते में और हिन्द महासागर के तटीय इलाक़ों में हमें कई दिलचस्प चीज़ें देखने को मिलीं। बंगाल के दक्षिण-पूर्व में पुर्तगाल का एक द्वीप है, जिसका नाम है, बताविया। यहाँ के निवासियों में मुसलमान, डच, अंग्रेज़ और काली चमड़ी के काफ़ी लोग रहते हैं। हरी मिर्च, काली मिर्च, इलायची, जायफल और बहुत सारे मसाले यहाँ पाए जाते हैं। इसके अलावा फलों की भी काफ़ी भरमार है। इसी दिशा में बंगाल से तक़रीबन दो महीने का सफ़र तय करने के बाद एक और द्वीप मिलता है जो चीन राज्य का हिस्सा है और यहाँ पर चीन के बने बर्तन काफ़ी मशहूर हैं।

पेगू और मलक्का

बंगाल से आधे महीने के सफ़र की दूरी पर दक्षिण-पूर्व में कुछ और आबाद देश दिखाई देते हैं। बादशाह अकबर के दरबार का एक अमीर ताहिर मुहम्मद जो दकन

के बीजापुर के सुलतान आदिल शाह के दरबार में लम्बे समय तक राजदूत रहा, उसने एक किताब लिखी थी, जिसका नाम है 'रौज़तुत ताहिरीन' (पवित्र आत्माओं का बाग़)। इसमें पेगू सहित इस इलाक़े के सभी देशों का ब्योरा मिलता है।

ताहिर के अनुसार, पुराने ज़माने में पेगू के लोग किसी धर्म का पालन नहीं करते थे और उन्हें न तो इसकी जानकारी थी कि सही क्या है और ग़लत क्या और न उन्हें यह पता था कि क्या चीज़ क़ानूनी है और क्या ग़ैरक़ानूनी? इसी बीच उन लोगों के यहाँ पैग़म्बर मोहम्मद का वंशज एक सैयद बंगाल से गया। उसने उन लोगों के बीच इस्लाम धर्म की शुरुआत कराई। दरअसल, वह रोज़ाना बहुत ज़ोर-ज़ोर से, लेकिन बड़ी मीठी आवाज़ में क़ुरान का पाठ करते थे। वहाँ के रहने वाले उसकी आवाज़ पर मोहित हो गए और वे रोज़ाना उसे सुनने के लिए उसके पास बैठने लगे। धीरे-धीरे उन लोगों ने भी उसी की तरह इबादत करना, उपवास करना, अज़ान देना आदि सीख लिया और फिर जल्दी ही वे सभी इस्लाम धर्म की शरण में आ गए। वहाँ के लोगों के नेताओं के अनुरोध पर सैयद उनका इमाम और राजा बन गया और उनके धार्मिक मामलों का भी संचालन करने लगा। आज भी पेगू की आबादी में उसी के वंशज वहाँ सारी देखभाल करते हैं और वे सभी लोग इस्लाम धर्म का पालन क़रते हैं।

ताहिर ने इस सैयद के बारे में एक असाधारण कहानी बताई है, जिसे बंगाल में काफ़ी लोग जानते हैं। कहा जाता है कि सैयद ने एक परी को अपने क़ब्ज़े में कर रखा था जो उसके साथ सात साल तक रही और उसने कई बच्चे पैदा किए। लेकिन आख़िर में वह परी अपने असली रूप में आ गई और उसने अपने पति और बच्चों को छोड़ दिया और फिर वापस वहीं चली गई जहाँ से आई थी।

पेगू में आम, नारियल, तरबूज़, ककड़ी तथा बहुत सारी चीज़ें भरपूर मात्रा में पैदा होती हैं और यहाँ के जंगलों में देवदार के ढेर सारे पेड़ मौजूद हैं। इन जंगलों में हिरण, जंगली घोड़े, गधे, बकरियाँ और भेड़ें पाई जाती हैं।

मलक्का तक़रीबन उतना ही बड़ा है जितना बड़ा बंगाल। यहाँ के बाशिन्दे आदिवासियों की तरह हैं और देखने में ये हब्शियों की तरह काफ़ी तगड़े लगते हैं। इनका व्यवहार एकदम जानवरों की तरह है। ये न तो किसी धर्म की परवाह करते हैं और न इनके अन्दर किसी तरह की नैतिकता है। ये लोग तट के पास रहने वाले मलक्का के किसानों को लूटने के ही फ़िराक़ में रहते हैं। यही वजह है कि मलक्का के निवासियों और इनके बीच स्थायी तौर पर एक लड़ाई चलती रहती है। मलक्का

के किसान हर तरह के अनाज और केला तथा आम पैदा करते हैं, लेकिन यहाँ के देशज आदिवासियों की ख़ूराक अधपका मांस ही है। ये लोग जानवरों से उतारी गई खाल को अपने शरीर पर लपेटते हैं। ताहिर की किताब में इनके बहुत सारे जंगली तौर-तरीक़ों का ज़िक्र है। इनमें से अगर किसी को बुखार हो जाता है तो वे लोग पड़ोसियों की एक शानदार दावत करते हैं और फिर बुखार में पड़े आदमी को मारने की योजना बनाते हैं। वे बग़ैर किसी हिचक के उस मरीज़ को मार डालते हैं और फिर उसके मांस का कबाब बनाकर स्वाद के साथ खाते हैं। उनके बीच एक और परम्परा प्रचलित है—वे अपने जांघ का मांस निकालकर उसके बदले कुछ सामान ख़रीद लेते हैं। इसके बाद जहाँ से मांस निकाला होता है उस जगह पर एक ख़ास पौधे की पत्तियों का मरहम बनाकर लगा देते हैं। इस मरहम से दस-बारह दिनों में घाव भर जाता है और कोई निशान नहीं पड़ता।

बंगाल की खाड़ी से आगे बढ़ते समय हमें क्षितिज पर एक काली लकीर के रूप में मलक्का दिखाई देता रहा।

पांडिचेरी से तक़रीबन एक सौ मील की दूरी पर मद्रास के दक्षिण-पश्चिम में सिलोन है, जिसे भारत के लोग सेरेन द्वीप कहते हैं। इस द्वीप पर आदम के पैरों के निशान मौजूद हैं, जिनके बारे में बताया जाता है कि तक़रीबन डेढ़ सौ मील तक चलने के बाद इसे देखा जा सकता है। इस द्वीप में अनेक बहुमूल्य पत्थर भी हैं।

मालदीव

मद्रास के दक्षिण में द्वीपों का एक समूह है। यहाँ की सत्ता बंगाल के एक ज़मींदार के अधीन होती है, लेकिन यहाँ जो सारा कामकाज देखता है उसे बादशाह की पदवी मिली हुई है। यहाँ के रहने वाले मुसलमान हैं, लेकिन उन्हें धर्म की कोई ख़ास जानकारी नहीं है। यहाँ की मिट्टी रेतीली है जिसकी वजह से खेती-बारी मुश्किल होती है, लेकिन यहाँ नारियल के पेड़ बहुत ज़्यादा हैं और इन्हीं से यहाँ के बाशिन्दों की जीविका चलती है। वे लोग नारियल के गूदे को खाते हैं और कुछ पकाने या रौशनी करने के लिए नारियल के तेल का इस्तेमाल करते हैं। इनके मकान लकड़ी के बने होते हैं और छतें नारियल के पत्तों से बनाई जाती हैं। नारियल की जटा से ये लोग रस्सियाँ बनाते हैं जिन्हें मज़बूती देने के लिए नारियल के तेल में डुबोकर रखा जाता है। इन रस्सियों का यूरोप तक निर्यात होता है और जहाज़ के लंगर में

इनका काफ़ी इस्तेमाल किया जाता है। बंगाल में जो भी नारियल का तेल पहुँचता है, वह मालदीव से ही यहाँ आता है।

मालदीव के लोग नारियल के पेड़ के पटरों से बड़ी-बड़ी नावें बनाते हैं। इन नावों के बनाने में लोहे की कीलों का इस्तेमाल बिलकुल नहीं किया जाता है—नारियल से बनी रस्सियों से ही सारा काम होता है। ये नावें इतनी मज़बूत होती हैं कि समुद्री तूफ़ानों का आराम से मुक़ाबला कर लेती हैं। मालदीव के लोग अपनी नावों में नारियल भरकर मद्रास और बालासोर के बाज़ारों तक जाते हैं और उसे बेचकर कपड़े, चावल, चीनी आदि ख़रीदकर लौटते हैं।

मैंने सुना कि मालदीव द्वीप समूह में हज़ारों द्वीप हैं और यहाँ के पानी में घोंघों की भरमार है। इन्हें बहुत क़ायदे से इकट्ठा किया जाता है। मालदीव के बादशाह के पास पाँच सौ से एक हज़ार नावों का एक दस्ता होता है। जब लहरें नीची होती हैं, उस समय ये लोग जगह-जगह गड्ढे बना देते हैं। जिस समय लहरों में भरपूर ज्वार आता है इन गड्ढों में घोंघे भर जाते हैं। बाद में इन घोंघों को नाविक लोग अपनी नावों में इकट्ठा करके किसी ख़ास जगह पहुँचाते हैं। फिर इन्हें एक दूसरे गड्ढे में डाला जाता है जहाँ ये मर जाते हैं और इनका मांस सड़ने लगता है। जब ये पूरी तरह सूख जाते हैं तो शंख के आकार के इन जीवों को नावों में लादकर बंगाल तथा अन्य स्थानों में व्यापारियों को बेच दिया जाता है।

नरभक्षियों का द्वीप (मेडागास्कर)

इस द्वीप के बाशिन्दे वैसे तो मनुष्य हैं, लेकिन इनकी आकृतियाँ एकदम पिशाच जैसी डरावनी हैं। ये जंगली जानवरों की खाल पहनते हैं और अधपका मांस खाते हैं। ये लोग आदमी के मांस की तलाश में रहते हैं और चूँकि इस द्वीप पर सोने की खानें हैं, इसलिए आदमियों के मांस के एवज़ में ये लोग सोना देते हैं। ये लोग दूर से ही किसी जहाज़ पर ताक लगाए रहते हैं और जब कोई जहाज़ दिखाई देता है तो वे पहाड़ी पर आग जलाते हैं ताकि उससे आकर्षित होकर वह जहाज़ वहाँ तक पहुँचे। जहाज़ के लोग समझते हैं कि आग जलाकर किसी ने दोस्ताना अन्दाज़ में उन्हें निमंत्रण दिया है और वे तट पर लंगर डाल देते हैं। वे सोचते हैं कि वहाँ कुछ देर आराम कर लेंगे और आगे की यात्रा के लिए खाने-पीने का कुछ सामान जुटा लेंगे। जैसे ही वे तट तक पहुँचते हैं, यहाँ के देशज लोग समूहों में आकर उनको

लूट लेते हैं, जहाज़ में सवार लोगों की हत्या कर देते हैं और इसके बाद जश्न मनाते हैं। अगर कोई जहाज़ दुर्घटनावश तट के पास टूट गया तो भी ये लोग ऐसा ही करते हैं। इस मामले में किसी मिस्टर हेनरी की कहानी काफ़ी प्रचलित है, जिनका जहाज़ यूरोप जाते समय इस द्वीप के पास नष्ट हो गया। फिर क्या था—यहाँ के लोगों ने चालकों को पकड़ लिया और उन्हें खा गए। किसी चमत्कारवश मिस्टर हेनरी बच गए और फिर यूरोप तक पहुँचे। बाद में एक दूसरा जहाज़ सर्वेक्षण के लिए भेजा गया और उसके साथ भी ऐसा ही हुआ। इसके बाद से जहाज़ों ने उस रास्ते को बदल दिया और अगर किसी वजह से उधर से गुज़रना भी पड़ा तो अपने साथ हथियारबन्द दस्ते लेकर गए। अब अगर किसी को उस द्वीप से सोना हासिल करने की इच्छा होती थी तो वह अपने यहाँ के किसी सज़ायाफ़्ता हत्यारे या चोर को पकड़कर ले जाता था और वहाँ के लोगों को सौंप देता था। वे लोग उसके बदले में सोना दे देते थे।

केप टाउन का चक्कर

मॉरीशस के बाद हम दक्षिण-पश्चिम की ओर बढ़े। एक महीने तक चलने के बाद हम जब भूमध्य रेखा तक पहुँचे तो गर्मी बर्दाश्त से बाहर हो गई। कैप्टन स्विंटन ने मुझे दुनिया का एक नक़्शा दिखाते हुए कहा, "यहाँ से एकदम उत्तर की ओर अरब है और वहीं मक्का है।"

केप के पास पहुँचने पर हम एक भीषण तूफ़ान में फँस गए। तूफ़ान की हवा बिलकुल हमारे ख़िलाफ़ थी और इसका क़हर छब्बीस दिन तक जारी रहा। इसकी वजह से हम तक़रीबन एक हज़ार मील पीछे चले गए। मुझे पता चला कि इस तरह के तूफ़ान इस इलाक़े में अकसर आते रहते हैं, जिसकी वजह से समुद्री यात्रा बहुत कठिन हो जाती है। जब तूफ़ान थमा, उसके बाद हमने बड़ी मुश्किल से केप का चक्कर लगाया और फिर उत्तर-पश्चिम की ओर बढ़े।

विलायत से वापसी की यात्रा में भी हमारा जहाज़ चौदह दिनों तक केप टाउन में लंगर डाले था और इस दौरान मैंने इस जगह के बारे में कुछ जानकारियाँ इकट्ठी कीं। यह स्थान पृथ्वी के एकदम दक्षिणी सिरे पर है और यहाँ मुख्य रूप से हब्शी लोग रहते हैं। उत्तर की ओर तक़रीबन डेढ़ हज़ार मील तक कोई आबादी नहीं है—बस, पहाड़ और जंगल हैं। इस जंगली इलाक़े के उत्तर की ओर एक नदी है जो लगभग छह मील चौड़ी है और पहाड़ों से निकलकर हब्शियों का इलाक़ा होते हुए यह पश्चिम की ओर चली जाती है। गर्मियों में इस नदी में बस घुटने तक पानी रहता है। नदी पार करने के बाद हब्शियों का देश मिलता है और वहाँ नरभक्षी रहते हैं, लेकिन वहाँ सोने की भी कई खानें हैं। व्यापारियों के जहाज़ वहाँ तक जाते हैं और उन हब्शियों को कुछ खिलौने आदि देकर उनसे सोना ले लेते हैं। थोड़ा और आगे जाने पर काफ़िरों का इलाक़ा मिलता है, जिनके घुँघराले बाल और मोटे होंठ होते हैं।

हब्शियों की एक राजधानी एबिसीनिया है जो अरब के निकट है। इसके राजा को नेबुस की पदवी मिली हुई है। इनके एक पुरखे ने मोहम्मद साहब के जीवनकाल में इस्लाम मज़हब को क़ुबूल कर लिया था। यहाँ के रहने वाले लोगों की चमड़ी काली या भूरी है। नास्तिक काफ़िरों और मुसलमानों के बीच बड़ी पुरानी लड़ाई है, जिसके नतीजे के तौर पर काफ़िर युद्धबन्दियों को ग़ुलामों के मालिकों को बेच दिया जाता था और फिर ये लोग इन ग़ुलामों को दूरदराज़ के देशों में बेच देते थे।

जब हैट पहनने वाले फ़िरंगियों ने इस इलाक़े में प्रवेश किया तो उन्होंने अपने-अपने देशों की कॉलोनी बनाने की यहाँ कोशिश की। इस पूरी क़वायद में केप डच लोगों के हिस्से में आया, जिन्होंने समुद्र के किनारे एक बहुत ख़ूबसूरत शहर केप टाउन के नाम से बसाया। उन लोगों ने यहाँ यूरोप और भारत में पाए जाने वाले बहुत सारे पेड़, मसलन, सेब, नाशपाती, श्रीफल और केला, अंगूर आदि लगाना शुरू किया। यहाँ के लोगों की खेतीबाड़ी में बहुत दिलचस्पी है और प्रायः ये लोग अपने बाग़ीचों में कई तरह के पेड़ लगाते हैं।

डच लोगों के केप टाउन आने से पहले यह इलाक़ा जंगलों से भरा हुआ था और आदमी के नाम पर बस काली चमड़ी वाले कुछ घुमन्तुओं को देखा जा सकता था। वे केप टाउन के बाहर के इलाक़े से झुंड में आते थे और कभी-कभी तो इनकी तादाद सात-आठ हज़ार की होती थी जो अपने घोड़ों, भेड़ों और अन्य मवेशियों के साथ आकर किसी एक जगह में तीन-चार साल तक अपना डेरा जमा लेते थे। कुछ समय बाद वे फिर किसी दूसरी जगह अपना डेरा जमाने के लिए चले जाते थे। कपड़े के नाम पर वे जानवरों की खाल पहनते थे और उनका खाना भी अधपका मांस, दूध और जंगली फल आदि थे। वे बहुत हट्टे-कट्टे होते थे और उनके अन्दर इतनी फ़ुर्ती होती थी कि वे दौड़ाकर जंगली सूअरों और हिरनों को आसानी से पकड़ लेते थे। बड़े-बड़े हाथियों के बेशक़ीमती दाँत निकालने में भी इन्हें महारथ हासिल थी। ये लोग हाथियों के इलाक़े में गहरी खाइयाँ खोद देते थे और जब हाथियों का झुंड आता था तो ढोल-नगाड़ों के शोर से उन्हें खाइयों की ओर खदेड़ते थे और फिर एक के बाद एक कई हाथी उस खाई में गिर जाते थे। वे उन खाइयों में हाथियों को छोड़ देते थे और जब वे भूख की वजह से मर जाते थे तो उनके दाँत निकालकर व्यापारियों को बेच देते थे।

डच लोगों का उपनिवेश बनने के बाद इस घुमन्तू आबादी का यहाँ आना बन्द हो गया और जो यहाँ रुके हुए थे, वे भी कहीं दूर चले गए। डच लोग बंगाल से मर्दों, औरतों और बच्चों को ख़रीदकर केप पहुँचाते थे। मेरी उन ग़ुलामों से मुलाक़ात हुई थी। वे लोग बंगाली या हिन्दुस्तानी नहीं बोल पाते थे, लेकिन इशारे से जो कुछ बताते थे, उससे काफ़ी जानकारी मुझे मिल जाती थी। इन लोगों ने मेरे लिए मछलियाँ पकड़ीं और आम, अमरूद आदि फल भी इन्होंने मुझे दिए।

उत्तर-पश्चिम की दिशा में एक महीने तक चलने के बाद हम एसेन्सन नामक एक द्वीप पर पहुँचे, जहाँ बिलकुल आबादी नहीं थी। यहाँ काफ़ी चट्टानें थीं और बीचोबीच में पानी का एक बहुत बड़ा कुंड था, जो बारिश के पानी से भर जाता था। यहीं से नाविक लोग पीने का पानी इकट्ठा करते थे। कुंड के चारों तरफ़ जो चट्टानें थीं, वे अजीब तरह से अधजली दिखाई देती थीं—वैसी ही जैसा हमारे यहाँ झाँवाँ होता है।

यहाँ मछलियाँ काफ़ी थीं। एक मछली ऐसी थी, जिसका सिर बहुत बड़ा था और जो बड़ी तेज़ी से मुँह खोलकर सांस लेती रहती थी। इसके बदन पर काली-काली धारियाँ थीं। नाविक लोग बहुत बड़ी तादाद में कटिया की मदद से इन्हें पकड़ते थे और इनके स्वाद का मज़ा लेते थे।

इस द्वीप में विशाल कछुए थे और इनका वज़न दो-तीन मन का होता था। चाँदनी रातों में ये समुद्र के किनारे रेत पर अंडे देने के लिए आ जाते थे और तब जहाज़ के फ़िरंगी नाविक छिपकर इनका शिकार कर लेते थे। ये लोग बड़ी चालाकी से कछुओं पर हमला करते और उन्हें उलट देते। एक रात में चालीस-पचास कछुए पकड़े जाते थे। इनका मांस और इनके अंडे जहाज़ के नाविकों के लिए शानदार दावत होते थे। एक कछुए से जहाज़ के सभी नाविकों के लिए एक वक़्त का खाना मिल जाता था।

यहाँ पानी में रहने वाले पक्षियों की कई क़िस्में थीं, जिनका मांस खाने लायक़ होता था। चूँकि यहाँ पर पेड़ नहीं थे और घास भी नहीं थी, इसलिए यहाँ आने वाली चिड़ियाँ घोंसले नहीं बनाती थीं—वे पहाड़ियों और चट्टानों के बीच अपने रहने का ठिकाना ढूँढ लेती थीं। मुझे ऐसा लगता है कि अतीत में आदमी से इनका कभी साबक़ा नहीं पड़ा था, इसलिए इन्हें यह भी नहीं पता था कि इन्हें आदमियों से डरना चाहिए। यही वजह है कि ये नाविकों की पकड़ में बहुत आसानी से आ जाती थीं। बेशक, जैसे-जैसे यहाँ लोगों का आना-जाना शुरू हुआ उन्हें इनके ख़तरे

का अहसास होने लगा, लेकिन अभी भी इन्हें आदमियों से बचने का हुनर नहीं पता था। मैंने ग़ौर किया कि जब हमारे नाविक उन्हें पकड़ने के लिए जाते थे तो उड़ने की बजाय वे अपनी जगह से ही शोर करने लगती थीं और बड़ी आसानी से पकड़ में आ जाती थीं। इन नाविकों ने ग्यारह चिड़ियों को पकड़ा और मुझे भी दो चिड़ियों को दिया। उन्हें मैंने अपने नौकर मोहम्मद मुक़ीम को पकड़ा दिया, जिसने इस्लामिक तरीक़े से उन्हें काटा, साफ़ किया और फिर घी और गर्म मसाले में उन्हें तला। मैंने जब उसका स्वाद लिया तो मुझे बड़ी अरुचिकर गन्ध मिली। नतीजतन, हमने सारा पका पकाया मांस समुद्र में फेंक दिया। फ़िरंगी लोग तो बहुत स्वाद लेकर उन्हें खाते थे। ये फ़िरंगी लोग और ख़ास तौर पर फ्रांस वाले सचमुच बहुत गन्दे होते हैं। इनका तौर-तरीक़ा मुझे कभी पसन्द नहीं आया।

चूँकि इस इलाक़े में घास नहीं के बराबर थी, इसलिए चौपाये भी यहाँ नहीं दिखाई देते थे। हाँ, कुछ भेड़ें ज़रूर दिखाई दीं, जो किसी जहाज़ के फ्रांसीसी कैप्टन द्वारा छोड़े गए एक नर और एक मादा भेड़ से पैदा हुई थीं। उस कप्तान ने एक काग़ज़ पर यह लिखकर गुज़ारिश की थी कि इन भेड़ों को कोई मारे नहीं। उसने उस काग़ज़ को एक बोतल के अन्दर रख दिया था और लोगों का ध्यान इस बोतल की ओर दिलाने के लिए उसने बोतल की बग़ल में एक बहुत बड़ा डंडा गाड़ दिया था।

एसेन्सन तक पहुँचने से पहले हम सेंट हेलेना नामक ब्रिटिश द्वीप के बगल से गुज़रे थे जो हमारी बाईं ओर था। इस द्वीप पर एक बहुत बड़ा पहाड़ था और एक क़स्बा भी था जिसमें एक क़िला बना हुआ था। हमने इन सारी चीज़ों को दूर से ही देखा। एसेन्सन से आगे बढ़ने पर हमें छोटे-बड़े और भी द्वीप मिले जो पुर्तगाल के अधीन थे। इनमें से एक द्वीप में हमने देखा कि आग की ऊँची लपटें उठ रही हैं। कुछ लोगों ने बताया कि यह इस बात का संकेत है कि यहाँ ज़मीन के नीचे सोना है। कुछ लोगों ने यह भी कहा कि यह किसी शैतान की कारस्तानी है। अब सच क्या है, यह तो केवल अल्लाह ही बता सकता है।

हमारे पश्चिम में काफ़ी दूरी पर एक तटीय इलाक़ा दिखाई दे रहा था, जिसे फ़िरंगियों ने बताया कि यह पश्चिमी गोलार्द्ध है। इसमें बहुत सारे द्वीप हैं और इसका समूचा रक़बा भारत के मुक़ाबले दो या तीन गुना ज़्यादा है। बताते हैं कि यह फ़िरंगियों की दुनिया का एक हिस्सा है। हालाँकि दुनिया को सात भौगोलिक क्षेत्रों में जो बाँटा गया है, उसमें यह शामिल नहीं है। इस महाद्वीप में रहने वाले

लोग काली चमड़ी के हैं और ये पढ़े-लिखे नहीं हैं। इनको न तो मज़हब की कोई जानकारी है, न राज-काज की और न लड़ाई के कौशल की। यही वजह है कि हैट पहनने वाले फ़िरंगियों के सभी देशों के लोगों ने यहाँ पर अपनी कॉलोनियाँ बनाई हैं। सफ़ेद चमड़ी वाले फ़िरंगियों की काफ़ी तादाद यहाँ आकर बसी हुई है और यूरोप के व्यापारियों के जहाज़ अकसर यहाँ आते रहते हैं।

समुद्र तमाम अजूबों से भरा हुआ है। अगर उन सबका मैं बयान करने लगूँ तो बहुत मोटी किताब हो जाएगी लेकिन मैं कुछ के बारे में जानकारी देना चाहूँगा।

उड़ने वाली मछली

यह रंग-रूप में भारत में पाई जाने वाली देवा मछली की तरह है। इसकी लम्बाई तक़रीबन दस इंच होती है। इसके पाँच-छह इंच लम्बे पंख होते हैं और वे बिलकुल रेशम जैसे लगते हैं। किसी जहाज़ को देखकर ये बहुत ग़ुस्से में आ जाती हैं और फिर झुंड में पानी से लगभग तीस फ़ीट की ऊँचाई पर उड़ने लगती हैं। वे तभी तक उड़ सकती हैं जब तक उनके पंख गीले रहते हैं। जैसे ही धूप और हवा के असर से वे सूखते हैं, वे पानी में गिर जाती हैं। कभी-कभी तो जहाज़ के डेक पर भी गिर जाती थीं और फिर नाविक लोग तुरन्त उनको पकड़कर उनका पेट चीरकर उसमें अफीम भर देते थे। इसकी वजह से वे सड़ती नहीं थीं। बाद में उन्हें ऊँची क़ीमतों पर ये लोग भारत में बेचते थे, जहाँ डॉक्टरों का कहना था कि इनसे नपुंसकता दूर करने वाली दवा बनती है।

व्हेल

इसका आकार हाथी जैसा होता है। कभी-कभी तो हाथी से बड़ा भी होता है। इसकी गर्दन हाथी की गरदन की ही तरह मोटी होती है और इसकी नाक हाथी की सूँड़ की तरह होती है, लेकिन आकार में थोड़ी छोटी। इसके सिर के बिलकुल ऊपर नाक के दो सूराख़ दिखाई देते हैं। जब भी यह साँस खींचती है तो नाक के अन्दर पानी चला जाता है और जब साँस छोड़ती है तो किसी खजूर के पेड़ जितना ऊँचा पानी का फ़व्वारा निकलता है। उस समय इतनी तेज़ आवाज़ होती है, जिसे एक मील दूर से भी सुना जा सकता है। अब चाहे कौतूहल के कारण या खाना पाने की

उम्मीद में अनेक व्हेल मछलियाँ हमारे जहाज़ के चारों ओर चक्कर लगाने लगी थीं। अगर इसी क्रम में उनमें से कोई जहाज़ को टक्कर मार दे तो बड़ी दुर्घटना हो सकती थी। इसलिए जब भी कोई व्हेल मछली हमारे जहाज़ की ओर बढ़ती थी, मैं बहुत डर जाता था।

समुद्री गाय

विद्वानों का मानना है कि अल्लाह ने अलग-अलग चार हज़ार नस्लों को पैदा किया है जो पृथ्वी की सतह पर, हवा में और पानी में रहते हैं। इनमें अजीब जीव-जन्तु हैं, मसलन जिन्न जो मूलत: आग है और जो अपनी इच्छानुसार कोई भी रूप ले सकता है। इसी के साथ समुद्री गाय की भी एक नस्ल है जो रात में धरती पर पहुँच जाती है और वहाँ मोम जैसा चिपचिपा गोबर छोड़ती है। कुछ लोगों का कहना है कि यही असली गोबर है। यह सूखने के बाद समुद्र की लहरों पर तैरता हुआ दिखाई देता है। इसे नाविक लोग इकट्ठा कर लेते हैं और फिर अच्छी क़ीमत में बाज़ार में बेच देते हैं। वेदों में लिखे अनुसार, हिन्दू लोग इस समुद्री गाय को कैलाश पर्वत से आई गाय मानते हैं जो उनके भगवान शिव का निवास स्थल है। उनका मानना है कि समुद्री गायें बस थोड़े समय के लिए कैलाश पर्वत से उतरकर पृथ्वी तक आती हैं।

हॉग फ़िश

यह दरअसल सील मछली की एक नस्ल है। इसका नाम हॉग फ़िश इसलिए पड़ा कि इसका सिर सूअर (हॉग) की तरह है। इसका रंग काला होता है और इसके शरीर पर कोई धारी नहीं होती। इसका वज़न लगभग दो मन होता है। जब इसे आभास होता है कि कोई जहाज़ आ रहा है तो यह मचलती हुई जहाज़ के पास पहुँचती है और उछलने लगती है। किसी साईस द्वारा घोड़े को दौड़ाने की तरह यह जहाज़ के पीछे-पीछे अस्सी से सौ मील तक दौड़ती रहती है। हम लोगों ने अपने जहाज़ के इर्द-गिर्द कम-से-कम एक हज़ार ऐसी मछलियों को देखा होगा। यह बहुत सुहावना दृश्य होता है। एक फ़िरंगी नाविक ने इनमें से एक मछली को गोली मार दी और उसे उस मछली को खींचकर जहाज़ तक लाने में भी

कामयाबी मिल गई। इन लोगों ने इसे भूनकर खाया लेकिन इसके मांस से ऐसी बदबू आ रही थी कि मैं तो एक निवाला भी नहीं खा सका। यूरोप के ही डॉक्टरों का कहना है कि बहुत बड़ी मछली का मांस सेहत के लिए फ़ायदेमन्द नहीं होता लेकिन हमारे जहाज़ पर जो यूरोपियन थे, उन्होंने इसकी परवाह किए बग़ैर जम कर इसका स्वाद लिया।

जलपरी

जलपरी सिर से कमर तक एक ख़ूबसूरत औरत होती है, जिसका चेहरा फूल की तरह, सुन्दर वक्ष, काली आँखें और किसी कमान की तरह भौंहें होती हैं। उसे देखकर कोई भी व्यक्ति उसकी तरफ़ आकर्षित हो सकता है और उससे प्यार कर सकता है। उसका निचला हिस्सा मछली की तरह होता है जो आख़िरी सिरे पर दो नोकों में बँट जाता है। जहाज़ों के अगले और पिछले हिस्से पर जलपरियों की तस्वीरें लगाई जाती हैं।

भारत में जलपरियाँ नहीं हैं, लेकिन नाविकों का कहना है कि उन्होंने आसपास के समुद्रों में उन्हें देखा है। आमतौर पर इनकी मौजूदगी ख़तरनाक जल क्षेत्र में होती है और इनके दिखाई देने को अपशकुन मानते हैं। अल्लाह इन्हें देखने से बचाए क्योंकि ये भी एक तरह की जिन्न हैं। जब कोई जलपरी पानी से ऊपर अपने धड़ को रखकर सीधी बैठती है तो इस दृश्य को देखकर नाविक पूरी तरह सम्मोहित हो जाते हैं। इसके बाद वह बहुत तेज़ आवाज़ में किसी नाविक का नाम लेकर उसे बुलाती है। जिसका नाम लिया जाता है, वह बहुत बेचैन हो जाता है और जब दूसरी बार बुलाती है तो वह जहाज़ छोड़कर जाने के लिए तैयार हो जाता है। तीसरी आवाज़ पर वह अपने को रोक नहीं पाता और पानी में छलांग लगा देता है, लेकिन इसके बाद उसका कोई अता-पता नहीं मिलता। बताया जाता है कि अगर वह ज़ंजीरों से बँधा रहे तो भी तीसरी आवाज़ पर जाने से अपने को रोक नहीं सकता। इसके बाद जलपरी अपने शिकार को लेकर किसी सुनसान द्वीप पर जाती है, उसकी बहुत देखभाल करती है, उसे फल-फूल खिलाती है और फिर उसके साथ सोती है। एक पुरानी कहानी के मुताबिक़ कोई जहाज़ एक बार फँसकर एक सुनसान द्वीप में भटक गया। वहाँ नाविकों को एक व्यक्ति मिला, जिसे किसी जलपरी ने छोड़ दिया था। वह जिन तजुर्बों से गुज़रा था, उनका असर ऐसा हुआ कि उसने अपनी

आवाज़ खो दी और गूंगा हो गया। जहाज़ के नाविक उसे अपने साथ जहाज़ में लाए, लेकिन उसकी आवाज़ लौटाने में किसी को कामयाबी नहीं मिली और फिर उसे जो अजीबोग़रीब तजुर्बे हुए थे, उन्हें कोई जान नहीं सका। अब इस कहानी में सच्चाई क्या है, यह तो केवल अल्लाह को ही पता है।

अन्त में विलायत

हमारे जहाज़ ने फ्रांस के नान्तेस बन्दरगाह पर अपना लंगर डाला। जहाज़ से एक बन्दूक़ दागी गई—यह संकेत देने के लिए कि हम पहुँच गए हैं और जवाब में एक पायलट बोट हम तक भेजी गई, जो हमें फ्रेंच ईस्ट इंडिया कम्पनी तक पहुँचा सके। इस सारे काम में तक़रीबन दो घंटे लगे।

जैसे ही हमारे जहाज़ ने लंगर डाला, तमाम फेरी वाले हमारे आसपास पहुँच गए। इनके पास फल, ब्रेड, पनीर, बिस्कुट और मक्खन थे। नाविकों ने पिछले छह महीनों से इन चीज़ों का स्वाद नहीं लिया था, इसलिए उनके चेहरे पर ख़ुशी नज़र आने लगी। वे ख़ास तौर से इसलिए भी बहुत ख़ुश थे कि एक बार फिर वे अपनी धरती पर पहुँच गए थे। मैं उनके जज़्बों को अच्छी तरह समझ सकता था। पिछले छह महीनों से मैंने भी समुद्र और आसमान के अलावा कुछ भी नहीं देखा था और पिंजड़े में बन्द चिड़िया की तरह मैं बस चुपचाप जहाज़ के पटरों को गिनते हुए समय बिता रहा था। मैं बराबर अपने को इस सोच से भटकाने की कोशिश करता था कि यह समुद्र कभी ख़त्म ही नहीं होगा। अब तट और वहाँ का माहौल देखकर मेरे अन्दर भी एक तब्दीली आई।

एक बात से मुझे बहुत हैरानी हुई। इन फ्रांसीसी लोगों में जो लोग नीचे के पद पर काम करते थे, वे इतने ग़रीब थे कि उनके पैरों में जूते भी नहीं थे। जूतों की जगह वे लकड़ी के सैंडिल जैसा बनाकर कुछ पहनते थे। वे लोग लकड़ी का छोटा टुकड़ा लेते और अपने पैर के मुताबिक़ उसमें जगह बनाकर उसे पैर में डाल लेते तथा घिसटते हुए चलते।

इंग्लैंड में भी ग़रीब लोगों का वजूद है, लेकिन उनकी हालत ऐसी नहीं है कि वे चमड़े के जूते और मोज़े न पहन सकें। कैप्टन स्विंटन और मिस्टर पीकॉक को भी इन बदहाल फ्रांसीसियों के इन जूतों को देखकर हँसी आ गई और उन्होंने कहा,

"ये लोग इसलिए इतने अभागे हैं क्योंकि इनके अन्दर अंग्रेज़ों की तरह उद्यमशीलता नहीं है। ये लोग बहुत आलसी होते हैं।"

फ्रांस के राजा ने एक आदेश जारी कर इस बात की मनाही कर दी थी कि कोई भी व्यक्ति पूरब से कोई सामान आयात कर नहीं ला सकता, लिहाज़ा कस्टम के कई अधिकारी हमारे जहाज़ पर आए और यात्रियों के सामान की जाँच करने लगे कि उनके सामान और कम्पनी के माल को अलग-अलग रखा गया है या नहीं। अगर किसी ने चोरी-छिपे कोई सामान लाने की कोशिश की तो उसे ज़ब्त कर लिया जाता था और उस पर जुर्माना ठोंक दिया जाता था। जहाज़ के कप्तान के साथियों, एक डॉक्टर और एक पादरी ने बंगाल से कुछ सूती कपड़े लिए थे, जिन्हें इन लोगों ने अपने कोट के अन्दर छिपा दिया और कुछ ने अपनी कमर में बांधकर ऊपर से कोट पहन लिया ताकि पकड़े न जा सकें। इसके बाद कैप्टन स्विंटन और मिस्टर पीकॉक शहर की ओर गए ताकि हम लोगों के रहने का कोई इन्तज़ाम कर सकें। मुझे जहाज़ में ही और दो-तीन दिन रहना पड़ा और इस दौरान मुझे इस इलाक़े के लोगों, उनके क़ानूनों और तौर-तरीक़ों की जानकारी हासिल करने का मौक़ा मिला।

एक कहावत है कि आदमी अपनी ही जेब से चोरी कर रहा है। कैप्टन स्विंटन और मिस्टर पीकॉक के व्यवहार में मुझे वह कहावत सच होती दिखाई दी। इन लोगों ने बाहर से सोना, चाँदी और कपड़े तथा कुछ बेशक़ीमती सामान लिये थे और अगर वे चाहते तो बग़ैर किसी दिक़्क़त के जहाज़ से बाहर ले जा सकते थे क्योंकि अंग्रेज़ों के प्रति फ्रांसीसी अधिकारी आमतौर पर नर्म होते थे। इन्होंने अपने इन सामानों को यातायात से जुड़े लोगों को दे दिया ताकि वे फलों और साग-सब्ज़ियों के बीच इन्हें छिपाकर इंग्लैंड भेज दें।

नान्तेस में सोलह दिनों तक रुकने के बाद मैं कैप्टन स्विंटन और मिस्टर पीकॉक से अलग हो गया। वे लोग एक तेज़ गाड़ी में इंग्लैंड के लिए रवाना हुए जबकि मुझे पालदार नाव द्वारा रवाना किया गया। एक हफ़्ते तक चलने के बाद मैं एक पैलेस पहुँचा, जहाँ उस नाव के कप्तान के घर पर मेहमान की तरह रहते हुए मैंने दो हफ़्ते गुज़ारे। वहाँ मैं बाज़ार और सड़कों में घूमता रहा, वहाँ का वास्तुशिल्प देखता रहा, लोगों से मिलता-जुलता रहा और उनकी जीवनशैली पर ग़ौर करता रहा। मैंने यह भी देखा कि आसपास के गाँवों में लोग कितने मन से खेतीबाड़ी करते हैं। वे लोग गेहूँ, मक्का, सरसों, मटर, मूली, तरबूज़, सन्तरा, अंगूर, अमरूद, नाशपाती, सेब और अनन्नास काफ़ी मात्रा में पैदा करते थे और इनकी खेती का

तरीक़ा इंग्लैंड वालों से बेहतर था। दरअसल, इंग्लैंड यहाँ से थोड़ा उत्तर की ओर था जहाँ बर्फ़ गिरती थी और मौसम बहुत ठंडा रहता था, जिसकी वजह से इन फलों और साग-सब्ज़ियों की पैदावार उतनी अच्छी नहीं होती थी। फ्रांस में पिस्ता जैसे फल, जो अरब में पाए जाते हैं और चावल, आम, नारियल, केला जैसे फल और फ़सल का दिखाई देना नामुमकिन था।

देहाती क्षेत्रों में जो मकान बने हैं वे पत्थर के हैं, लेकिन उनकी छतें टेराकोटा की हैं। चूँकि यहाँ बांस नहीं पैदा होता, इसलिए छतों की मचान लकड़ी की बनाई जाती है। यहाँ जो ग़रीब तबक़ा है, वह जौ की रोटी शोरबे के साथ खाकर काम चलाता है और मोटे ऊन या जूट का बना कपड़ा पहनता है। जूट से रस्सी भी बनाई जाती है। इनमें से अधिकांश ऐसे हैं, जिनको चमड़े का जूता नहीं नसीब होता है।

फ्रांस की राजधानी पेरिस कैलेस या नान्तेस से कुछ सौ मील की दूरी पर है। फ्रांस और अन्य देशों के लोग भी वहाँ की इमारतों और वहाँ के बाग़-बाग़ानों की बहुत तारीफ़ करते हैं। वे इस बात से भी बहुत प्रभावित होते हैं कि फ्रांसीसी लोगों के अन्दर कितनी कलात्मकता है, विज्ञान और टेक्नोलॉजी के क्षेत्र में उन्होंने कितनी प्रगति की है, खेतीबाड़ी में उन्होंने कई कीर्तिमान स्थापित किए हैं और उनका व्यवहार बहुत सभ्य और सुसंस्कृत है। इन मामलों में फ़िरंगी दुनिया के अन्य देशों के मुक़ाबले ये काफ़ी आगे हैं।

फ्रांसीसी लोग दावा करते हैं कि उन्होंने अंग्रेज़ों को संगीत और घुड़सवारी की शिक्षा दी। अंग्रेज़ों में जो धनी लोग हैं, वे अपने बच्चों को फ्रांस के स्कूलों में भेजते रहे हैं ताकि उनका व्यवहार और उनकी रुचि अच्छी से अच्छी हो जाए। फ्रांसीसी लोगों का कहना है कि कला और विज्ञान के क्षेत्र में या व्यापार और उद्योग के क्षेत्र में अंग्रेज़ों का जो आज विकास दिखाई देता है, वह इसीलिए है क्योंकि उन्होंने फ्रांस में शिक्षा पाई। अतीत में जब उनको यह सुविधा नहीं उपलब्ध थी तो वे लोग भी वैसे ही थे जैसे भारतीय लोग हैं। इन सबके बावजूद फ्रांस के लोग यह मानते हैं कि अंग्रेज़ों में हमेशा ज़बर्दस्त सैनिक पैदा हुए।

फ्रांसीसी लोगों का यह भी कहना है कि अंग्रेज़ों का जो निचला तबक़ा है, वह व्यापार या रोज़गार के लिए इसीलिए दूसरे देशों में नहीं जा पाता है क्योंकि उसके अन्दर कोई कौशल नहीं है और न व्यापार करने की समझ है। वे इस क़ाबिल नहीं हैं कि शानदार ज़िन्दगी बिताने लायक़ पैसा कमा सकें। इसके विपरीत फ्रांसीसी लोग सभी कलाओं और विज्ञान में काफ़ी निपुण होते हैं और वे जहाँ कहीं जाते हैं वहाँ

उनका स्वागत तो किया ही जाता है, वे अपने पेशे में काफ़ी सम्मान भी पाते हैं।

मेरे दिमाग़ में यह बात साफ़ हो गई कि फ्रांसीसी लोग बहुत अहंकारी क़िस्म के हैं और ये लोग बातचीत में हमेशा यह दिखाने की कोशिश करते हैं कि वे सबसे महान हैं और दूसरे लोग बहुत नाचीज़ हैं।

मैं यह भी साफ़ तौर पर समझ गया कि कला के क्षेत्र में ज्ञान और कौशल अल्लाह की रहमत से हासिल होता है और अगर कोई जान-बूझकर इसे नहीं हासिल करना चाहता तो वह बहुत अभागा है। मेरी बदक़िस्मती है कि मेरी ज़िन्दगी अभी तक बग़ैर किसी मक़सद के गुज़रती रही। अब आगे देखें क्या होता है?

कैलेस से इंग्लैंड जाने के लिए मैंने एक नाव ली। इंग्लैंड के डोवर बन्दरगाह तक पहुँचने में मुझे पूरा एक दिन लगा। वहाँ पहुँचने पर कस्टम के अधिकारी हमारे सामान की जाँच के लिए आए और मिसेज़ पीकॉक के बक्स में उन्हें फूलदार सूती कपड़े का एक थान मिला। मिसेज़ पीकॉक पुर्तगाली और भारतीय माँ-बाप की सन्तान थीं। उनके बक्स में जो कुछ मिला था वह इंग्लैंड में लाना ग़ैरक़ानूनी था लिहाज़ा नाव में जो भी सामान था, उसे ज़ब्त कर लिया गया और उस नाव को एक नहर से समुद्र की तरफ़ ले जाया गया। नाव के जाने के बाद नहर के प्रवेश द्वार को लकड़ी के बड़े दरवाज़े से बन्द कर दिया गया। मुझे नाव से उतार दिया गया था और एक सराय में ठहरने की व्यवस्था की गई थी। मैंने कैप्टन स्विंटन को एक चिट्‌ठी लन्दन भेजी और जो कुछ हुआ था, उसका ब्योरा दिया। इसके बाद समय बिताने के लिए मैं शहर और बाज़ार का चक्कर लगाने लगा।

मैंने जिस तरह के कपड़े पहने थे, वैसे कपड़ों में अंग्रेज़ों ने कभी किसी भारतीय को नहीं देखा था। मुझे वे बड़े कौतूहल के साथ देखने लगे और जहाँ-जहाँ मैं जाता था, मेरे साथ एक झुंड भी चलने लगा। चूँकि मैं एक विदेशी था, इसलिए वे लोग मेरे प्रति प्यार का भाव रखते थे और कुछ दिनों के बाद तो वे मुझसे इस तरह का व्यवहार करने लगे जैसे मैं उनका बहुत पुराना परिचित होऊँ। अंग्रेज़ों का और ख़ास तौर पर उनकी महिलाओं का यह दोस्ताना व्यवहार मुझे बहुत अच्छा लगा और अकेलेपन का जो अहसास मुझे हो रहा था, वह पूरी तरह दूर हो गया।

एक दिन कुछ लोग अपने किसी दोस्त के यहाँ एक डांस पार्टी में मुझे लेकर गए। ज़ैसे ही मैं वहाँ पहुँचा, वहाँ चल रहा संगीत और नृत्य रोक दिया गया। वहाँ जितने भी मर्द और औरत थे, वे सब मेरे चारों तरफ़ जमा हो गए और आँखें फाड़कर मेरे कपड़ों को, मेरी पगड़ी, शॉल तथा हर चीज़ को देखने लगे। उन्होंने यह नतीजा

निकाला कि मैंने नृत्य करने वाली कोई पोशाक पहन रखो है या मैं कोई अभिनेता हूँ और फिर उन्होंने मुझे भी अपने साथ नाचने के लिए आमंत्रित किया। मैंने उनसे बार-बार कहा कि मुझे नाचना नहीं आता है, लेकिन मेरी इस बात पर यक़ीन करने के लिए वे तैयार ही नहीं थे। उनका कहना था कि इस धरती पर ऐसा कोई नहीं है जिसे थोड़ा-बहुत गाना और नाचना न आता हो। एक अंग्रेज़ ने कहा कि मैं चूँकि कुछ ही दिन पहले इंग्लैंड आया हूँ, इसलिए यहाँ की औरतों के साथ नाचने में शरमा रहा हूँ। उसके ऐसा कहने पर वहाँ मौजूद औरतें हँस पड़ीं। वे अभी भी मेरे कपड़ों को और मेरे चेहरे को घूर रही थीं और यह सब अब मुझे अच्छा लग रहा था। कितनी मज़ेदार बात है कि मैं नई-नई चीज़ों का लुत्फ़ उठाने गया था, लेकिन मैं ख़ुद ही उनके लिए एक नई चीज़ बन गया। इतने शानदार वातावरण में कोई भी व्यक्ति अपने को ख़ुशक़िस्मत समझ सकता है। वहाँ जो औरतें थीं वे देखने में परियों की तरह लगती थीं और उनकी ख़ूबसूरती ऐसी थी जो परियों को भी मात दे दे। लैम्प से आ रही रौशनी और उनकी मौजूदगी से पैदा चमक के बीच मेरे लिए फ़र्क़ करना मुश्किल था। उनकी तारीफ़ में मैं कुछ बोल नहीं पा रहा था और एक मूर्ति की तरह खड़ा होकर अल्लाह की इस ताक़त में खोया हुआ था। अचानक मेरे मुँह से दो पंक्तियाँ निकलीं :

ज़र्रे से उसने जीव बनाया
और जीव से बनाया एक सुन्दर चेहरा।

कुछ ही दिनों बाद कैप्टन स्विंटन और मिस्टर पीकॉक लन्दन से आए और वे लोग अपने साथ वह आदेश भी लाए थे, जिसमें कहा गया था कि हमारे सामान हमें वापस कर दिए जाएँ। इसके बाद उस नाव को छोड़ दिया गया और फिर उसे लन्दन रवाना कर दिया गया। हम लोग एक गाड़ी से लन्दन के लिए रवाना हुए। कैप्टन स्विंटन मुझे लेकर हेमार्केट के पास कोवेंट्री स्ट्रीट में अपने भाई के घर गए।

इस पूरे सफ़र की दिक़्क़तों से मैं काफ़ी थक चुका था और लन्दन शहर की ख़ूबसूरती को देखकर मुझे काफ़ी सुकून मिला। ऐसा लग रहा था जैसे गुलाब के फूलों से भरे बाग़ में कोई ऐसा पौधा लगा दिया गया हो, जिसकी पत्तियाँ झड़ गई हों। इसमें कोई शक नहीं कि मेरे पास क़ायदे के कपड़े नहीं थे, लेकिन अंग्रेज़ों ने मेरा बहुत ख़ुश होकर स्वागत किया और मेरे साथ बहुत ही अच्छा व्यवहार किया। यह अंग्रेज़ों की उदारता ही थी, जिसकी तारीफ़ करने के लिए मेरे पास शब्द नहीं

हैं। विदेश से आया कोई यात्री उनके लिए अपनी जान से भी ज़्यादा प्यारा था और उसे ख़ुश रखने के लिए वे हर कोशिश करते थे।

इससे पहले अंग्रेज़ों ने कभी किसी भारतीय मुंशी को नहीं देखा था। उन्होंने केवल चिटगाँव और ढाका के लश्करों को ही देखा था और यही वजह है कि भारत के किसी भद्र व्यक्ति के पहनावे और व्यवहार से पूरी तरह अपरिचित थे। उन्हें लगा कि मैं बंगाल का कोई रईस हूँ—शायद नवाब का भाई और वे मुझे देखने के लिए मेरे क़रीब आ जाया करते थे। जब भी मैं बाहर निकलता, मेरे आसपास भीड़ इकट्ठा हो जाती थी और लोग घरों में से, खिड़कियों से सिर बाहर निकालकर हैरानी के साथ मुझे देखते। बच्चे और किशोर उम्र के लड़के मुझे एक अजूबा समझते और चिल्लाते हुए अपने घरों में घुस जाते—"देखो-देखो, एक काला आदमी सड़क पर जा रहा है।" उनकी चीख़ सुनकर बड़े बुज़ुर्ग घरों में से बाहर निकलते और मुझे हैरानी के साथ देखते रहते। कुछ बच्चे ऐसे भी थे, जो मुझे काला दानव समझकर डर की वजह से मुझसे दूर रहते।

यह गर्मियों का मौसम था, इसलिए मैं जब बाहर निकलता तो पायजामा और ढीली कमीज़ पहनकर निकलता। कमीज़ के ऊपर एक कमरबन्द होता था जिसमें एक कटार लटकती रहती थी। इसके बाद कन्धे पर एक शॉल, सिर पर पगड़ी और चमकदार सजावट वाले जूते होते थे। मेरी इस पोशाक से आमतौर पर लोग बहुत ख़ुश होते थे, लेकिन कुछ का कहना था कि मैं औरतों की तरह लगता था।

कुछ ही महीनों के अन्दर पड़ोस के सारे लोग मेरे दोस्त बन गए। अब उनके अन्दर से डर पूरी तरह ग़ायब हो चुका था और वे मेरे साथ ख़ूब हँसी-मज़ाक़ करते थे। कुछ असभ्य लोग कहते, आओ और मुझे एक चुम्बन लेने दो। यह बात वे अंग्रेज़ी भाषा में कहते। वास्तव में यह वाक्य वे लोग महिलाओं से प्रेम व्यक्त करने के लिए भी कहा करते हैं।

लन्दन

लन्दन की विशेषताएँ

लन्दन की तारीफ़ के बारे में मैं क्या कहूँ? पृथ्वी पर ऐसा कोई शहर नहीं है जो इसके जैसा विशाल या ख़ूबसूरत हो और इसका वर्णन करना मेरे बस से बाहर की बात है।

कलकत्ता की तरह यहाँ भी एक नदी है जो समुद्र में जाकर गिरती है। लन्दन से समुद्र के बीच की दूरी मोटे तौर पर उतनी ही है जितनी कलकत्ता से हुगली के बीच की दूरी है। यह तक़रीबन तीन दिनों की यात्रा की माँग करती है। समुद्र से जाने वाले जहाज़ नदी तक आते हैं और शहर के एक घाट पर लंगर डालते हैं जो ईस्ट इंडिया कम्पनी के हेडक्वार्टर के सामने है। यह हेडक्वार्टर शाही महल से चार मील की दूरी पर है। (लन्दन का व्यापारिक ज़िला 'सिटी' है, जहाँ व्यवसाय से जुड़े लोग अपना काम करते हैं)।

शहर से कुछ ही दूरी पर पुराना क़िला है, जिसे टॉवर कहते हैं। यह काले पत्थरों से बना है और बहुत मज़बूत है। इसके कई हथियारख़ानों में पीतल और गन मेटल से बनी बड़ी-बड़ी तोपें हैं। ये तोपें सादी और अलंकृत दोनों तरह की हैं। इस हथियारख़ाने में स्पेन और फ्रांस के अनेक झंडे रखे गए हैं, जिन्हें समुद्री और ज़मीनी लड़ाई के दौरान ज़ब्त किया गया था और यादगार के रूप में यहाँ रख दिया गया।

यहाँ जो सबसे बड़ी बन्दूक़ है, वह सोलह हाथ लम्बी है और इसका घेरा इतना बड़ा है कि इसके दोनों तरफ़ अगर दो आदमी बैठ जाएँ तो वे एक-दूसरे को देख नहीं सकेंगे। इसके नाल का मुँह इतना चौड़ा है कि इसके अन्दर औसत कद का कोई दर्ज़ी बैठकर बड़े आराम से सूई-धागा लेकर अपना काम कर सकता है। मुझे बताया गया कि एक बार घर से निकाली गई एक औरत अपने बच्चे के साथ दुनिया की नज़रों से बचने के लिए इसके अन्दर छिपकर बैठ गई और एक साल

तक इसी में बैठकर बच्चे का पालन-पोषण करती रही। उसका प्रेमी उसके लिए खाना और पानी रात में यहाँ पहुँचा जाता था और किसी को इसकी जानकारी नहीं मिल पाती थी।

लोग बताते हैं कि यह बन्दूक़ स्कॉटलैंड में बनी थी जहाँ एडिनबर्ग के क़िले के तोपख़ाने में यह रखी रहती थी। जब स्कॉटलैंड पर इंग्लैंड के राजा का क़ब्ज़ा हुआ तो इसे यहाँ टॉवर में लाकर रख दिया गया। इसके बारे में मैंने बंगाल में अनेक अंग्रेज़ों से सुन रखा था और अब मैं ख़ुद अपनी आँखों से उन बातों की पुष्टि कर सकता था।

टॉवर में युद्ध के दिनों के अनेक हथियारों के नमूने भी रखे गए हैं। एक कमरे में तक़रीबन एक लाख पिस्तौलें टँगी हुई थीं। एक दूसरे कमरे में छत से टाँग कर ढेर सारी टोपियाँ और लोहे के बने तोप, तलवारें, भाले इत्यादि रखे गए थे। गलियारे में घोड़े पर सवार अंग्रेज़ राजाओं की मूर्तियाँ थीं जो अपनी पूरी पोशाक में ढाल तलवार तथा अन्य हथियारों के साथ दिखाई देते थे। एक दूसरे कमरे में टकसाल था जहाँ सोने, चांदी और तांबे के सिक्के जमा किए गए थे।

लन्दन की इमारतें

लन्दन में पत्थर की कम, लेकिन ईंट की बनी ढेर सारी इमारतें हैं, लेकिन पुराने और नए गिरजाघर आमतौर पर पत्थर से ही बने थे। इनमें सबसे शानदार था—सेंट पॉल्स कैथेड्रल। इसकी डिज़ाइन इतनी शानदार थी कि इसका वर्णन करना मुश्किल है—इसकी ख़ूबसूरती का अन्दाज़ा इसे देखकर ही लगाया जा सकता है। इसके ऊपर का आधा हिस्सा क्रॉस के आकार का है और उससे भी ऊपर शीशे का एक बहुत बड़ा गुम्बद है। इसी के ज़रिए अन्दर रौशनी आती है। गुम्बद के एकदम नीचे एक गोलाकार गैलरी है, जिस तक पहुँचने के लिए बाहर की ओर सीढ़ियाँ बनी हुई हैं। जब हम लोग इन सीढ़ियों से ऊपर चढ़ रहे थे तो कैप्टन स्विंटन एकदम पूर्वी छोर पर चले गए। वहाँ से उन्होंने फुसफुसाते हुए कहा, "मुंशी, तुम क्या कर रहे हो?" हालाँकि हम लोगों के बीच की दूरी लगभग चालीस हाथ थी, लेकिन मुझे उनकी आवाज़ बहुत साफ़ सुनाई दी। मैंने भी उसी अन्दाज़ में जवाब दिया कि "मैं तमाशा देख रहा हूँ।" उन्हें भी मेरी आवाज़ बहुत साफ़ सुनाई दी। दरअसल, यह इसलिए मुमकिन हो सका कि उस गुम्बद के अन्दर जो हवा थी, वह आवाज़ को

एक जगह से दूसरी जगह तक पहुँचाने का बहुत शानदार माध्यम थी।

गैलरी से बाहर आकर मैं लकड़ी की बनी सीढ़ियों तक पहुँचा और फिर गुम्बद के ऊपरी हिस्से में गया। यहाँ से मैं बारह मील दूर तक मैदानी इलाक़े को देख सकता था। यहाँ से देखने पर सात मंज़िली इमारतें भी छोटे-छोटे बक्सों की तरह और सड़क पर चल रहे आदमी और घोड़े, भेड़ों और बिल्लियों की तरह दिखाई दे रहे थे। सचमुच यह एक मज़ेदार दृश्य था।

गिरजाघर के बेसमेंट में एक कमरा बना था, जहाँ बहुत सारे बक्स और कुछ सामान रखे गए थे। इसके ऊपर भी इस तरह शीशे लगाए गए थे, जिससे अन्दर तक रौशनी आ सके। गिरजाघर के दक्षिण में एक स्कूल और लाइब्रेरी थी और ये दोनों इमारतें पत्थर से बनी हुई थीं।

मुझे बताया गया कि इस इमारत के मुक़ाबले की एक ही इमारत है जो रोम में है और उसी के नक़्शे क़दम पर इसे बनाया गय है। भारत में इस इमारत के मुक़ाबले की अकेली इमारत दक्कन के बीजापुर में सुलतान मोहम्मद आदिल शाह का मक़बरा है। इसमें भी ऐसा ही गुम्बद है और यहाँ की गैलरी में भी आप फुसफुसाकर आराम से बात कर सकते हैं।

एक और पुराना गिरजाघर है, जिसके बारे में मैंने बंगाल में सुन रखा था और वह है वेस्टमिंस्टर एबे। यह भी पत्थर का बना है, काफ़ी ऊँचा है और एक बड़े इलाक़े को घेरता है। इसमें प्राचीन विश्व की अद्भुत पेंटिंग्स और मूर्तियाँ हैं। ये ऐसी हैं कि मणि जैसा विशेषज्ञ कलाकार या फ़रहात जैसा मूर्तिकार भी देखकर हैरान रह गया। आज के कलाकार इन्हें देखकर दाँतों तले उँगली दबा लेते हैं। इमारत के बीचोबीच एक ख़ूबसूरत औरत की संगमरमर की मूर्ति है, जो लगभग साढ़े तीन हाथ ऊँची है और एक सफ़ेद चबूतरे पर रखी गई है। थोड़ी दूरी से अगर इसे देखें तो ऐसा लगता है कि कोई युवती सर पर सफ़ेद शॉल ओढ़े शान्त भाव से खड़ी है। इस मूर्ति को इतनी ख़ूबसूरती से बनाया गया है कि इसकी मांसपेशियाँ और हाथ की नसें, जबड़े और होंठ, त्वचा का रंग, करीने से काढ़े गए बाल और स्कर्ट तथा शॉल की परतें एकदम जीवन्त लगती हैं। थोड़ी दूरी से भी मैं दावे के साथ नहीं कह सका कि यह कोई मूर्ति है या सजीव औरत खड़ी है। इस मूर्ति के सामने खड़ा होकर मैं आश्चर्य और तारीफ़ भरी नज़रों से लगातार इसे घूरता रहा। मुझे बताया गया कि वेस्टमिंस्टर एबे का निर्माण डेनमार्क के उस राजा ने किया था, जिसका किसी ज़माने में इंग्लैंड पर शासन था। उसने और भी कई गिरजाघरों का निर्माण

कराया। इन गिरजाघरों में जिन कलाकारों ने काम किया, वे फ़िरऔन के ज़माने के मिस्त्र और प्राचीन रोम से आए हुए थे। राजा के प्रतिनिधि इन्हें तीस-चालीस हज़ार रुपए देकर इंग्लैंड लाए थे। आजकल अब इस तरह की चीज़ें बनाना बहुत मुश्किल है। इतनी अच्छी इमारत और मूर्तियाँ मैंने कहीं और नहीं देखीं।

वेस्टमिंस्टर का पुल और गिरजाघर

यह पत्थर से बना हुआ पुल है। इसकी लम्बाई दरिया की चौड़ाई के बराबर है। यह इतना चौड़ा है कि इस पर चार गाड़ियाँ एक साथ बिलकुल बराबर में चल सकती है। इसके नीचे मेहराबदार दरवाज़े हैं, जिसके अन्दर से कश्तियाँ बादबान के साथ आसानी से गुज़र जाती हैं। दो पुल और भी हैं, पर वे इससे छोटे हैं। कहते हैं कि ऐसे पुल दुनिया में केवल दो स्थानों पर हैं, एक रोम में और दूसरा बगदाद (इराक़) में। सुनने में आया है कि ऐसे पुल इन तीनों जगह के अलावा कहीं और नहीं बनाए गए।

इसके अलावा बड़े गिरजाघर की एक इमारत है जो वेस्ट मिनिस्टर गिरजाघर से दक्षिण की ओर है और यह बहुत ऊँची और मज़बूत पत्थर की बनी हुई है।

इस गिरजाघर की बग़ल में एक तहख़ाना है, जिसमें बड़े-बड़े ताबूतों में कुछ मशहूर लोगों के शव रखे गए हैं। हालाँकि आम प्रचलन यह है कि ख़ास और आम, दोनों लोगों को क़ब्रिस्तान में दफ़नाया जाए, लेकिन अभी जो किया गया है उसकी भी प्राचीन नज़ीरें हैं। जिन शवों को ताबूत में रखा गया है, उन पर ख़ास तेल और रसायनों का लेप किया जाता है और कुछ जड़ी-बूटियों और कपड़ों को शव की बग़ल में रखकर फिर ताबूत में बन्द कर दिया जाता है।

शहर के ग़रीब लोग एक सामुदायिक क़ब्रिस्तान में दफ़नाए जाते हैं। यहाँ जो क़ब्रें होती हैं, उनके लिए पहले एक गड्ढा तैयार किया जाता है और फिर उस गड्ढे के चारों तरफ़ अन्दर से ईंट और पत्थर की दीवार खड़ी की जाती है। इसके बाद इसके ऊपर पत्थर की एक चट्टान से इसे बन्द कर दिया जाता है। शवों को सारे संस्कार करने के बाद इस गड्ढे में रखकर ऊपर पत्थर की चट्टान से इसके मुँह को बन्द कर देते हैं। मैंने इस तरह की एक क़ब्र वेस्टमिंस्टर एबे के निकट देखी और इसी तरह की अन्य क़ब्रों के बारे में मुझे जानकारी मिली, लेकिन अभी हाल में किन्हीं मिस्टर बर्नस्टोन ने इस तरह की क़ब्रों के होने से इनकार किया है।

उनका कहना है कि भारत की ही तरह इंग्लैंड में भी धनी लोगों और ग़रीबों के अवशेषों के बीच कोई भेदभाव नहीं किया जाता।

राजा के महल का बाहरी हिस्सा न तो बहुत शानदार है और न ख़ूबसूरत। बाहर की दीवारों पर पलस्तर भी नहीं किया हुआ है। देखकर ऐसा लगता है कि जैसे बनारस के किसी व्यापारी की बहुमंज़िली इमारत हो। शहर के जितने भी भवन हैं, इसी तरह के हैं लेकिन महारानी का महल बहुत शानदार है। वैसे, मुझे बताया गया कि राजा के महल का भीतरी हिस्सा भी काफ़ी आकर्षक है और इसके अन्दर जो कमरे बने हैं, वे बहुत आकर्षक तांबे के पत्तरों से सजाए गए हैं।

शहर से बाहर राजा का उद्यान है जो बहुत पुराना है। इसके शानदार लॉन हैं और सैर करने के लिए रास्ते बने हुए हैं। इसके अलावा तिकोने, चौकोर, षटकोणीय और अष्टकोणीय आकार के घास के छोटे-छोटे मैदान हैं। मैदान जैसे इन ढेरों में तरह-तरह के फूल, पौधे और सेब, करौंदे, नाशपाती, पहाड़ी बादाम आदि के पौधे लगाए गए हैं। इस उद्यान में विशेष तरीक़ों से तरबूज़, ख़रबूज़, ककड़ी, नारंगी और अनन्नास जैसे भारतीय फलों को उगाया जाता है। गुलाब, मेहँदी, गेंदा आदि भारतीय फूल भी यहाँ दिखाई देते हैं।

यूरोप का मौसम प्रायः ठंडा रहता है, इसलिए खुले में भारतीय फलों और फूलों का विकसित होना मुश्किल होता है। इस काम के लिए ख़ास तरह के मकान बनाए जाते हैं जो तीन तरफ़ से ईंट की दीवारों के होते हैं और एक तरफ़ शीशे की प्लेटें लगी होती हैं, जिनसे ठंडी हवा अन्दर आने से रुक जाए लेकिन सूरज की रौशनी आ सके। बहुत ठंड पड़ने पर घरों के अन्दर कमरे को गर्म रखने के लिए स्टोव जलाए जाते हैं और सूरज की गर्मी तथा स्टोव की गर्मी, दोनों की मदद से भारतीय पौधों को पाला-पोसा जाता है। यूरोप के माली इसी तरीक़े से पूर्वी देशों के फल पैदा करते हैं और उन्हें बेचकर काफ़ी मुनाफ़ा कमाते हैं। उन्हें एक अनन्नास के लिए पाँच रुपए और एक ख़रबूज़ के लिए तीन रुपए तक मिल जाते हैं।

राजा के उद्यान में चारों तरफ़ बनी पगडंडी के इर्द-गिर्द बड़े सुरुचिपूर्ण ढंग से पेड़ लगाए गए हैं। इनकी शाख़ाओं को काटकर तरह-तरह के आकार दिए गए हैं और कभी-कभी तो रात में ऐसा लगता है जैसे सचमुच कोई खड़ा हो। पेड़ों को यह आकार देने में कई दिन लग जाते हैं।

महारानी के महल के सामने की सड़क काफ़ी चौड़ी है। सड़क के एक तरफ़ महल है और दूसरी तरफ़ एक तालाब है जो पार्क का ही हिस्सा है। पार्क में हिरण

पाले गए हैं और यहाँ जो रास्ते बने हैं, उनके किनारे सायेदार अखरोट के पेड़ लगे हुए हैं। इतवार के दिन यहाँ काफ़ी संख्या में मर्द, औरत, युवा और बूढ़े, धनी और ग़रीब, देसी और विदेशी—सभी लोग सैर करने आते हैं और यहाँ का आनन्द उठाते हैं। यहाँ आने पर आप चाहे कितने भी ग़मगीन हों, लेकिन तबीयत ख़ुश हो जाती है। यहाँ चहलकदमी करती हुई लचकदार बदन वाली वेश्याएँ और परियों जैसा चेहरा लिए कामुक लड़कियाँ स्वर्ग जैसा दृश्य उपस्थित करती हैं और यहाँ आने वालों की तबीयत ख़ुश हो जाती है। परियों जैसी दिखने वाली औरतें आपको लुभाने के लिए तरह-तरह के नखरे करती दिखाई देती हैं। ऐसा लगता है कि इस पृथ्वी ने स्वर्ग का रूप ले लिया है और ऐसी सुन्दरता देखकर कोई भी दाँतों तले उँगली दबा लेता है। यहाँ पुरुष लोग अपनी मनपसन्द महिलाओं के साथ किसी प्रतिद्वन्द्वी अथवा पुलिस के भय के बिना प्यार करते दिखाई देते हैं। भारत में अगर आप ऐसा करें तो नैतिकता की तलवार लिए वहाँ का कोतवाल हाज़िर हो जाएगा। यह सारा दृश्य देखकर मेरे मुँह से अपने आप ही निकल गया :

अगर फ़िरदौस बर-रू-ए-ज़मीं अस्त
हमीं अस्त ओ हमीं अस्त ओ हमीं अस्त
(जमीं पर कहीं जन्नत है तो वह यहीं है यहीं है यहीं है)

बंगाल में जो इमारतें बनाई जाती हैं, उनके कमरों की छतें काफ़ी ऊँची होती हैं और कमरों में बड़े-बड़े दरवाज़े तथा खिड़कियाँ होती हैं ताकि गर्मी के मौसम में हवा आराम से आ सके। यूरोप में इसका बिलकुल उल्टा है। यहाँ बेहद ठंड पड़ती है और बर्फ़ भी गिरती रहती है। यहाँ की छतें बहुत नीची हैं तथा दरवाज़े और खिड़कियाँ भी काफ़ी छोटी हैं। यहाँ की छतें भारत की इमारतों की छतों की तरह चपटी नहीं हैं। यहाँ की छतों पर बीच में ऊँट की तरह ऊँची लकड़ी लगाई जाती है और उसका सहारा लेकर दोनों तरफ़ पटरे बिछाए जाते हैं। ऐसा इसलिए किया जाता है ताकि सर्दियों में पड़ने वाली बर्फ़ पिघलकर नीचे चली जाए। इस तरह की छतें बग़ैर किसी मरम्मत के दो सौ साल तक चल जाती हैं। अगर दीवार कमज़ोर हो जाए तो भी इन छतों में कोई कमज़ोरी नहीं दिखाई देती। बाद के दिनों में दीवार में लगने वाली ईंटें पत्थर के चूरे से तैयार गारे की मदद से मज़बूती से एक-दूसरे के साथ बांध दी जाती हैं। गारे को और मज़बूती देने के लिए इसके साथ मनुष्य का बाल मिला दिया जाता है। मकान चाहे कितने भी ऊँचे क्यों न हों

लेकिन दीवारों की मोटाई एक हाथ से ज़्यादा नहीं होती। तेज़ हवा चलने पर पूरी इमारत लगभग हिलने लगती है और अगर कोई यहाँ से अपरिचित हो तो वह तो भयभीत ही हो जाए। लेकिन सच्चाई यह है कि इससे डरने की ज़रूरत नहीं होती। हालाँकि मैं ख़ुद पहली बार डर गया था। दीवार का अन्दर वाला हिस्सा पलस्तर की बजाय लकड़ी के पटरों से मज़बूती से बँधा होता है। इन पटरों के ऊपर रंगीन डिज़ाइन वाले काग़ज़ चिपका दिए जाते हैं।

विलायत में सागौन और साल की लकड़ियाँ नहीं मिलतीं। यहाँ के मकानों और जहाज़ों को ओक तथा अखरोट की लकड़ी से तैयार किया जाता है। इन लकड़ियों का रंग हलका होता है, ये मज़बूत होती हैं और इनमें दीमक अथवा अन्य कीड़े नहीं लगते। यही वजह है कि यहाँ इमारतें बहुत दिनों तक टिकी रहती हैं। बक्स वग़ैरह बनाने के लिए आबनूस और महागोनी की लकड़ी का इस्तेमाल किया जाता है और इन्हें चीन तथा अमेरिका से आयात किया जाता है। इन मकानों में एक तहख़ाना भी होता है जहाँ शराब की बोतलें और घर के फ़ालतू सामान रख दिए जाते हैं।

लन्दन के बाज़ार और यहाँ की सड़कें काफ़ी चौड़ी और बड़े योजनाबद्ध ढंग से बनाई गई हैं। इस तरह की सड़कों के कुछ नमूने आजकल कलकत्ता के कुछ हिस्सों में दिखाई देते हैं। वे बिलकुल सीधी होती हैं, जैसे किसी तीर या बन्दूक़ से निकली गोली के रास्ते की तरह और तीन से लेकर पाँच मंज़िल वाली इमारतों की क़तारें दिखाई देती हैं। एकदम नीचे की मंज़िल में दुकानें होती हैं और पहली तथा दूसरी मंज़िल पर मकान मालिक ख़ुद रहता है। चौथी मंज़िल नौकरों के लिए निर्धारित है। हर दुकान की खिड़की बहुत बड़े शीशे की होती है ताकि सड़क से गुज़रते लोग बाहर से ही दुकान के अन्दर के सामानों का जायज़ा ले सकें। ठंड की वजह से दरवाज़ों को हमेशा बन्द रखना पड़ता है। जब कोई ग्राहक दरवाज़े पर दस्तक देता है तो दुकानदार उठकर दरवाज़ा खोलता है और फिर वह ग्राहक अपनी ख़रीदारी करता है।

यहाँ के सभी मकान एक क़तार में बने होते हैं और सब एक जैसे लगते हैं—ठीक वैसे ही जैसे इन दिनों कलकत्ता में सेना के बैरक बनाए गए हैं। मकान मालिक का पता लगाने के लिए अनजान व्यक्ति की सुविधा को ध्यान में रखते हुए हर मकान के बाहर वाले हिस्से में तांबे अथवा पीतल की प्लेट पर उसका नाम खुदा होता है और नाम के नीचे उसका व्यवसाय भी लिखा होता है। कभी-कभी उस व्यवसाय के संकेत के रूप में कुछ टाँग देते हैं। मसलन, अगर किसी मोची

की दुकान होगी तो बाहर एक जूते का मॉडल और बेकरी की दुकान के बाहर ब्रेड का मॉडल टँगा मिलेगा। अगर किसी वेश्या का मकान है तो बाहर उस वेश्या की तस्वीर, उसका नाम, उम्र और उसकी क़ीमत लिखी होगी।

सड़कें पक्की होती हैं और इतनी चौड़ी होती हैं कि तीन गाड़ियाँ बराबर में चलते हुए निकल सकें। सड़कों के दोनों तरफ़ लगभग ढाई गज़ चौड़ी जगह होती है ताकि पैदल चलने वाले चल सकें। कलकत्ता के लाल डिग्गी मैदान की तरह फुटपाथ के दोनों तरफ़ लकड़ी की रेलिंग्स लगी होती हैं। थोड़ी दूर जाने पर घूमने वाला दरवाज़ा होता है, जिससे पैदल चलता आदमी तो निकल सकता है, लेकिन कोई गाड़ी उधर से नहीं निकल सकती।

सड़क के दोनों तरफ़ लगभग तीस हाथ की दूरी पर बड़े-बड़े लैम्प पोस्ट लगे होते हैं, जिनके ऊपरी सिरे पर शीशे का एक बैलून होता है। शहर के हर मुहल्ले में दो व्यक्तियों की नियुक्ति की जाती है। एक व्यक्ति दिन के समय शीशे के इन बैलूनों की सफ़ाई करता है और उनमें बत्ती और तेल डालता है। दूसरा व्यक्ति शाम को हर बैलून के अन्दर की बत्ती को जलाने का काम करता है ताकि रौशनी हो सके। काफ़ी दूर तक रात में सड़क के दोनों तरफ़ एक सीध में जलती हुई रौशनी दिखाई देती है और इससे बाज़ार की शोभा बढ़ जाती है। इसी तरीक़े से शहर की सभी सड़कों पर रौशनी की जाती है। इसकी वजह से हर वर्ग के लोग पूरी रात टॉर्च या लालटेन की मदद लिये बिना इस रौशनी में कहीं भी आ-जा सकते हैं, यहाँ तक कि सम्मानित परिवारों की महिलाएँ भी ख़रीदारी करने अथवा मित्रों और रिश्तेदारों से मिलने के लिए अकेले देर रात तक कहीं भी जा सकती हैं। एक ख़ास समय के बाद वे नहीं निकलतीं क्योंकि इन सड़कों पर वेश्याएँ और उनके ग्राहक नज़र आने लगते हैं। उस समय यहाँ जो भी औरतें दिखाई देती हैं, वे उसी वर्ग की होती हैं और उस समय शिकार की खोज में भटकते कुछ शराबी मर्द भी नज़र आ सकते हैं।

मुझे बताया गया कि लन्दन के प्रत्येक मकान में पीने के पानी की सप्लाई के लिए दो करोड़ रुपए की एक परियोजना तैयार की गई है। शहर के दक्षिण में एक चौकोर तालाब बनाया गया है और इसकी दीवारों पर स्कॉटलैंड से लाए गए काले पत्थर लगाए गए हैं। इस तालाब में दूर के पहाड़ी स्रोतों से एक नहर के ज़रिए पानी पहुँचाया जाएगा। तालाब से हर सड़क तक पानी पहुँचाने के लिए लेड और मिश्रित धातु की भूमिगत पाइपें होंगी और उनसे अन्य पाइपों को जोड़कर हर मकान और इमारत तक पानी की सप्लाई सुलभ कर दी जाएगी। हफ़्ते में एक दिन पानी का

वितरण होगा और हर मकान में इसके इकट्ठा करने की व्यवस्था होगी ताकि एक हफ़्ते तक इससे काम चलाया जा सके। इसके अतिरिक्त हर मकान में एक कुआँ भी होगा ताकि बहुत ठंड पड़ने पर अगर पाइप में पानी जम जाए तो कुएँ की मदद से काम चलाया जा सके। कुछ लोग अपने घरों में दो हफ़्ते के लिए पानी इकट्ठा कर लेते हैं ताकि ठंड बढ़ने पर वे बग़ैर किसी दिक़्क़त के अपना काम चला सकें।

ब्रिटेन के मकानों में सेप्टिक टैंक नहीं हैं। सड़कों के किनारे बड़े-बड़े नाले हैं, जिनसे होता हुआ मल पदार्थ समुद्र तक जाता है। अगर किसी ने सड़क पर कूड़ा फेंक दिया तो उस पर पाँच रुपए का जुर्माना किया जाता है। प्रत्येक मकान में एक गड्ढा खुदा होता है, जिसमें वे अपना कूड़ा और घरेलू जानवरों का मल-मूत्र डाल सकें। हफ़्ते में एक बार इस कूड़े को इकट्ठा करने एक व्यक्ति गाड़ी लेकर आता है और कुछ पैसे देकर वह कूड़ा ले जाता है। वह अपने यहाँ ले जाकर इसे सड़ाता है और फिर किसान लोग इस सड़े हुए कूड़े को ख़रीद लेते हैं ताकि अपने खेतों में खाद की तरह इस्तेमाल कर सकें। इस तरीक़े से मकानों, सड़कों, गलियों और बाज़ारों को साफ़-सुथरा रखा जाता है और भारत में जहाँ-जहाँ अंग्रेज़ों की बस्तियाँ हैं, वहाँ भी उनके इस तरीक़े को देखा जा सकता है।

लन्दन का संग्रहालय

ब्रिटिश संग्रहालय यहाँ की एक भव्य इमारत है, जिसमें दुनिया के विभिन्न देशों की विभिन्न असाधारण चीज़ें नमूने के तौर पर रखी गई हैं ताकि वैज्ञानिक रुचि के लोग इनके बाहरी रूपों का अध्ययन कर सकें और मेरे जैसे अज्ञानी लोग इन चीज़ों को देखकर क़ुदरत और सभ्यता की विविधता पर हैरान हो सकें।

यहाँ मैंने ढेर सारी किताबें देखीं जिनमें नागरी, बंगाली और दक्षिण की अनेक भाषाओं में लिखे वेद तथा हिन्दू ग्रंथ थे। इसके अलावा अरबी, ग्रीक, चीनी, सीरियाई और फ़ारसी में लिखी कई पुस्तकें दिखाई दीं। यहाँ पर अग्नि की पूजा करने वाले पारसी लोगों का पवित्र ग्रंथ भी रखा हुआ है। पुस्तकों के अलावा धातु की बहुत सारी चीज़ें मिलेंगी। अनेक बेशक़ीमती पत्थर भी यहाँ रखे हुए हैं और हीरे की कई क़िस्में भी दिखाई देती हैं।

यहाँ पर मैंने एक हीरा देखा, जिसका वज़न आधा पौंड था और जिसे मद्रास के गवर्नर ने बग़ैर तराशी हुई हालत में कहीं से ख़रीदा था। इसे उसने उपहार के रूप में राजा को दिया और राजा ने ख़ुश होकर उसे तरक़्क़ी दे दी। यूरोप के लोगों ने इससे पहले इतना बड़ा हीरा नहीं देखा था।

मैंने यहाँ संगमरमर, कच्चा हीरा, जेसस स्टोन, मोजेज स्टोन, सूर्यकान्त नामक मणि, तृणमणि, चुम्बक, पत्थर आदि के विभिन्न रूप देखे। यहाँ समुद्र में मिलने वाली सीप की भी कई क़िस्में देखने को मिलीं, जिनके अन्दर मोती पैदा होता है। मुझे यहाँ मूंगा भी दिखाई दिया जो समुद्र तल में एक घास की तरह फैला होता है। ग़ोताख़ोर लोग इस घास की टहनियों को तोड़ लेते हैं और फिर इकट्ठा करते हैं।

मुझे बताया गया कि समुद्र के कुछ ख़ास स्थानों में अगर कोई चीज़ बहुत दिनों तक पड़ी रहती है तो वह पत्थर की तरह हो जाती है। ऐसी ही एक बोतल ग़ोताख़ोरों

ने सौ साल पहले डूबे एक जहाज़ में से निकाली थी, जिसका आधा हिस्सा कांच का था, लेकिन आधा हिस्सा पत्थर बन चुका था। इसी तरह पेड़ों की पत्तियाँ थीं जो पानी में पड़े-पड़े पत्थर की तरह हो गई थीं। अगर इस पत्थर को तोड़ दिया जाए तो दोनों टुकड़ों में मूल पत्ती का आभास मिल सकता है।

इसी संग्रहालय में यूरोप की एक महिला की तस्वीर देखी, जिसके सिर पर दो अंगुल की सींग बनी हुई थी। भारत से आई कई चीज़ें भी यहाँ रखी गई थीं। मसलन, ढोलक, डफली, सुरमंडल, मृदंग जैसे वाद्य यंत्र। बांस का एक बहुत बड़ा खम्भा दिखाई दिया, जिसकी मदद से पालकी को ढोया जाता है। आम जैसा भारत का विशेष फल एक बर्तन में स्प्रिट के अन्दर रखा गया था। एक दूसरी जगह स्प्रिट के अन्दर ही कई तरह के सांप, बिच्छू और कीड़े-मकोड़े रखे गए थे। मैंने ग़ौर किया कि भारत में पाए जाने वाले सभी तरह के कीड़े-मकोड़े यहाँ नुमाइश की तरह रखे गए हैं।

चौपायों की कई क़िस्मों को उनके पेट के अन्दर भूसा भरकर रखा गया था। हिरण और जंगली गधे मैंने यहाँ देखे। चील, तोता, मैना, बाज़, लूरी, जूरा आदि तरह-तरह की चिड़ियों को बहुत सँभालकर रखा गया था। अन्य दिलचस्प चीज़ों में मिस्र से लाई गई ममी थी, जो तीन हज़ार साल पुरानी थी। प्राचीन मिस्र में एक परम्परा थी कि जब कोई महान व्यक्ति मरता था तो उसके रिश्तेदार उसके शरीर पर मसालों का विशेष लेप लगाकर उसे कपड़े में लपेट देते थे और उसके चारों तरफ़ एक ख़ास पेड़ की पत्तियाँ रख देते थे। अगर किसी समय उन्हें उस मृत व्यक्ति का चेहरा देखने की इच्छा होती थी तो वे उस ममी का बक्स खोलते थे और पाते थे कि मृतक के गालों पर वैसी ही ताज़गी है जैसी किसी जीवित व्यक्ति के गालों पर होती है। बेशक, इस बात का विशेष ध्यान रखना होता था कि शरीर के साथ हवा का सम्पर्क न हो क्योंकि हवा के प्रभाव से उसकी त्वचा ख़राब हो सकती थी। अगर क़ायदे से रखा जाए तो ममी के रूप में मृतक के शरीर को हज़ारों साल तक सुरक्षित रखा जा सकता है। हाँ, ममी बनाने की प्रक्रिया बहुत महँगी होती है और इसमें हज़ारों रुपए की लागत आती है।

संग्रहालय में समुद्र में पाई जाने वाली तरह-तरह की मछलियाँ रखी हुई थीं। सॉ फ़िश नाम की एक मछली भी थी, जिसकी सींग से चाक़ुओं और कटारों की मूठ बनाई जाती है। मैंने यहाँ एक और सींग देखी, जिसकी लम्बाई कम-से-कम पाँच हाथ थी। इसकी मोटाई एक सामान्य बांस जितनी थी, लेकिन इसका वज़न

इतना था कि मेरे लिए उसे उठाना मुश्किल हो गया जबकि मैंने अपना दोनों हाथों को लगाया था।

लन्दन में मनोरंजन

(क) व्हेल मछली का अद्भुत शिकार

यहाँ मैंने व्हेल मछली का सिर और जबड़ा देखा। वह इतना बड़ा था कि मेरा माथा चकरा गया और मैं समझ ही नहीं सका कि असल में यह मछली कितनी बड़ी होगी। इसके सिर का आकार हाथी के सिर जैसा था और मुँह किसी गाय की तरह था लेकिन इसकी ऊँचाई आदमी से भी ज़्यादा थी। ऐसा लगता था कि अगर यह मछली अपना मुँह खोले तो उसके अन्दर बड़ी आसानी से एक हाथी समा सकता है। व्हेल मछली का शिकार करना भी बहुत कठिन माना जाता है।

इंग्लैंड से उत्तर में लगभग तीन महीने की यात्रा के बाद एक ऐसा स्थान आता है जहाँ साल के नौ महीने रात होती है और बाक़ी तीन महीने दिन होता है। हैट पहनने वाले अंग्रेज़ लोग व्हेल का शिकार करने उन्हीं दिनों में जाते हैं जब वहाँ रात होती है। ठंड की वजह से समुद्र की सतह बर्फ़ बन चुकी रहती है और एक चिकनी चादर की तरह फैली रहती है। जिस स्थान में व्हेल मछली होती है वहाँ उसके पंख से बर्फ़ की सतह थोड़ी पिघल जाती है और ख़ास तौर पर चाँदनी रात में कुछ दूरी से उसे देखा जा सकता है। जैसे ही वह जगह दिखाई देती है, शिकारी लोग अपना काम शुरू कर देते हैं और कुल्हाड़ियों की मदद से वहाँ की बर्फ़ काटकर एक ज़हरीले नुकीले हथियार से उसकी आँख को बेध देते हैं। इस हथियार में रस्सी या ज़ंजीर बँधी होती है और इसका दूसरा सिरा एक रॉड पर पहिए से जुड़ा होता है। शिकारी लोग थोड़ी-थोड़ी दूर पर व्हेल की पीठ में भी सूराख़ करते हैं और फिर अपने जहाज़ की ओर वापस लौट आते हैं। घाव की वजह से और ज़हर के असर से व्हेल के अन्दर बेचैनी होने लगती है तो बर्फ़ की पर्त को तोड़कर वह ऊपर आ जाती है और भागने लगती है। उसके शरीर से जुड़ा जहाज़ भी बीस-पचीस मील तक घिसटता चला जाता है और यह सिलसिला तब तक जारी रखता है जब तक वह मर नहीं जाती। इसके बाद अपना चाक़ू और छुरा लेकर शिकारी मृत व्हेल के क़रीब जाते हैं और उसके टुकड़े काटकर जहाज़ में लाते हैं। उन टुकड़ों को उबालकर तेल निकाला जाता है, जिसे वे इंग्लैंड लाते हैं और फिर उस तेल को

बेचते हैं। इस तेल का इस्तेमाल लालटेन जलाने में तो होता ही है, और कामों के लिए भी किया जाता है। व्हेल की हड्डियों से ख़ूबसूरत बक्स, बन्दूक़ के कुन्दे और कटार की मूठें बनाई जाती हैं।

मुझे बताया गया कि व्हेल को मारने के लिए जिस ज़हर का इस्तेमाल किया जाता है, वह और कुछ नहीं बल्कि साधारण हल्दी है। सच है, एक जीव का भोजन दूसरे जीव के लिए ज़हर का काम कर जाता है।

(ख) लन्दन में साहित्य, संगीत और नृत्य

विलायत में संगीत और नृत्य के आयोजन भारत की तुलना में बिलकुल अलग तरह के होते हैं। हमारे देश में आरामतलब रईस लोग अपने घरों में निजी कार्यक्रमों के लिए गायकों और नाचने वालों को किराए पर लेते हैं और अपने परिचितों को इकट्ठा कर कार्यक्रमों का आयोजन करते हैं। विलायत में ऐसा नहीं होता। यहाँ लोग मिलजुल कर एक कम्पनी बनाते हैं और नृत्य के कार्यक्रमों के लिए बहुत बड़े हॉल का निर्माण कराते हैं जहाँ सार्वजनिक प्रदर्शनों का आयोजन किया जाता है। इस हॉल अथवा थिएटर में वे पुरुष अथवा महिला गायकों और नर्तकों तथा कुशल संगीतकारों को पैसे देकर बुलाते हैं और महँगे पोशाक तथा आभूषण में उन्हें सजा कर उनके नाच-गाने का कार्यक्रम आयोजित करते हैं। इन कार्यक्रमों को देखने के लिए दर्शकों को पैसे ख़र्च करने पड़ते हैं। इनमें लन्दन निवासी धनी और ग़रीब और यहाँ तक कि देश के अमीर लोग भी मौजूद रहते हैं। कभी-कभी ख़ुद राजा अपने राजकुमारों के साथ कार्यक्रम देखने पहुँचता है। हॉल में सीटें लगी होती हैं और सीटों के हिसाब से उनका किराया तय होता है। जो सबसे अच्छी सीट होती है, उस पर राज परिवार के लोग बैठते हैं और उन्हें प्रति व्यक्ति के हिसाब से एक अशर्फ़ी देनी होती है। मध्यम वर्ग के भद्र लोग पाँच रुपए देकर और सामान्य लोग आठ आने में एक सीट पा सकते हैं। इन आयोजनों में हज़ारों की भीड़ होती है। लेकिन सबसे महत्त्वपूर्ण बात यह है कि पाँच रुपए देने वाले भद्र लोग और आठ आनेवाले सामान्य लोग बग़ैर शोर-शराबे के बहुत आराम के साथ कार्यक्रम का आनन्द लेते रहते हैं। भारत में हम इसकी कल्पना नहीं कर सकते। जो कलाकार हैं उन्हें भी प्रति दिन हज़ारों रुपए की कमाई हो जाती है। सच है कि ये फ़िरंगी लोग थोड़ा पैसा ख़र्च करके काफ़ी बड़ा इन्तज़ाम कर लेते हैं। दूसरी तरफ़, भारत

में अय्याश नौजवान किसी नाच पार्टी में शाम गुज़ारने के लिए सैकड़ों रुपए ख़र्च करते हैं और अगर इससे आगे बढ़ना हुआ तो ख़ानदान की कमाई का लाखों रुपया पल भर में उड़ा देते हैं।

विलायत में जब कोई दर्शक टिकट लेता है तो उसे जो काग़ज़ दिया जाता है उस पर उसका सीट नम्बर लिखा होता है। हॉल में प्रवेश करते समय दरवाज़े पर खड़े व्यक्ति को वह काग़ज़ की पर्ची दिखाता है और फिर उसे उसके बैठने की जगह बताई जाती है। अन्दर वायलिन और गिटार पर मधुर संगीत बजता रहता है, अनेक नाटकीय चीज़ें दिखाई देती हैं, रंग-बिरंगे परदे होते हैं, हब्शी कलाकारों के करतब दिखाए जाते हैं, हूरों जैसी औरतें नाच करती रहती हैं और इन सारी चीज़ों से ज़बर्दस्त मनोरंजन हो जाता है। और भी ढेर सारी चीज़ें हैं, जिनका मैं अच्छी तरह बयान नहीं कर सकता और न उसके बारे में लिख ही सकता हूँ। मुझे सबसे ज़्यादा हैरानी सात रंगों के परदों को देखकर हुई जो हर क्षण दृश्य बदलने के साथ बदल जाते थे। लोग मंच पर देवदूतों की तरह आते थे और अचानक ग़ायब हो जाते थे। मैंने देखा कि मंच पर राक्षस की तरह काला चेहरा लिये एक व्यक्ति आया, जिसे हारलेकिन बुलाया जा रहा था और जो कभी दिखाई देता था और कभी ग़ायब हो जाता था। कभी ऐसा भी होता था कि वह नृत्य कर रही लड़कियों के साथ नाचने लगता था और उसके बाद अचानक रफ़ूचक्कर हो जाता था। उसकी हरकतें देखकर मुझे ख़ूब हँसी आई।

थिएटर के अन्दर बातचीत करने की इजाज़त नहीं है। हालाँकि वहाँ दर्शकों की बहुत बड़ी भीड़ थी, लेकिन थोड़ा भी शोर नहीं सुनाई देता था। किसी कार्यक्रम से अगर कोई ख़ुश होता था तो हम लोगों की तरह 'शाबाश' या 'वाह-वाह' कहने की बजाय तालियाँ बजाता था अथवा ज़मीन पर पैर की थाप देता था।

यहाँ मैंने कई नाटक देखे और उनमें से एक नाटक की कहानी मुझे काफ़ी याद रही। हुआ यह कि एक कप्तान की पत्नी को पता चला कि उसके पति की कोई और पत्नी भी है। इस पर उसने काफ़ी हल्ला-गुल्ला किया और एक दिन ग़ुस्से में आकर उसने अदालत में अपने पति के ख़िलाफ़ शिकायत कर दी। चूँकि इस देश में दो पत्नियाँ रखने की प्रथा नहीं है और यह एक गम्भीर अपराध है, इसलिए जज ने उस व्यक्ति को मौत की सज़ा सुनाई। सज़ा सुनकर शिकायत करने वाली उसकी पत्नी को बहुत दुःख हुआ क्योंकि अपनी अन्तरंगता के वर्षों में उसका अपने पति से काफ़ी लगाव हो गया था। अब उसे पछतावा होने लगा और उसने भी तय किया

कि अपने पति के साथ अपनी जान दे देगी। जब उस व्यक्ति को मृत्युदंड देने के लिए ले जाया जा रहा था, उसकी पहली पत्नी भी चीख़ती-चिल्लाती हुई उसके साथ चलने लगी। सज़ायाफ़्ता व्यक्ति के दूसरी तरफ़ उसकी दूसरी पत्नी चल रही थी। जिसे सज़ा दी गई थी, उसका चेहरा पूरी तरह पीला पड़ गया था और वह मौत की जगह पर ऐसे बढ़ रहा था जैसे कोई लाश चल रही हो। उस व्यक्ति के दु:ख को इतनी ख़ूबी के साथ प्रदर्शित किया गया था कि मैं उसका बयान नहीं कर सकता। अन्त में राजा की सिफ़ारिश पर जज ने उसे माफ़ी दे दी।

राजा के महल से कुछ मील दक्षिण की ओर चेल्सिया नाम की एक जगह है जहाँ एक घुड़सवार अपने करतबों के लिए वैसे ही मशहूर है, जैसे हमारे यहाँ भगवान कृष्ण या रुस्तम हों। उसके करतब देखने के लिए दूर-दूर से लोग आते हैं। वह जिस मकान में रहता है, उसका नाम 'सर्कस' है और यह एक बीघा ज़मीन पर बना हुआ है। ज़मीन के एक हिस्से को मैदान का रूप दे दिया गया है ताकि वह अपने घोड़ों और रथों के ज़रिए करतब दिखा सके। यहाँ भारी संख्या में लोग उसके कार्यक्रम का मज़ा लेने के लिए आते हैं। कार्यक्रम का प्रवेश शुल्क एक रुपया है।

मैं भी उसका कार्यक्रम देखने गया और मैंने देखा कि एक घोड़ा लाया गया, जिसे उसने अपने कोड़े से महज़ छुआ भर था कि वह उछलने लगा। इसके बाद वह घुड़सवार कूदकर उसकी पीठ पर बैठ गया और थोड़े ही देर बाद घोड़े की पीठ पर सीधा खड़ा हो गया। वह कभी एक पैर पर खड़ा होता और कभी खड़े-खड़े ही घूम जाता। इस दौरान वह घोड़ा एक घेरे में तेज़ी से दौड़ लगा रहा था। इस दौड़ लगा रहे घोड़े की पीठ पर वह घुड़सवार बीच-बीच में नृत्य करने लगता था। कभी वह घोड़े पर पूरी तरह लेट जाता और कभी सीधा खड़ा हो जाता। एक बार तो वह सिर के बल खड़ा हो गया और लोगों की ज़बर्दस्त तालियाँ बटोरीं, लेकिन सबसे मज़ेदार करतब उसने तब दिखाया जब उसने एकदम नीचे तक झुककर अपने होंठों से ज़मीन पर पड़ा एक सिक्का उठा लिया। भारत में भी इस तरह के करतब देखने को मिलते हैं, लेकिन यहाँ करतब दिखाने वाला होंठों से नहीं बल्कि हाथ से सिक्का उठाता है। एक घोड़े पर तमाशा दिखाने के बाद दो घोड़ों की बारी थी जो अगल-बग़ल दौड़ रहे थे। अब वह घुड़सवार कभी एक घोड़े पर और दौड़ते ही दौड़ते दूसरे घोड़े पर पहुँचकर नृत्य करने लगता था। इसके बाद एक तीसरा घोड़ा आया और यही सारे कारनामे उसने तीनों घोड़ों पर दिखाए। फिर उसने तीनों घोड़ों

को जोड़ते हुए उनकी पीठ पर एक पटरा रखा। उस पर वह अपना करतब दिखाने जा ही रहा था कि नीचे गिर गया, लेकिन वह उछलकर फिर खड़ा हो गया, जिससे किसी को यह न महसूस हो कि उससे कोई ग़लती हुई है। इसके बाद उसने और भी कई करतब दिखाए और दर्शकों को बहुत मज़ा आया।

सर्कस में कुछ जादू के खेल भी दिखाए जा रहे थे। तांबे के एक बड़े बर्तन में लकड़ी की एक बतख़ तैर रही थी और बर्तन के चारों तरफ़ अंग्रेज़ी वर्णमाला के अक्षर लगाए गए थे। जब जादूगर इशारा करता था तो वह बतख़ उस दिशा में मुड़ जाती थी। इसके बाद वह दर्शकों में से किसी का नाम लेता था और वह बतख़ तैरते हुए उस नाम के अक्षर के पास पहुँचकर अपनी चोंच से उस अक्षर को छू देती थी। मुझे सन्देह हुआ कि ज़रूर इस खेल में चुम्बक का इस्तेमाल किया गया है। शायद लोहे का कोई टुकड़ा बतख़ के शरीर में छिपा दिया गया है और जादूगर के हाथ में चुम्बक है, जिसके ज़रिए वह बतख़ की दिशा तय करता है।

(ग) शाही बाग़

शहर से दक्षिण-पश्चिम में टेम्स नदी के दूसरी ओर एक बहुत विशाल उद्यान है, जिसमें कई फुटपाथ बने हुए हैं और इनके किनारे ख़ूबसूरत पेड़ लगे हैं। इस उद्यान में तिकोने, गोल, चौकोर या अष्टकोणीय लकड़ी के मंडप बने हैं, जिन पर ख़ूबसूरत लताएँ फैली हुई हैं। उद्यान के बीचोबीच एक मकान है जहाँ संगीत और नृत्य का कार्यक्रम चलता है। यहाँ देश के मशहूर गायक अपना कार्यक्रम प्रस्तुत करते हैं। उद्यान में ही एक ऐसा मंडप भी है, जिसमें पुरुषों और महिलाओं की बहुत सारी तस्वीरें लगी हुई हैं। कुछ ऐसी परियों की भी तस्वीरें बनी हैं, जिनके पंख लगे हुए हैं। एक दृश्य भी चित्रित है जो प्लासी के उस युद्ध से सम्बन्धित है जब नवाब सिराजुद्दौला लड़ाई हार गए थे। इस चित्र में दिखाया गया है कि नवाब मीर जाफ़र अली ख़ान, लॉर्ड क्लाइव और अंग्रेज़ अफ़सर एक-दूसरे के गले मिल रहे हैं और हाथ मिला रहे हैं। उद्यान में एक जगह आतिशबाज़ी और फ़व्वारों का शानदार प्रदर्शन होता रहता है।

हेमार्केट नामक बाज़ार के निकट एक प्रदर्शनी थी, जिसमें एक राक्षसी को दिखाया गया था। यहाँ जो लोग जाना चाहते थे, उन्हें एक रुपया देना पड़ता था। जैसे ही उस राक्षसी को पता चला कि काली चमड़ी का कोई भारतीय उसे देखने

आ रहा है तो वह हँसते हुए मेरी ओर बढ़ी। जब मैं उसके सामने खड़ा हुआ तो मैं उसके कन्धे तक ही पहुँच सका। उसकी कलाई मुझसे भी मोटी थी और वह किसी चैम्पियन की तरह लग रही थी, लेकिन उसकी पूरी बनावट बहुत आकर्षक थी। हम दोनों एक-दूसरे को थोड़ी देर तक घूरते रहे। उसने इससे पहले कभी किसी भारतीय को नहीं देखा था, इसलिए वह हैरानी के साथ मुझे देख रही थी और मैं भी बहुत चकित होकर सब कुछ देखने में लगा था।

ऑक्सफ़ोर्ड का मदरसा

तीन महीने तक किसी एक जगह पर रहने से उस जगह के साथ लगाव का होना स्वाभाविक है, इसलिए मैं मन में दु:ख लिये लन्दन से रवाना हुआ और कैप्टन स्विंटन के साथ ऑक्सफ़ोर्ड पहुँचा, लेकिन इस ख़ूबसूरत शहर को देखने के बाद मेरा सारा अफ़सोस दूर हो गया और तबीयत ख़ुश हो गई।

ऑक्सफ़ोर्ड लन्दन से कुछ दूरी पर स्थित है और यहाँ एक मशहूर प्राचीन मदरसा (स्कूल) है।[1] यहाँ कई पुराने गिरजाघर हैं, जिसमें से कुछ तो हज़ार साल से भी अधिक पुराने हैं, लेकिन देखने में ऐसा लगता है जैसे कुछ ही दिनों पहले बनाए गए हों। इनकी दीवारें आमतौर पर काले पत्थर की बनाई गई हैं और छतों में भी इन पत्थरों का ही इस्तेमाल किया गया है। पूरी छत को शीशे की चादरों से ढक दिया गया है, जिससे बारिश का कोई असर इस पर न पड़े। मैं एक विशाल इमारत को देखकर हैरान रह गया क्योंकि इसकी छत को सहारा देने के लिए कोई खम्बा नहीं था। इन सबके बावजूद कितना भी भयानक तूफ़ान क्यों न हो, इस पर तनिक भी आंच नहीं आती थी। ऑक्सफ़ोर्ड में कई पुराने बाग़ीचे देखने को मिले जिनमें शानदार मंडप और छोटे-छोटे तालाब बने हुए थे। इन बाग़ीचों के विशेषज्ञ मालियों ने काफ़ी मेहनत के साथ पेड़ों को क़रीने से काट-छाँटकर तरह-तरह के आकार दिए थे।

मदरसे के अनेक कॉलेजों में से एक में मेरी मुलाक़ात डॉक्टर हंट नामक एक प्रोफ़ेसर से हुई, जिन्होंने कॉलेज की लाइब्रेरी में मुझे फ़ारसी में लिखी कई किताबें दिखाईं। इनमें एक पुस्तक 'कलीला वा दिमना' थी।[2]

---

1. ऑक्सफ़ोर्ड लन्दन शहर के क़रीब एक स्थान का नाम है, जिसे हम अब सामान्य तौर पर ऑक्सफ़ोर्ड विश्वविद्यालय के नाम से जानते हैं।
2. कलीला दिमना संस्कृत के पंचतंत्र का अरबी अनुवाद है, परन्तु यह अनुवाद पहले संस्कृत से पहलवी (पुरानी फ़ारसी) में सासानी दौर में हुआ और फिर इबने मुक़फ़्फ़ा नामक विद्वान ने इसे पहलवी से अरबी में अनुवाद किया। अब जो फ़ारसी अनुवाद विद्यमान है, वह अरबी से किया गया है।

इस लाइब्रेरी से मैंने सत्रहवीं शताब्दी की फ़ारसी की डिक्शनरी 'फ़रहंग जहांगरी' की प्रतिलिपि हासिल की। यह वही प्रतिलिपि थी, जिसको मैंने कैप्टन स्विंटन को समुद्री सफ़र के दौरान अनुवाद करके दिया था। इसे मैंने कैप्टन स्विंटन की ख़ातिर लिया था।

मेरी मुलाक़ात किसी मिस्टर जोंस से भी हुई जो आजकल कलकत्ता हाईकोर्ट के जज हैं। मिस्टर जोंस और कैप्टन स्विंटन ने ही घूम-घूमकर मुझे ऑक्सफ़ोर्ड की इस लाइब्रेरी को दिखाया और अरबी, टर्की तथा फ़ारसी की कई कृतियों से मेरा परिचय कराया। इस लाइब्रेरी में फ़ारसी और तुर्की में लिखा एक पत्र रखा हुआ था, जिसे टर्की के महाराजा मुलेकुल जूसिया ने इंग्लैंड के राजा को भेजा था। चूँकि इंग्लैंड में इन भाषाओं को कोई अच्छी तरह नहीं जानता था, इसलिए पत्र के अनेक हिस्सों में क्या लिखा था, यह पता ही नहीं चल सका। मुझे इस पत्र को पढ़ने में कोई दिक़्क़त नहीं हुई। इसके बाद मेरे साथियों ने मुझे कुछ अन्य पुस्तकें दीं और देखना चाहा कि मैं इन्हें पढ़ पता हूँ कि नहीं और फिर मैंने पढ़कर उन्हें सन्तुष्ट कर दिया।

यूरोप की अपनी यात्रा के दौरान कैप्टन स्विंटन ने मेरी मदद से 'कलीला वा दिमना' को पूरा पढ़ लिया और 'फ़रहंग जहांगरी' के उस हिस्से का अंग्रेज़ी अनुवाद किया, जिसमें फ़ारसी भाषा के व्याकरण के बारह अध्यायों का वर्णन था। मिस्टर जोंस ने उस अनुवाद को देखा और कैप्टन स्विंटन की अनुमति से फ़ारसी व्याकरण पर तैयार कर रहे अपनी पुस्तक में इसको शामिल कर लिया। इस पुस्तक से उन्हें काफ़ी ख्याति और पैसे मिले।

एक लाइब्रेरी में पुराने उस्तादों की शानदार मूर्तियाँ और तस्वीरें लगी थीं। इन्हें बाहर से ख़रीदकर लाया गया था। इनमें से कुछ पर दस हज़ार से लेकर बीस हज़ार रुपए तक ख़र्च किए गए थे। पुरुषों और महिलाओं की संगमरमर की बनी अधिकांश मूर्तियाँ यूनान और मिस्त्र से ख़रीदी गई थीं और इनकी ऊँचाई पाँच हाथ से लेकर सात हाथ तक थी। अब यह किसे पता कि हमारे पूर्वजों की इतनी शानदार लम्बाई रही होगी।

मैं मूर्तिकला का विशेषज्ञ नहीं हूँ, लेकिन इन मूर्तियों के चेहरों पर जो भाव थे, उनसे मैं बहुत प्रभावित हुआ। इनके निर्माताओं ने मणि और बहज़ाद जैसे पुराने कलाकारों को भी मात दे दी थी। हालाँकि इंग्लैंड शिक्षा और कला के मामले में फ़िलहाल यूरोप से आगे है, लेकिन मैंने सुना कि इंग्लैंड के समकालीन कलाकार पुराने उस्तादों का मुक़ाबला नहीं कर सकते।

मुझे प्राचीन मिस्र के एक महान कलाकार के बारे में बताया गया, जिसके चार चित्रों ने सारी दुनिया में तहलका मचा दिया था। जब फ़ारस के बादशाह ने पैग़म्बर याहया को सज़ा देने के विरोध में यहूदियों के ख़िलाफ़ लड़ाई की घोषणा की और उनके शहरों को तहस-नहस कर दिया, उस समय यूनान की कई कलाकृतियों को या तो नष्ट कर दिया गया या ग़ायब कर दिया गया। उन्हीं के साथ ये चार चित्र भी ग़ायब हो गए थे। यूरोप के लोगों ने इन चित्रों की ज़बर्दस्त तलाश शुरू की और इन्हें ढूँढ लाने के लिए पुरस्कारों की भी घोषणा की, लेकिन कोई फ़ायदा नहीं हुआ। बाक़ी तीन हज़ार तस्वीरें जो इन कलाकारों ने बनाई थीं, आज यूरोप में मौजूद हैं।

किसी ज़माने में इंग्लैंड में एक चित्रकार था, जिसकी अपने समकालीनों में काफ़ी ख्याति थी। एक दिन उसने कुछ पैसे देकर एक ग़रीब आदमी को अपने घर में बुलाया और उसे कोई नशीली चीज़ खिलाकर अचेत कर दिया। इसके बाद उस व्यक्ति को उसने दीवार के सहारे खड़ा किया, उसके पैरों को बांध दिया और उसकी दोनों बाँहों को फैलाकर दीवार में कील की मदद से जड़ दिया। जब उस व्यक्ति को होश आया तो उस कलाकार ने तेज़ चाकू से उसके सीने पर वार किया और जब वह मरने के कगार पर पहुँच गया तो उसके पीड़ित चेहरे पर जो भाव आए, उन्हें देखकर उसने एक तस्वीर बनाई। इससे पहले मनुष्य की पीड़ा को दिखाने वाली ऐसी कोई तस्वीर नहीं थी। विशेषज्ञों ने इस तस्वीर की बहुत प्रशंसा की, लेकिन उस निर्दोष व्यक्ति की हत्या की ख़बर छिपी नहीं रह सकी और फिर उस हत्यारे चित्रकार पर मुक़दमा चला और उसे मौत की सज़ा मिली। मृत्युदंड से पूर्व उससे पूछा गया कि उसकी अन्तिम ख़्वाहिश क्या है तो उसने जवाब में कहा, "मेरी तस्वीर अभी भी अधूरी है। लिहाज़ा, मैं उसे पूरी करना चाहूँगा।"

उसके इस अनुरोध को ध्यान में रखते हुए वह तस्वीर और रंग तथा ब्रश को कलाकार के पास पहुँचाया गया। लोगों ने हैरानी से देखा कि उसने पूरी तस्वीर पर काली स्याही पोत दी। लोग अफ़सोस करने लगे कि एक शानदार कलाकृति नष्ट कर दी गई।

मृत्युदंड को मुल्तवी करते हुए चित्रकार को राजा के सामने पेश किया गया और राजा ने जानना चाहा कि उसने ऐसा क्यों किया। चित्रकार ने जवाब दिया, "मैंने उस तस्वीर को बनाने में काफ़ी मेहनत की थी, लेकिन अगर उस तस्वीर की वजह से ही मेरी जान जा रही है तो उसे रखने का मेरे लिए क्या मतलब है?"

राजा ने कहा, "अगर हम तुम्हारी ज़िन्दगी बख़्श दें तो क्या तुम उस तस्वीर को फिर पुरानी हालत में ला सकते हो?"

"बिलकुल," चित्रकार ने जवाब दिया, "हर समस्या का समाधान है, जैसे हर ताले की कुंजी होती है।"

राजा के क्षमादान के आश्वासन पर वह चित्रकार उस तस्वीर को पुराने स्वरूप में लाने में जुट गया। दरअसल, उसने बड़ी चालाकी से ऐसा काला रंग लगाया था जो चित्र के अन्दर तक न पहुँच सके। अब उसने किसी रासायनिक प्रक्रिया से जिसे केवल वही जानता था, उसने काले रंग को पूरी तरह हटा दिया। सभी लोग हैरान रह गए और उसे 'महान कलाकार' कहने लगे।

अंग्रेज़ लोग कलाकारों को इतना महत्त्व देते हैं कि वे किसी एक चित्र के लिए लाखों रुपए ख़र्च करने के लिए तैयार हो सकते हैं या जैसा हमने अभी देखा, किसी प्रतिभाशाली कलाकार को हत्या के आरोप से भी बरी कर सकते हैं। अगर उन्हें किसी कलाकार में प्रतिभा दिखाई देती है तो वे उसे उदारतापूर्वक पुरस्कार देते हैं और देश के प्रमुख नागरिकों की सूची में उसका नाम दर्ज़ कर लेते हैं। ज़ाहिर सी बात है कि यही वजह है कि इस देश में कला और ज्ञान का इतना विकास हो सका है।

इसके उलट, भारत में अगर कोई कला और ज्ञान के क्षेत्र में अपनी पूरी ज़िन्दगी लगा दे और दुनिया के महान कलाकारों द्वारा प्रशंसा भी प्राप्त कर ले तो भी हमारे समाज के नेतागण उसे कोई सम्मान नहीं देते। इतना ही नहीं, उसकी अच्छी-ख़ासी भर्त्सना भी होती है और वह बिना कोई यश अथवा धन पाए ग़रीबी में ही दम तोड़ देता है। इन परिस्थितियों में भला कोई कैसे विज्ञान और कला के विकास में अपने को लगाएगा?

नक्षत्र प्रयोगशाला

ऑक्सफ़ोर्ड में मैं एक वेधशाला में गया। यह तक़रीबन एक हज़ार हाथ ऊँचा और पाँच सौ हाथ चौड़ा था और काले तथा सफ़ेद पत्थरों से बना था। यह लम्बाई में दो हिस्सों में बँटा था—एक हिस्सा गोल था और दूसरा अष्टकोणीय। इस वेधशाला में कुल नौ मंज़िलें थीं और प्रत्येक मंज़िल में भौतिक शास्त्र, नक्षत्र विज्ञान तथा ज्योतिष पर अनेक पुस्तकें थीं। सबसे ऊपर एक गुम्बद बना था, जिसमें शीशे की खिड़कियाँ लगी थीं ताकि प्रकाश अन्दर आ सके और फिर हर मंज़िल के फ़र्श में

एक बड़ा-सा सूराख़ था जिसके ज़रिए सबसे नीचे की मंज़िल तक रौशनी पहुँच सकती थी। वैज्ञानिक लोग इस इमारत की सबसे ऊपर के हिस्से में जाते थे, जहाँ एक बहुत बड़ा टेलिस्कोप लगा था। और वे उसके ज़रिए सातों आसमान को देखकर ग्रहों और तारों की स्थिति का अध्ययन करते थे तथा यह पता लगाते थे कि बारहों राशि चक्रों पर इनका क्या प्रभाव पड़ता है?

मुझे भौतिक शास्त्र की एक प्रयोगशाला में ले जाया गया, जहाँ मैंने पृथ्वी और आकाश का लकड़ी का बना मॉडल देखा। यहाँ सातवाँ आसमान अन्य छह आसमानों को समेटे हुए था और यह बताया गया था कि प्रत्येक आसमान पाँच मील के अन्तराल पर एक-दूसरे से अलग है। अब तक यह धारणा थी कि सातों आसमान किसी परदे की तरह एक पर एक रखे हुए हैं, जो ग़लत धारणा थी। अंग्रेज़ वैज्ञानिकों की दलील थी कि अगर ऐसा होता तो दो आसमानों के बीच अन्तरिक्ष की कोई गुंजाइश नहीं थी और ऊपरी आसमान के सितारों को पृथ्वी से नहीं देखा जा सकता था। इस मॉडल को देखने के बाद पुराने सिद्धान्त के बारे में मेरे मन में जो शंकाएँ थीं, वे भी दूर हो गईं।

पृथ्वी एक अंडे के आकार की है जो अपने चारों ओर के आसमानों सहित एक धुरी पर नाचती है और इस धुरी को लकड़ी की एक पिन से दिखाया गया था। हर क्षण पृथ्वी अपनी धुरी पर 360 बार चक्कर लगाती है और पूरे साल में यह लम्बवत् चक्कर लगाती है। ब्रह्मांड के मॉडल के चारों ओर दुनिया के सात बड़े भौगोलिक क्षेत्रों का नक़्शा भी लगा हुआ था। यहाँ आकर सभी देशों के लोग सूरज, चांद, ग्रहों और तारों को देख सकते थे क्योंकि पृथ्वी अन्तरिक्ष में लटकी हुई थी। जब भी अपने चक्कर की वजह से पृथ्वी किसी राशि की सीध में आती है तो कहा जाता है कि यह अमुक राशि में है। इसी तरह जब सूरज, चांद या किसी तारे की परछाईं किसी राशि पर पड़ती हुई पृथ्वी से दिखाई देती है तो उसे उस राशि में स्थित बताया जाता है। इस तरह आकाशीय पिंड लगातार एक राशि से दूसरी राशि में प्रवेश करते रहते हैं। इनमें सबसे तेज़ गति चन्द्रमा की है जो एक मिनट में 360 बार चक्कर लगाता है और महीने में एक बार सूरज के साथ उसी राशि में प्रवेश करता है। यहाँ मैं बताना चाहूँगा कि फ़ारस और ब्रिटेन के वैज्ञानिकों के बीच पृथ्वी तथा आकाशीय पिंडों की गति को लेकर परस्पर विरोधी विचार हैं। वैसे भी विज्ञान की सही-सही जानकारी के बग़ैर इस विवाद को सुलझाने की कोशिश नहीं की जा सकती।

इस प्रयोगशाला में मैंने नक्षत्रों से सम्बन्धित एक प्रयोगशाला भी देखी। यह आकार में गोलाकार थी और यहाँ भी नक्षत्र विज्ञान से जुड़े तमाम संकेत लगे हुए थे, जिनकी मदद से शुभ मुहूर्त का पता लगाया जा सकता है।

ऑक्सफ़ोर्ड के एक मेडिकल कालेज में मैंने छत से लटकते हुए मनुष्य का समूचा कंकाल देखा, जिसके अंग और जोड़ लोहे के तारों और कीलों से एक-दूसरे से फँसाए गए थे।

स्कॉटलैंड

सर्दियों में कैप्टन स्विंटन के साथ मैं ऑक्सफ़ोर्ड से स्कॉटलैंड के लिए रवाना हुआ। यही वह पहला मौक़ा था जब मुझे बर्फ़ देखने को मिली। यह बिलकुल होली में खेले जाने वाले अबीर की तरह थी। फ़र्क़ इतना ही था कि इसका रंग एकदम सफ़ेद था। आसमान से यह ऐसे गिरती थी जैसे धूल के कण गिर रहे हों और ज़मीन, पहाड़, मकान, पेड़, झाड़ी, नदी और झील पर पिघले हुए मोम की तरह फैल जाती थी।

ठंड बहुत तेज़ होने पर नदियों, झीलों और नहरों में पानी सख़्त बर्फ़ की तरह जम जाता था जो संगमरमर या शीशे की तरह चिकना और सफ़ेद होता था। यह बर्फ़ पाँच हाथ से लेकर दस हाथ नीचे तक जमी रहती थी, जिसकी वजह से पैदल चलने वालों, घोड़ागाड़ियों या सामान लदी गाड़ियों और यहाँ तक कि हाथियों का इस पर चलना भी आसान होता था।

कभी-कभी इतना ज़बर्दस्त हिमपात होता था कि सड़कों और गलियों में रातभर में ही घुटनों तक बर्फ़ जम जाती थी। इसके बाद सुबह-सुबह मकान मालिक लोग कुदाल और बेल्चा लेकर अपने नौकरों को घर के सामने की बर्फ़ साफ़ करने के काम में लगा देते थे। देहाती इलाक़ों में खाइयों और गड्ढों में बर्फ़ इस तरह से जमी रहती थी कि ज़मीन से उसका फ़र्क़ कर पाना मुश्किल था। इसकी वजह से उन इलाक़ों में यात्रा करना ख़तरनाक हो जाता था। जो आम सड़कें हैं, उन्हें तो गाड़ियों के चलने से पड़ी लकीरों से पहचाना जा सकता था। अगर किसी कारणवश या ग़लती से या नशे की हालत में कोई व्यक्ति सड़क और गड्ढे में पहचान नहीं कर पाता तो उसे मुसीबत झेलनी पड़ती थी। बहुत ज़्यादा बर्फ़ पड़ने पर सड़कें, गड्ढे और खेत सफ़ेद शीशे की चादर से ढक जाते थे, जिसकी वजह से कोई निशान न होने के कारण गाड़ियाँ, घोड़े आदि गड्ढों में गिर जाते और उनकी मौत हो जाती। उस साल ऑक्सफ़ोर्ड के निकट इस तरह की एक दुर्घटना हुई जब तेरह आदमियों

से लैस चार घोड़ों वाली एक ठेला गाड़ी गड्ढे में गिर गई। उसमें गाड़ी के चालक को छोड़कर अन्य सभी लोगों की मौत हो गई।

यात्रा के दौरान मैंने बर्फ़ पर लोगों को बड़े आश्चर्यजनक तरीक़े से चलते हुए देखा। मुझे बताया गया कि इस तरह ये लोग एक घंटे में बीस मील की दूरी तय कर लेते हैं। भारत में मैंने अंग्रेज़ साहबों से इस तरह की कहानियाँ सुनी थीं, लेकिन इन कहानियों पर मुझे यक़ीन नहीं होता था। अब जब मैंने ख़ुद अपनी आँखों से देखा तो यक़ीन हो गया।

ये लोग बर्फ़ पर चलने के लिए खड़ाऊँ की तरह लकड़ी के तल्ले वाला एक जूता पहनते हैं। लकड़ी के बीचोबीच इस्पात की एक कील लगी होती है जो तक़रीबन एक बालिश्त लम्बी होती है। चमड़े के फीतों से इसे पैर के साथ कसकर बाँध दिया जाता है। इसे पहनकर जब कोई व्यक्ति खड़ा होता है तो इस्पात की कील बर्फ़ पर गिरने से उसे रोक लेती है। वैसे इसे पहनकर चलने या खड़े होने के लिए थोड़ा अभ्यास करने की ज़रूरत होती है, लेकिन अभ्यास के बाद इसे पहनकर तेज़ी से फिसलना और किसी भी दिशा में मुड़ जाना बहुत आसान होता है। मैंने इसे ख़ुद अपनी आँखों से देखा। जब वे मेरे बग़ल से गुज़रते थे तो उनकी रफ़्तार इतनी तेज़ होती थी, जैसे तेज़ हवा चल रही हो या कोई चिड़िया तेज़ी से बग़ल से गुज़र रही हो। यूरोपियन लोग जब अपने सफ़ेद लबादों में इस तरह फिसलते थे तो लगता था, जैसे आकाश से देवदूत पृथ्वी पर उतर आए हों और चारों तरफ़ घूम रहे हों या आत्माएँ मृत शरीर से निकलकर इधर-उधर फिसल रही हों। किसी क्षण वे दिखाई देते और अगले ही क्षण आँखों से ओझल हो जाते।

मुझे बताया गया कि हॉलैंड के लोग—पुरुष और महिलाएँ, दोनों इस काम में बहुत अभ्यस्त हैं क्योंकि इस देश में इतने सारे तालाब हैं जो सर्दियों में जम जाते हैं और फिर इन पर प्रैक्टिस करने के लिए इनके पास काफ़ी गुंजाइश होती है। बर्फ़बारी के मौसम में हॉलैंड के ग़रीब ग्रामीण अपने सिर पर दूध के बर्तन लिये हुए या तेल से भरे हुए जार लेकर अथवा फलों और साग-सब्ज़ियों की डोलचियाँ कन्धों पर टाँगे सुबह से दोपहर तक शहर का चक्कर लगाते और अपना सारा सामान बेचकर तक़रीबन डेढ़ सौ किलोमीटर की दूरी तय करते हुए अपने घरों को लौट जाते। आश्चर्य होता है कि इस समूची प्रक्रिया में एक बूँद भी दूध या तेल बर्तन से बाहर नहीं छलकता।

कुछ समय बाद हम लोग स्कॉटलैंड पहुँच गए जो इंग्लैंड के एकदम उत्तर में

है। यह देश दो हिस्सों में बँटा है—समतल नीची भूमि और पहाड़ी इलाक़ा। पहाड़ी इलाक़ा सुदूर उत्तर में है। स्कॉटलैंड में पहाड़ों और जंगलों की भरमार है। यही वजह है कि यहाँ आबादी काफ़ी छितराई हुई है और इंग्लैंड के मुक़ाबले यहाँ शहरों और क़स्बों की संख्या कम है। यहाँ धनी लोगों की तादाद भी इंग्लैंड के मुक़ाबले कम है, लेकिन अब धीरे-धीरे इस हालत में तब्दीली आ रही है। चूँकि स्कॉटलैंड अब इंग्लैंड में शामिल हो चुका है, यहाँ के लोगों के पास व्यापार, बैंकिंग और सरकार तथा ईस्ट इंडिया कम्पनी में नौकरी के ज़्यादा अवसर उपलब्ध हो गए हैं। इसी की वजह से यहाँ के शहरों की समृद्धि और आकार में भी वृद्धि हो रही है। ऐसा होना स्वाभाविक भी है क्योंकि दो देशों की दोस्ती से धन-दौलत में वृद्धि होती है जबकि दुश्मनी से ग़रीबी ही पैदा होती है।

कई सौ वर्षों तक स्कॉटलैंड एक अलग राज्य था, जिसका अक्सर इंग्लैंड के साथ संघर्ष चलता रहता था और इसके नतीजे के तौर पर दोनों देशों की जनता लगातार परेशानी झेलती रहती थी, लेकिन तक़रीबन डेढ़ सौ साल पहले जब महारानी एलिज़ाबेथ की मृत्यु हुई और उन्होंने कोई वारिस नहीं छोड़ा तो अंग्रेज़ों ने स्कॉटलैंड के राजा को इंग्लैंड की गद्दी और ताज सौंप दिया। इस प्रकार वह दोनों देशों के राजा हो गए। इसके बाद से ही दोनों देशों को मिलाकर एक राज्य का गठन किया गया।

स्कॉटलैंड के लोग बहुत संयमी, परिश्रमी और बहादुर होते हैं और वे ख़ुद को अंग्रेज़ों से श्रेष्ठ समझते हैं। उनका कहना है कि ब्रिटेन के लोग बहुत पेटू और लालची क़िस्म के होते हैं। दूसरी तरफ़, इंग्लैंड वाले शिक्षा और धन-दौलत के मामले में स्कॉटलैंड वालों से अपने को श्रेष्ठ समझते हैं और वहाँ के लोगों को ग़रीब और मूर्ख कहते हैं। वैसे तो दोनों देशों की भाषा अंग्रेज़ी है, लेकिन एक-दूसरे से थोड़ी भिन्न भी है।

कैप्टन स्विंटन और उनके माता-पिता

स्कॉटलैंड की राजधानी एडिनबर्ग है। यहाँ पहाड़ी पर एक बहुत पुराना क़िला है जो बनावट में ऐसा है, जिस पर अगर कोई हमलावर तोपों से हमला करे तो इसका असर न हो। यह क़िला सफ़ेद संगमरमर के पत्थरों से बना है, लेकिन इसकी छत लकड़ी की है।

एडिनबर्ग में हम लोग कैप्टन स्विंटन के पिता के घर पर रुके। कैप्टन स्विंटन ने अपने माँ-बाप से मेरा परिचय कराया जो तक़रीबन अस्सी वर्ष की उम्र के थे। उनके पाँच बच्चे थे : तीन बेटे, जिनमें सबसे बड़े का नाम जॉन था। दो जवान बेटियाँ थीं जो अभी अविवाहित थीं।

विलायत में शादी मर्द और औरत के बीच एक परस्पर समझौते के ज़रिए होती है। अच्छा यह माना जाता है कि मर्द देखने-सुनने में अच्छा हो, उसका स्वभाव ठीक-ठाक हो और अपने माँ-बाप से हासिल की हुई या व्यापार अथवा नौकरी से कमाई हुई थोड़ी सम्पत्ति हो। इसी तरह औरतों को आकर्षक, अच्छे डील-डौल वाली, किसी ललितकला में निपुण और पिता अथवा भूतपूर्व पति से पाई हुई सम्पत्ति की मालकिन होना चाहिए। बहुत मुश्किल से किसी एक में ये सारी ख़ूबियाँ मिल पाती हैं। कुछ लोग महज़ इसी बात पर ध्यान देते हैं कि उस औरत के पास कितनी सम्पत्ति है? अगर कोई औरत देखने में सुन्दर नहीं है और ग़रीब भी है तो कोई उससे शादी नहीं करता क्योंकि विलायत सुन्दरता का गढ़ है। यहाँ ख़ूबसूरत और धनी औरत को पाना बहुत मुश्किल नहीं है तो भी हज़ारों औरतें ऐसी हैं, जिन्हें कभी पति का चेहरा देखना नसीब नहीं हुआ।

यहाँ मेरा एक और सच्चाई से सामना हुआ। मैंने पाया कि किस तरह एक देश में भरपूर मात्रा में पाई जाने वाली कोई चीज़ किसी दूसरे देश में दुर्लभ हो जाती है। मैंने देखा कि भारत में एक पैसे में एक सेर इमली मिल जाती है, जबकि विलायत में एक सेर इमली के लिए एक या एक से अधिक अशर्फ़ी ख़र्च करनी पड़ती है।

कैप्टन स्विंटन के पिता जब बुढ़ापे की गिरफ़्त में आए तो दिमाग़ से थोड़े शिथिल हो गए और उन्होंने अपनी कमाई इधर-उधर लुटानी शुरू कर दी। यह देखकर उनके बड़े बेटे जॉन ने इस देश के दस्तूर के मुताबिक़ अदालत का दरवाज़ा खटखटाया। जजों ने भी यहाँ के तौर-तरीक़ों का पालन करते हुए बूढ़े व्यक्ति के ग़ैर ज़िम्मेदाराना व्यवहार पर रोक लगाने के लिए उन्हें पैसों के प्रबन्धन से अलग रखने का आदेश दिया और यह ज़िम्मेदारी उनके वारिस और सबसे बड़े बेटे जॉन को सौंप दी। साथ में यह भी निर्देश दिया कि उसके पिता को जब ज़रूरत हो और जितनी ज़रूरत हो, उतने पैसे दिए जाएँ। मैंने देखा कि यह इन्तज़ाम बहुत अच्छी तरह चलता रहा। मिस्टर स्विंटन यद्यपि काफ़ी वयोवृद्ध हो गए थे, लेकिन उनकी ज़िन्दगी बहुत आराम के साथ गुज़र रही थी और उन्होंने अपने को चित्रकारी तथा अन्य शौक़ों में लगा रखा था।

मुझे पता चला कि कैप्टन स्विंटन एक सर्जन थे और उन्हें इस क्षेत्र में काफ़ी महारत हासिल थी। नसों और धमनियों के अध्ययन के लिए उन्होंने किसी ज़माने में एक ग़रीब आदमी को पकड़ लिया था और उसकी चीरफाड़ करते थे, जिसकी वजह से उस व्यक्ति की मृत्यु हो गई। यह एक अपराध था और इस अपराध की ख़बर जैसे ही फैली, अपनी जान बचाने के लिए एक जहाज़ लेकर वह वहाँ से भाग खड़े हुए और फिर मलक्का और पेगू पहुँचे। यहाँ उन्होंने कुछ दिनों तक सर्जन के रूप में काम किया। फिर यहाँ से वह मद्रास चले गए और कर्नल क्लाइव के साथ उस समय कलकत्ता गए जब नवाब सिराजुद्दौला के साथ युद्ध चल रहा था। वह अज़ीमाबाद गए और कम्पनी की सेना में कैप्टन के पद पर नियुक्त हो गए। कैप्टन रहते हुए उन्होंने सिपाहियों की एक बटालियन का नेतृत्व किया और कर्नल कारमाक के सहयोद्धा के रूप में अनेक लड़ाइयाँ लड़ीं। केवल एक बटालियन लेकर उन्होंने तीरा और रोशनाबाद को जीत लिया। नवाब मीर क़ासिम अली ख़ान के ख़िलाफ़ मेजर एडम्स के तहत लड़ते हुए उन्होंने मुंगेर और अज़ीमाबाद की लड़ाइयों में काफ़ी शोहरत हासिल की। कर्नल कारमाक ने मुग़ल बादशाह शाह आलम की मदद की थी और उनके नेतृत्व में अंग्रेज़ी सेना के एक सदस्य की हैसियत से कैप्टन स्विंटन ने काली और कोरा-जहानाबाद की लड़ाई में हिस्सा लिया और फ़तह हासिल की। अवध के नवाब शुजाउद्दौला के साथ सन्धि के मौक़े पर जो बातचीत चली उसमें उन्होंने कर्नल के सहायक की भूमिका निभाई। अन्त में बादशाह शाह आलम के कहने पर कैप्टन ने इस लेखक के साथ उस अभियान में यूरोप की यात्रा की, जिसका शुरू में ही ज़िक्र किया गया है।

कैप्टन स्विंटन के पूर्वज योर के एक पराक्रमी योद्धा के वंशज थे और उन्होंने किसी ज़माने में एक सफ़ेद सूअर का शिकार किया था और चूँकि सूअर को अंग्रेज़ी में 'स्वाइन' जातीय नाम से पुकारा जाता है, इसलिए इसी आधार पर उनके पूर्वजों को स्विंटन कहा जाने लगा। बाद में उनके वंशजों ने इसी पारिवारिक नाम को अपना लिया। यहाँ का यह रिवाज है कि सभी कुलीन घराने के लोग अपने पूर्वजों के कुल चिह्न को एक मुहर पर खुदवाते हैं और इस चिह्न को पुस्तकों, गाड़ियों आदि निजी सामानों पर भी प्रदर्शित करते हैं ताकि परिवार की पहचान को लोग जान सकें। मैंने ग़ौर किया कि स्विंटन की मुहर पर कुछ हथियारों के साथ सफ़ेद सूअर का भी एक चित्र खुदा होता है। इससे लोगों को यह समझने में आसानी होती है कि ये सूअर के शिकारियों के वंशज हैं।

जैसे-जैसे परिवार बड़ा होता जाता है, यह कई शाख़ाओं में विभाजित हो जाता है और जो असली कुल चिह्न है, उसके साथ कुछ और चीज़ें जुड़ती जाती हैं। लेकिन इन सब शाख़ाओं में मूल पूर्वज का उपनाम हमेशा जोड़ा होता है, मसलन जॉन स्विंटन, चार्ल्स स्विंटन, आर्चीबाल्ड स्विंटन इत्यादि।

स्कॉटलैंड के हर मशहूर परिवार के पास एक पुस्तक होती है, जिसमें उसके परिवार का इतिहास दर्ज होता है। इस तरह के परिवारों के वंशज अपने को बहुत सम्मानित महसूस करते हैं और उन लोगों को बहुत हेय मानते हैं जो नीच कुल के हैं। अगर कोई नीच कुल का व्यक्ति अपनी व्यक्तिगत मेहनत से या पुरखों के रोज़गार को बढ़ावा देते हुए धनी हो जाता है तो भी उसे वे इसी तरह देखते हैं, जैसे वह किसी मोची का या हज्जाम का या बुनकर का बेटा हो।

कुछ हॉलैंड के बारे में

स्कॉटलैंड का उत्तरी छोर पूरी तरह पहाड़ी क्षेत्र है। इससे और उत्तर में जाएँगे तो समुद्र मिलता है। यह इलाक़ा बहुत बिखरी हुई आबादी वाला इलाक़ा है और यहाँ की ज़मीन बंजर है क्योंकि इस इलाक़े में पहाड़ों और जंगलों की भरमार है। यहाँ साल में लगभग बारहों महीने बारिश होती है या बर्फ़ गिरती है। इन सबके बावजूद यहाँ की जलवायु से यहाँ के निवासियों को कोई बहुत दिक़्क़त नहीं होती—ख़ास तौर पर निचले तबक़े के लोगों को, जो इसके अभ्यस्त हो चुके हैं। जब कोई गड़ेरिया या किसान काम के दौरान थकान महसूस करता है तो वह अपने लबादे का आधा हिस्सा ज़मीन पर बिछा देता है और उस पर लेटकर आधे हिस्से से अपने को ढक लेता है और सो जाता है। अगर उसके ऊपर इतनी बर्फ़ गिर जाए कि उसका दम घुटने लगे तो वह उछलकर खड़ा हो जाता है, अपने कपड़े को झटककर सारी बर्फ़ गिरा देता है और फिर वैसे ही सो जाता है।

यहाँ जो भेड़ें पाई जाती हैं, उनके शरीर पर ऊन होता है और उनकी पूंछें बहुत छल्लेदार होती हैं। इसकी वजह से शरीर के अन्दर ठंड नहीं प्रवेश कर पाती और पूरे साल वे अपने झुंड में घूमती और चरती रहती हैं। जब बर्फ़ इतनी गिर जाती है कि घास बिलकुल दिखाई नहीं देती तब इन भेड़ों और घोड़ों तथा गायों को भूसा खिलाया जाता है। जिन भेड़ों के शरीर पर बहुत कम बाल होते हैं, वे सर्दियों में कमज़ोर और दुबली हो जाती हैं, लेकिन इस तरह की नस्लें कम ही हैं। यहाँ की घास बहुत स्वादिष्ट और जानवरों के लिए काफ़ी पौष्टिक होती है। विलायत में चना और दाल का उत्पादन नहीं होता, लेकिन काली बीजों वाली एक फ़सल होती है, जिसे 'कॉर्न' कहते हैं और इसे स्कॉटलैंड के लोग ख़ुद भी खाते हैं और अपने जानवरों को भी खिलाते हैं।

पहाड़ी इलाक़े में रहने वाले लोग एक जैकेट पहनते हैं और टोप लगाते हैं,

लेकिन उनके पैरों में जूते नहीं दिखाई देते। शरीर का निचला हिस्सा किल्ट नामक एक स्कर्ट से ढका होता है, लेकिन घुटना खुला ही होता है। जूते की जगह पर ये लोग लकड़ी की सैंडिल पहनते हैं जो चमड़े के पट्टों से पैर से बँधी होती है। इनके पास एक तलवार होती है, जो दोनों तरफ़ से धारदार होती है। ये लोग बहुत सीधे-साधे होते हैं, लेकिन इनका साहस अद्भुत होता है।

यहाँ का एक बाशिन्दा एक बार लन्दन घूमने के इरादे से गया और जब वह बाज़ार में खड़ा था तो उसके चारों ओर अंग्रेज़ों की भीड़ जमा हो गई। एक अंग्रेज़ ने मज़ाक़-मज़ाक़ में पीछे से उसके किल्ट को उठा दिया। पहले तो वह शर्म से डूब गया लेकिन साथ ही उसे इतना ग़ुस्सा आया कि उसने अपनी तलवार चला दी और उस व्यक्ति का सिर कट गया। इसके बाद पुलिस और वहाँ के लोगों ने उसे घेर लिया, लेकिन उसे आत्मसमर्पण के लिए वे मजबूर नहीं कर सके। वह बग़ैर डरे हुए वहाँ खड़ा रहा और मरने-मारने के लिए तैयार दिखा। उसने कई लोगों को घायल कर दिया और फिर वह जिधर भी तलवार लेकर मुड़ता, लोग भाग जाते। उसे पकड़ने की तो बात दूर, कोई उसके नज़दीक जाने का साहस नहीं कर सका। धीरे-धीरे यह बात राजा तक पहुँची और उन्होंने अपने एक दरबारी को आदेश दिया कि उस व्यक्ति को पकड़कर लाया जाए। वह दरबारी उस व्यक्ति के पास गया और उसने कहा, "हिज मैजेस्टी ने तुम्हें बुलाया है।" यह सुनते ही पहाड़ी क्षेत्र के उस व्यक्ति ने सिर झुकाकर राजा के प्रति सम्मान प्रकट किया और शाही क़ाफ़िले के साथ चल पड़ा। जब वह राजा के सामने पहुँचा तो राजा ने जानना चाहा कि उसने क्यों एक व्यक्ति की हत्या कर दी तो उसने विलायत के तौर-तरीक़ों के अनुसार राजा के सामने घुटने टेके, सिर झुकाया और बहुत आदरपूर्वक कहा, "जब उस व्यक्ति ने मेरे शरीर के एक शर्मनाक हिस्से को नंगा कर दिया तो महसूस हुआ कि मेरी बेइज़्ज़ती की गई है और उस समय आवेश में आकर मैंने उस पर हमला कर दिया, लेकिन जैसे ही मुझे आपका आदेश मिला, मैंने आपके सामने ख़ुद को हाज़िर करने में थोड़ी भी देर नहीं की और मुझे इस बात का गर्व है कि आपके चौखट को चूमने की मुझे इजाज़त मिली। अगर आपका हुक्म नहीं होता तो किसी के अन्दर यह हिम्मत नहीं थी कि वह मुझे ज़िन्दा पकड़ सके।" राजा उसके इस साहसपूर्ण बयान से बहुत प्रभावित हुआ और उसे माफ़ी दे दी।

एक और कहानी है, जिसमें पहाड़ से आए किसी व्यक्ति को अंग्रेज़ी भाषा से अपरिचित होने के कारण बहुत ही हास्यास्पद स्थिति का सामना करना पड़ा।

बाज़ार में मौजूद सामानों की महँगी क़ीमत जानकर वह बहुत परेशान हो गया था। एक दिन उसकी मुलाक़ात बाज़ार में एक ऐसे अपरिचित से हुई, जिसे उसने दोस्त बना लिया था और फिर उससे अपनी मुसीबत बयान की। उसके दोस्त ने उससे पूछा कि वह क्यों नहीं उस ख़ास दुकान में गया जहाँ सस्ता सामान मिलता है और खाने-पीने के लिए ही काफ़ी चीज़ें उपलब्ध हैं। इन दुकानों में थोड़े पैसे देकर ब्रेड, थोड़ा मांस और बीयर मिल सकती है। उस दोस्त ने उस दुकान का नाम 'पेनीकुक' बताया था, लेकिन वह पहाड़ी व्यक्ति नाम भूल गया और उसे 'पेनीकट' याद रहा। जब उसने एक राहगीर से यह नाम लेकर जानना चाहा कि वह दुकान कहाँ है तो उस राहगीर ने सोचा कि इसे अपने बाल कटवाने की ज़रूरत है। उसने एक नाई की दुकान बता दी। वह पहाड़ी व्यक्ति नाई की दुकान में गया जहाँ उसे एक कुर्सी पर बैठा दिया गया। उस नाई ने एक बर्तन में गर्म पानी रखा, उसमें साबुन का एक टुकड़ा डाला और फिर उस पहाड़ी के सामने उस साबुन से झाग बनाने लगा। इसके बाद वह नाई ऊपर की मंज़िल में उस्तरा लाने गया। उस पहाड़ी व्यक्ति ने समझा कि झाग वाला पानी कोई शोरबा है और साबुन का टुकड़ा ख़ास तरह का आलू है और उसने उसे खाने की कोशिश की। नाई ने जब लौटकर यह देखा तो वह हैरान रह गया। पहाड़ी ने खाने के बाद अपनी जेब से कुछ सिक्के निकाले और टेबल पर रखते हुए कहा कि "मैं तुम्हारा बहुत आभारी हूँ। तुमने जो शोरबा दिया, वह काफ़ी अच्छा था, लेकिन आलू ठीक से उबला नहीं था।"

अंग्रेज़ों के बारे में भी और ख़ास तौर पर ग्रामीण क्षेत्रों के अंग्रेज़ों के बारे में बहुत सारी कहानियाँ यहाँ प्रचलित हैं। बताया जाता है कि गाँव से आया हुआ अंग्रेज़ एक बार शहर में आया, जहाँ उसके एक दोस्त ने दावत दी। दोस्त ने उसे भेड़ के गुर्दे का कबाब खिलाया, जिसे उसने पहले कभी नहीं खाया था, लिहाज़ा उसके बनाने का तरीक़ा उसने नोट करके जेब में रख लिया। घर वापस जाते समय उसने कसाई की दुकान से भेड़ का गुर्दा ख़रीदा, अपने रूमाल में बाँधा और हाथ में लेकर गाँव की ओर रवाना हुआ। रास्ते में एक कुत्ते ने झपटकर उसका रूमाल ले लिया और भागने लगा। देहाती भी कुत्ते के पीछे-पीछे दौड़ने लगा और उसने चिल्लाते हुए कहा, "बेवकूफ़ जानवर, तुम कच्चा गुर्दा लेकर जा रहे हो, बनाने का तरीक़ा तो मेरी जेब में पड़ा है।"

गाँव का ही एक बूढ़ा किसान अपने ज़मींदार मालिक से मिलने जा रहा था। उसकी पत्नी ने ज़मींदार को उपहार देने के लिए बैग में रखकर एक सूअर दिया।

रास्ता लम्बा था, लिहाज़ा रात में वह एक सराय में ठहर गया। उस सराय के मालिक ने उसे धोखा देने के मक़सद से सूअर को निकाल लिया और उसकी जगह एक पिल्ले को रख दिया। अगली सुबह वह किसान वहाँ से रवाना हुआ और फिर ज़मींदार के ठिकाने पर पहुँचा। ज़मींदार ने उसका स्वागत किया और उसके हाथ में बैग देखकर उसने जानना चाहा कि क्या उसके लिए वह कोई उपहार लेकर आया है। उस किसान ने कहा कि वह बहुत ग़रीब है इसलिए केवल एक सूअर ला सका है। ज़मींदार उसकी ग़रीबी के बारे में जानता था और उसने बहुत भावुक होकर कहा कि तुम जो भी लाए हो, वह हमारे लिए एक महान उपहार होगा। इसलिए अपना बैग खोलो और दिखाओ। किसान ने वह बैग खोला और उसमें एक कुत्ते का बच्चा देखकर हैरान रह गया। इस पर ज़मींदार बहुत नाराज़ हुआ और ग़ुस्से में उसके हाथ के बैग को दूर फेंक दिया। वह ग़रीब किसान उसी रास्ते वापस लौटा और फिर रात में सराय में ठहरा। एक बार फिर सराय के मालिक ने उस पिल्ले की जगह पर उसमें सूअर को रख दिया। अगले दिन जब किसान घर पहुँचा तो अपनी पत्नी पर चीख़ते हुए कहा कि तुमने कुत्ते का बच्चा रखकर ज़मींदार के सामने मेरी बेइज़्ज़ती करा दी। उसकी औरत ने इस बात से इनकार किया और जैसे ही उसने बैग खोला, उसमें वह सूअर दिखाई दिया।

इस तरह की कहानियाँ बस उन इलाक़ों के ग़रीबों का मज़ाक़ उड़ाने के लिए तैयार की गई हैं। दुनिया में कोई ऐसा देश नहीं है जहाँ ग़रीब और अज्ञानी लोग न रहते हों। देखा जाए तो बहुमत उन्हीं लोगों का है, लेकिन उन्हीं का मज़ाक़ भी बनाया जाता है।

यूरोपीय इतिहास और धर्म के बारे में

इतिहास की किताबों से हमको जानकारी मिलती है कि महाप्रलय के बाद मानव जाति का विकास नए सिरे से पैग़म्बर नूह की सन्तानों से हुआ। इसी वजह से पैग़म्बर नूह को दूसरा आदम कहते हैं। उनके तीन बेटे थे—जेफेत, शेम और हैम। जेफेत के वंशज तुर्की, फ़ारसी, बर्बर और तार्तार तथा हैम के वंशज भारतीय, नीग्रो और चीनी माने जाते हैं। सीरिया के लोगों और रोमन साम्राज्य के तहत आनेवाले देशों के बाशिन्दों को शेम का वंशज माना जाता है। आबादी में बढ़ोत्तरी होने के साथ ये लोग समूची दुनिया में फैल गए। इसके बाद हर क्षेत्र की पहचान एक ख़ास नाम से हुई और इन इलाक़ों के निवासियों के अलग-अलग तौर-तरीक़े और रीति-रिवाज बनते गए। इसी प्रकार भाषा, धर्म और आचार-विचार में भी फ़र्क़ देखा गया।

हज़रत इब्राहिम शेम वंश से थे और उनके दो बेटे थे—हाजरा बीबी से इस्माइल जिनसे अरबों और कुरैशी परिवारों की शुरुआत हुई, जिसमें पैग़म्बर मुहम्मद का जन्म हुआ। दूसरे बेटे बीवी सारा से उत्पन्न इसहाक़ थे, जिनसे इज़राइलियों और हज़रत ईसा सहित अनेक पैग़म्बरों की उत्पत्ति हुई। इसके अलावा सीरियन तथा रोमन साम्राज्य के तहत आनेवाले भी इन्हीं से पैदा हुए। चूँकि बीबी सारा एक राजकुमारी थीं, इसलिए इज़राइली लोग ख़ुद को दोनों पक्षों से कुलीन मानते हैं और अरब के मुसलमानों को ग़ुलामों की औलाद कहते हैं। नतीजतन, इस्राइली और मुसलमानों के बीच लगातार संघर्ष और दुश्मनी बनी रहती है।

यूरोप की प्रमुख शक्तियों में पवित्र रोमन साम्राज्य, इटली, जर्मनी, प्रशिया, रूस, डेनमार्क, पुर्तगाल, हॉलैंड, स्पेन, फ्रांस, इंग्लैंड, टर्की और तीन अन्य देश आते हैं, जिनके नाम अभी मुझे याद नहीं आ रहे हैं। हॉलैंड को छोड़कर ये सभी साम्राज्य माने जाते हैं। हॉलैंड में डच लोग रहते हैं जिन पर वहाँ के कुलीनों का शासन है। यहाँ के बाक़ी बाशिन्दे अधिकांशतः समृद्ध व्यापारी हैं, लेकिन चूँकि यह समुद्र तट

पर बसा है और यहाँ मछलियाँ बहुत ज़्यादा पाई जाती हैं, इसलिए मछली मारने और पालने वालों की संख्या भी काफ़ी है। इसी वजह से यूरोप के लोग डच लोगों को अपमानजनक सम्बोधन के रूप में 'मछलीमार' कहते हैं। इसके अलावा चूँकि इनके यहाँ कोई राजा नहीं है, इसलिए इन्हें हेय दृष्टि से देखा जाता है।

रोमन साम्राज्य काफ़ी पुराना है। एक ज़माने में फ़िरंगियों के सभी देश इनके प्रति निष्ठा रखते थे। इसके पास एक बहुत बड़ा क्षेत्र था जिसे 'कांस्टेंटिनोपोल' कहते थे जो आज इस्तांबुल के नाम से जाना जाता है। तमाम शहरों में इसकी अपनी विचित्रता है। इस्लाम के उदय के साथ यह ख़लीफ़ा उमर के शासन काल में मुस्लिम लोगों के नियंत्रण में आ गया। यह एक समुद्र के किनारे बसा है और समुद्र के पार फ्रैंक लोगों का देश है। हैट पहनने वाले फ़िरंगियों का कहना है कि किसी ज़माने में रोम एक विशाल साम्राज्य था। जब कांस्टेटिनोपोल मुसलमानों के हाथ में आ गया तो समुद्र के पार का बचा हुआ रोमन साम्राज्य फ्रैंकों के राज्य का हिस्सा बन गया। फ़िरंगी लोग रोमन शासक को पोप कहते हैं, जिसका अर्थ पिता होता है और उनमें से कई लोग उन्हें पैग़म्बर ईसा का सहायक मानते हैं। एक समय था जब यूरोप के सभी राजा उनके अधीन होते थे और उनसे ही इन राजाओं को शाही पदवी मिलती थी। वे इनको सम्मान देते थे, हमेशा आदर भाव में रहते थे और जब भी ज़रूरत होती, सहयोग के लिए हाज़िर हो जाते थे। लेकिन अब चीज़ें बदल गई हैं। मिसाल के तौर पर, अंग्रेज़ लोग धर्म के मामले में पोप से भिन्न राय रखते हैं और उनके अनुयायी तथा अंग्रेज़ों के राजा अब पोप से मतभेद नहीं रखते।

इटली और फ्रांस की भाषाएँ काफ़ी मधुर और शानदार हैं और इसी वजह से अंग्रेज़ लोग इस भाषा का अध्ययन करते हैं। इसके अलावा विज्ञान और दर्शन से सम्बन्धित अनेक महत्त्वपूर्ण ग्रंथ इन भाषाओं में लिखे गए हैं, जिनसे परिचित हुए बिना कोई विद्वान नहीं समझा जाता। इटली, फ्रांस और जर्मनी शक्तिशाली राज्य हैं, लेकिन सभी फ़िरंगी देशों में स्पेन सबसे धनी है। इसकी वजह यह है कि नए विश्व की अधिकांश सोने की खानें स्पेन के उपनिवेशों में पड़ती हैं। स्पेन के लोगों की चालाक और मेहनती के रूप में काफ़ी शोहरत है। वे अंग्रेज़ों से भी ज़्यादा कुशल माने जाते हैं।

मुझे बताया गया कि फ्रांस, इटली और जर्मनी को अगर मिला दिया जाए तो यह क्षेत्रफल में भारत के बराबर हो जाएगा, लेकिन रूस कम-से-कम भारत के क्षेत्रफल से तीन गुना अधिक है। यह सच भी है क्योंकि लम्बाई और चौड़ाई के

मामले में रूस सभी देशों को पीछे छोड़ देता है। रूसी साम्राज्य बहुत शक्तिशाली है और वहाँ के निवासी अपने अथक उद्यम के लिए जाने जाते हैं—यहाँ तक कि वे लोग अंग्रेज़ों को भी, जो बहुत चालाक और चुस्त हैं, आलसी तथा आरामतलब मानते हैं। सिकन्दर के शासन के बारे में शेख़ निज़ामी ने जो 'सिकन्दरनामा' लिखा है उसमें रूस का वर्णन करते हुए बताया है कि वह ज़माना ख़त्म हो गया जब यहाँ के निवासी उजड्ड और अक्खड़ समझे जाते थे। तक़रीबन चालीस या पचास साल पहले उनके राजा जार पीटर ने रूसी लोगों को उच्च शिक्षा के लिए इंग्लैंड तथा अन्य देशों में भेजना शुरू किया ताकि वहाँ से शिक्षा प्राप्त करने के बाद वे अलग-अलग क्षेत्रों में देश के अन्दर आकर और लोगों को भी शिक्षित करें। एडिनबर्ग में मेरी मुलाक़ात इस तरह के दो रूसी विद्वानों से हुई। वे अभी कॉलेज में पढ़ रहे थे। उनकी त्वचा का रंग लाल था—ईंट की तरह लाल।

रूसी जार और इंग्लैंड के राजा के बीच बहुत अच्छे सम्बन्ध हैं। रूसी सेना में जनरल, कर्नल, कैप्टन आदि के पदों पर कई अंग्रेज़ अफ़सर हैं और उनका मुख्य काम रूसियों को तोप और बन्दूक़ के निर्माण की और इन्हें चलाने की शिक्षा देना है। अनेक अंग्रेज़ नागरिक भी रूसियों के साथ रहना और काम करना पसन्द करते हैं। रूसी लोग सेना के मामलों में, व्यक्तिगत बहादुरी और प्रतिभा के मामले में यूरोप के अन्य देशों के मुक़ाबले अंग्रेज़ों को ज़्यादा श्रेष्ठ मानते हैं और उनकी नक़ल करना चाहते हैं। वे लोग पहले से ही सैन्य शक्ति तथा राजनीतिक प्रभाव के क्षेत्र में यूरोप के कई देशों से बाज़ी मार ले गए हैं। कुछ साल पहले रूसी जार ने अपनी सेना को टर्की पर हमले के लिए भेजा और टर्की के वज़ीर (प्रधानमंत्री) के विश्वासघात की वजह से उसे बहुत आसानी से विजय मिल गई। उसने टर्की के एक प्रान्त को रूस में मिला लिया, लेकिन अल्लाह की ऐसी इनायत हुई कि रूसियों को बाद में हार का सामना करना पड़ा और वे पीछे हटने के लिए मजबूर हुए।

हज़रत ईसा मसीह के बाद ईसाइयत

हज़रत ईसा के बाद लम्बे समय तक उनके बारह हवारियों में ख़िलाफ़त और धार्मिक नेतृत्व का सिलसिला चलता रहा। बाइबल उनके हवारियों की लिखी हुई है। वे बारह हवारी जो दूसरे देशों में फैल गए, उन्होंने हज़रत ईसा के धर्म का प्रचार-प्रसार किया। लेकिन जब ज़माना गुज़र गया तो ईसाइयत के धर्मगुरु, जिनको पादरी कहा जाता है,

के बीच धार्मिक शिक्षा में मतभेद पैदा होने लगे। बारह या सोलह पादरी मुजतहिद (धर्मगुरु) बन गए। उन्होंने अपने-अपने दृष्टिकोण से धार्मिक धारणाओं की व्याख्या की। उसी ज़माने में उनमें मज़हबी मतभेद की बुनियाद पड़ गई। चुनांचे, मौलाना रूम ने अपनी प्रसिद्ध मसनवी में इस पर विस्तार से रौशनी डाली है।

ईसाइयों के इतिहास, उनके विश्वास और उनके रीति-रिवाजों के बारे में मैं कोई विशेषज्ञ नहीं हूँ, लेकिन अंग्रेज़ी की किताबों और धर्मग्रंथों के अनेक अनुवादों को पढ़ने के बाद मुझे इन मामलों की थोड़ी जानकारी मिली है, जिनको मैं संक्षेप में यहाँ रखना चाहूँगा। ईसाई धर्म के मूल में यह विश्वास है कि हज़रत ईसा अल्लाह की सन्तान हैं जबकि ईसाइयों का दावा है कि उनका जन्म बग़ैर किसी पुरुष की मदद के वर्जिन मेरी के पेट से हुआ था।

अंग्रेज़ों में बहुत सारे ऐसे लोग हैं जो इस पर यक़ीन नहीं करते क्योंकि उनका मानना है कि इस तरह की घटना सम्भव ही नहीं है और कोई भगवान ऐसे नहीं पैदा होता। उनका यह भी कहना है कि जो सर्वशक्तिमान है, वह अद्भुत है और प्रजनन की प्रक्रिया से परे है। यह तो दैवी प्यार और दया का एक संकेत है कि उन्होंने ईसा मसीह को अपना बेटा माना और उनका दर्जा दूसरे पैग़म्बरों से ऊँचा बना दिया।

धर्मगुरुओं का एक और बुनियादी मुद्दा है, जिसे सभी ईसाई स्वीकार भी करते हैं कि जब यहूदियों ने ईसा मसीह को सूली पर चढ़ा दिया तो उनका शरीर चौथे आसमान में चला गया और तीन दिनों बाद वापस लौटा जब उनकी मुलाक़ात साइमन पीटर और दो महिला भक्तों से हुई और उन्होंने उनसे ये बातें कहीं : "एक मनुष्य के रूप में मेरा जन्म, पृथ्वी पर मेरा जीवन, यहूदियों के हाथों मेरी मौत, मेरा जुनून—इन सबको मैंने झेला है ताकि परम शक्तिमान ईश्वर मेरी इस सारी पीड़ा को ध्यान में रखते हुए क़यामत के दिन उन सभी लोगों को माफ़ कर दे, जिन्होंने अपने जीवन में कोई पाप किया हो। मेरे बाद कोई पैग़म्बर नहीं आएगा। अगर कोई पैग़म्बर होने का दावा करता हो तो आप लोग उस पर विश्वास न करें क्योंकि ऐसा दावा करने वाला व्यक्ति झूठा है। लेकिन क़यामत के दिन से पहले अगर सूरज पश्चिम से उगे और पूरब में डूबे तो मैं वापस आऊँगा और समूची सृष्टि मेरे धर्म के अधीन आ जाएगी।" ईसा मसीह ने थोड़ी देर ये बातें कहीं और उसके बाद फिर अन्तरिक्ष में विलीन हो गए। उस समय बस बारह देवदूतों ने उनके इस सन्देश को आत्मसात् किया।

यूरोप के सभी फ़िरंगी ईसाई हैं, लेकिन इस महाद्वीप से बाहर उनके सहधर्मियों

की संख्या कम है और वे बहुत मायने नहीं रखते। आर्मीनिया के लोग भी जिनकी मूल भूमि किसी ज़माने में फ़ारस के साम्राज्य का एक प्रान्त थी और जो अब अनेक देशों में बिखरे हुए हैं, वे भी ईसाई हैं हालाँकि अन्य ईसाई समुदायों से उनकी सोच काफ़ी अलग है। उनका न तो कोई देश है और न उनका कोई राजा है। फ़िरंगी लोग उन्हें ग़ुलामों के देश का कहते हैं। उनमें से जो लोग टर्की, सीरिया, फ़ारस या अन्य मुस्लिम देशों में रहते हैं, वे उन देशों के मूल निवासियों की ही तरह टैक्स भी अदा करते हैं।

यहूदी लोग हज़रत मूसा के धर्म के अनुयायी हैं और वे बिलकुल अभागों जैसी ज़िन्दगी जीते हैं। ये लोग अरब, सीरिया, रोम साम्राज्य तथा अन्य देशों में बिखरे हुए हैं। इन लोगों ने हज़रत ईसा को बहुत परेशान किया और अन्त में उन्हें सूली पर भी चढ़ा दिया। यही वजह है कि उन्हें नीच और धिक्कारने योग्य माना जाता है। कोई भी व्यक्ति उनकी इज़्ज़त नहीं करता। यूरोप के अनेक हिस्सों में वे लगातार आतंक में जीने के लिए मजबूर होते हैं क्योंकि अगर कोई ईसाई किसी यहूदी को अपने देश में पकड़ लेता है तो वह उसे ज़िन्दा जला देता है। जहाँ तक अंग्रेज़ों का सवाल है, वे सहनशीलता की नीति अपनाते हैं और किसी भी धर्म का पालन करने वाले को इस बात के लिए दंडित नहीं करते कि वह किसी ख़ास धर्म से जुड़ा हुआ है। लन्दन में मैंने अनेक यहूदी फेरी वालों को देखा जो खाने-पीने का सामान और कपड़े ठेलों पर लेकर बेचते हैं और शान्ति के साथ रहते हैं।

ईसाई लोग खाने के मामले में हराम और हलाल का भेद नहीं करते। वे हर उस चीज़ को खाते हैं जो उन्हें अच्छी लगती है और जिसके खाने में डॉक्टरों के मुताबिक़ किसी तरह का कोई नुक़सान नहीं है। यहाँ के डॉक्टरों ने काफ़ी अध्ययन कर यह पता किया है कि किन चीज़ों में नुक़सान पहुँचाने वाले तत्त्व होते हैं।

इन लोगों की धार्मिक पृष्ठभूमि भी ध्यान देने लायक है। ईसा मसीह की आम सोच यह थी कि मूसा का तौरात सम्पूर्ण रूप से वैध है क्योंकि यह एक धर्मग्रंथ है, लेकिन एक ख़ास घटना ने इस धर्मोपदेश की पुनर्व्याख्या की। एक बार एक यात्रा के दौरान ईसा मसीह के शिष्यों ने तौरात में लिखे नियमों के अनुसार बिना नहाए-धोए रोटी खा ली और इस प्रकार उनके लिए तकनीकी तौर पर वह खाना हराम हो गया। यहूदी पादरी लोग हमेशा इस ताक में रहते थे कि वे ईसा मसीह और उनके चेलों की ग़लतियाँ पकड़ें। लिहाज़ा, उन्होंने ईसा मसीह से इसकी शिकायत की। उन्होंने कहा, "आप हमेशा लोगों से कहते हैं कि वे तौरात का पालन करें

और फिर भी आपने अपने चेलों द्वारा किए गए नियमों के उल्लंघन की अनदेखी की क्योंकि इन लोगों ने अपना हाथ-मुँह धोए बग़ैर रोटी खा ली।"

लगातार यहूदियों की शिकायतों से ईसा मसीह परेशान हो गए थे और उन्होंने झुँझलाकर ग़ुस्से से जवाब दिया, "मेरे अनुयायियों को अच्छी तरह पता है कि दुनियावी कर्मकांडों के मामले में अगर कोई चीज़ छूट जाती है तो वह दंडनीय अपराध नहीं है। इसलिए कोई किसी नियम का पालन करे या न करे, इससे कोई फ़र्क़ नहीं पड़ता। ईश्वर ने पृथ्वी का निर्माण किया है और दुनिया में जो भी चीज़ें उपलब्ध हैं, वे मनुष्य के फ़ायदे के लिए हैं, इसलिए मनुष्य इस बात के लिए आज़ाद है कि वह जैसे चाहे, इच्छानुसार कुछ भी खा सकता है। जो भी चीज़ उसके गले से नीचे उतरती है वह हलाल है और जो मुँह से बाहर निकलती है, वह हराम है। हराम वाली श्रेणी में सभी बुरी आदतें आती हैं, मसलन, झूठ बोलना और झूठी गवाही देना। तुम लोग भ्रष्टाचार जैसे पाप को तो माफ़ कर देते हो, लेकिन मामूली ग़लती पर बहुत हो-हल्ला मचाते हो।"

एक दूसरे मौक़े पर जब ईसा मसीह एक गाँव में रुके तो गाँव वालों ने एक बड़े बर्तन में उन्हें शराब पेश की। जब ईसा मसीह ने शराब को अपने होंठों से लगाया तो वह चमत्कारिक ढंग से दूध बन गया, जिसका कुछ हिस्सा उन्होंने पी लिया और बाक़ी हिस्सा अपने चेलों के बीच बांटते हुए कहा, "अगर तुम लोग यह चमत्कार कर सको और शराब को दूध में तब्दील कर सको तो जितनी इच्छा हो, उतना पी लो।"

बाइबिल की इन कहानियों को आधार बनाकर ईसाई लोग मानते हैं कि शराब पीना या सूअर का मांस खाना ग़लत नहीं है, लेकिन ईसाइयों में एक सम्प्रदाय ऐसे लोगों का भी है जो न तो शराब पीते हैं और न सूअर का मांस खाते हैं क्योंकि उनका मानना है कि ईसा मसीह ने तौरात का समर्थन किया था और अपने शिष्य से कहा था कि वे इसमें बताए गए नियमों का पालन करें।

धर्मग्रंथों में जो ख़ुदा का हुक्मनामा शामिल किया गया है, वह संक्षेप में इस प्रकार है : मानव समुदाय को यह मानना होगा कि ईश्वर एक है, उसके वचन और उसके पैग़म्बरों पर यक़ीन करना होगा, झूठी गवाही नहीं देनी होगी, झूठ बोलने से बचना होगा, बदकारी से बचना होगा, किसी की हत्या नहीं करनी होगी और ग़रीबों तथा अपने पड़ोसियों के साथ अपने भाई जैसा व्यवहार करना होगा।

ईसाई धर्म का पालन करने वाले अधिकांश देश ईसा मसीह और बीबी मरियम

यानी वर्जिन मेरी को अल्लाह का दर्जा देते हैं और इन दोनों की मूर्तियाँ गिरजाघरों में रखकर उनकी पूजा करते हैं, लेकिन इंग्लैंड के लोग इस तरह की मूर्तिपूजा को अनुचित मानते हैं और वे अपने चर्चों में इन्हें नहीं रखते। उनका मानना है कि अल्लाह का कोई स्वरूप नहीं है, वह निराकार है।

ईसा मसीह के जन्मदिन पर प्रति वर्ष फ्रांस के लोग गर्भवती मेरी का एक लकड़ी का पुतला बनाते हैं और ईसा मसीह के जन्म के समय उस पुतले के स्कर्ट के नीचे से लाल रंग में रंगी ऊन की एक गुड़िया निकालते हैं और इसी के साथ संगीत और गाने का कार्यक्रम शुरू हो जाता है। इसके बाद वे लोग लकड़ी की बनी मेरी को एक सिंहासन पर बैठाते हैं और उसकी गोद में वह गुड़िया रख देते हैं। इसके बाद मेरी के सामने झुककर अभिवादन करने और पूजा करने का सिलसिला शुरू हो जाता है। मैंने इस तरह का एक दृश्य मॉरीशस में देखा, जहाँ कैप्टन स्विंटन और मिस्टर पीकॉक ने, जो हमारे साथ थे, हँसते हुए टिप्पणी की, "इस तरह का मूर्खतापूर्ण व्यवहार फ्रांस के लोगों, पुर्तगाल के लोगों और स्पेन के लोगों के बीच देखा जाता है, लेकिन अंग्रेज़ों में आप यह नहीं पाएँगे।"

कुछ ईसाई देशों में कट्टरता का काफ़ी बोलबाला है। अगर इन देशों में कोई मुसलमान अज़ान पढ़ता है और इस्लामी तौर-तरीक़ों का खुले रूप में पालन करता है तो उसे फ़ौरन जला दिया जाता है, लेकिन अंग्रेज़ों में इस तरह की कट्टरता नज़र नहीं आती। अगर किसी को इंग्लैंड में कोई मस्जिद बनानी है और अल्लाह की इबादत करनी है या उपवास रखना है तो किसी भी तरफ़ से कोई व्यक्ति ऐतराज़ नहीं करेगा क्योंकि अंग्रेज़ों का मानना है कि 'किसी का कोई भी धर्म क्यों न हो, इससे हमें कोई फ़र्क़ नहीं पड़ता।' एक आम कहावत भी यहाँ प्रचलित है—'ईसा को उनका धर्म मुबारक और मूसा को उनका धर्म मुबारक।'

फ्रांस में धार्मिक अन्धविश्वास

फ्रांस में बहुत बड़ी संख्या में धनी और पाखंडी पादरी मिलते हैं। फ्रांस के लोगों के यहाँ एक दस्तूर है कि साल में एक बार पुरुष और महिला अलग-अलग अपने पादरियों के पास जाते हैं और सालभर के दौरान जो पाप किए रहते हैं, उनको क़ुबूल करते हैं। इसके साथ ही वे लोग पादरियों को काफ़ी उपहार देते हैं ताकि वे उनके लिए प्रार्थना करके ईश्वर से उन्हें माफ़ी दिला दें। अंग्रेज़ लोग इसे निहायत

ही बेवक़ूफ़ाना हरकत बताते हैं और उनका मज़ाक़ उड़ाते हैं। अंग्रेज़ों का कहना है कि, 'ईश्वर तो राजाओं का राजा है और क़यामत के दिन वह अपनी मर्ज़ी के मुताबिक़ दंड देगा या क्षमा करेगा। अगर कोई यह मानता है कि इन लालची पादरियों की सिफ़ारिश पर वह काम करेगा तो यह बहुत हास्यास्पद है।'

इस मामले में फ्रांस के लोग हिन्दुओं की तरह हैं, जिनके ब्राह्मण-पुरोहित पूरी तरह उन्हें इस भ्रम में रखते हैं कि उनके जीवन भर के पाप गंगा में नहाने से धुल जाएँगे और अगर वे ब्राह्मणों को बड़े-बड़े उपहार देंगे तो स्वर्ग का दरवाज़ा उनके लिए खुल जाएगा। हिन्दू धर्मग्रंथों में ब्राह्मणों को दान और भिक्षा देने का निर्देश दिया गया है। भले ही किसी ब्राह्मण के पास लाखों रुपए क्यों न हो, लेकिन दान में एक रुपया या आठ आना पाने की ललक में वह दरवाज़े-दरवाज़े भीख माँगता रहता है। ज़ाहिर-सी बात है कि हिन्दू समाज के रहनुमा के रूप में ब्राह्मणों को एक बहुत बड़ी सुविधा प्राप्त है, जिसके ज़रिए वे अपने वंशजों के लिए भी काफ़ी कुछ इकट्ठा कर लेते हैं और उनकी औलादें बग़ैर मेहनत किए ज़िन्दगी गुज़ार लेती हैं।

हिन्दुओं के अन्दर वर्ण व्यवस्था एक साधारण-सी चीज़ है। इसके अन्तर्गत ब्राह्मणों को अन्य जातियों से श्रेष्ठ माना जाता है और धर्मग्रंथों में लिखा है कि केवल ब्राह्मण ही वेदों का पाठ कर सकते हैं। अगर दूसरा कोई ऐसा करता है तो वह दंड का अधिकारी होता है, लेकिन हमारे धर्म इस्लाम में सभी अनुयायियों को यह आदेश दिया गया है कि वे धार्मिक ग्रंथ का अध्ययन करें, अल्लाह की बातों को जानें और ज्ञान से वंचित न रहें, लेकिन हिन्दुओं में इसका उलटा है और यह जहालत (मूर्खता) के सिवा और कुछ नहीं है। फ्रांस के लोगों और हिन्दुओं में इस तरह के अन्धविश्वासों का होना बुद्धिमानी को हैरानी में डाल देता है।

लेकिन आश्चर्य है कि उनके यहाँ धार्मिक रूप से ज़कात[1] का कोई तसव्वुर नहीं है, जिससे ग़रीब लोगों की आर्थिक सहायता होती है और उनकी समस्या का एक हद तक समाधान निकलता है।

---

1. ज़कात वह राशि है जो मुसलमान मालदारों पर धार्मिक रूप से ग़रीबों को देना अनिवार्य है। हज़रत मुहम्मद ने अपने एक साथी (सहाबा) को यमन का गवर्नर बनाकर भेजा तो कहा कि उनसे कहना कि ईमान लाने (मुस्लिम बन जाने) और नमाज़ पढ़ने के बाद ज़क़ात देना भी अनिवार्य है जो उनके मालदारों से ली जाएगी और उनके ग़रीबों को लौटा दी जाएगी (बुखारी, मुस्लिम)।

   ज़क़ात की दर रुपया तथा सोना-चाँदी में 2.5% वार्षिक है। आपका फ़र्ज़ (कर्तव्य) है कि उनका (ग़रीबों) हक़ उन तक पहुँचा दें।

फ़्रांस के एक पादरी ने न्यू टेस्टामेंट का अनुवाद सम्राट अकबर को पेश किया जिसमें एक घटना का ब्योरा दिया गया था। कुछ यहूदी डॉक्टरों ने हज़रत ईसा के सामने व्यभिचार का आरोप लगाते हुए एक औरत को पेश किया और ऐसा करने के पीछे उनका इरादा हज़रत ईसा को चकमा देना था। इन लोगों ने उसके लिए एक सवाल तैयार किया था, जिसका उत्तर अगर नकारात्मक हुआ तो उसके पाप को माफ़ किया जा सकता था, जबकि सकारात्मक उत्तर की हालत में इस प्रकरण को क्रूरता मान लेने का प्रावधान था। कहने का अर्थ यह है कि अगर पैग़म्बर ने यह आदेश दे दिया कि उस औरत को पत्थरों से मारकर ख़त्म कर दिया जाए तो वे यह कहकर इसका विरोध करेंगे कि यह आदेश सबके प्रति क्षमा, दया और प्यार के उनके दर्शन के ख़िलाफ़ है। अगर पैग़म्बर उस औरत को माफ़ कर देंगे तो वे यह आरोप लगाएँगे कि पैग़म्बर ने सही और ग़लत के दैवी आदेश को ठीक से नहीं समझा है। आपस में ये सारी बात करने के बाद यहूदियों ने हज़रत ईसा से पूछा कि क्या उन्होंने मूसा के क़ानून का पालन किया है और व्यभिचार की दोषी महिला को पत्थरों से मारकर मौत के घाट उतारने के पक्ष में अपनी राय दी है? पैग़म्बर ने जवाब दिया, "तुम लोगों में से वह व्यक्ति पहला पत्थर चलाए, जिसने कभी कोई पाप न किया हो।" इसके बाद उन्होंने अपना सिर झुका लिया और धूल में अपनी उँगलियों से कुछ लिखने लगे। पैग़म्बर के आसपास जो लोग इकट्ठे थे, वे उनका लिखना देखते रहे और भगवान की मर्ज़ी तथा पैग़म्बर की रूहानी ताक़त की बदौलत लोगों ने देखा कि पैग़म्बर ने उनके जीवनकाल के पापों का सारा ब्योरा वहाँ लिख दिया था। शर्म और पश्चात्ताप की भावना से वे लोग उस औरत और पैग़म्बर को अकेला छोड़कर एक-एक कर कमरे से बाहर निकल आए। इसके बाद हज़रत ईसा ने उस औरत से पूछा, "सारे मर्द जो अभी आए थे, वे कहाँ चले गए?" महिला ने जवाब दिया, "वे एक-एक करके मुझसे कुछ कहे बग़ैर बाहर चले गए।" पैग़म्बर ने उससे भी कहा, "मैं भी तुमको कुछ नहीं कहूँगा सिवाय यह कहने कि पश्चात्ताप करो और इस तरह का अपराध दुबारा न हो, इस बात की कोशिश करना।"

बहरहाल, विलायत से बाइबिल का जो अनुवाद मैं लेकर आया हूँ, उसमें यह कहानी एकदम इस रूप में नहीं दी गई है। कैप्टन स्विंटन का कहना था कि पुर्तगाल के जो पादरी सम्राट अकबर के दरबार में राजदूत बनकर गए थे, उन्होंने इस कहानी में तब्दीली कर दी थी।

अलबत्ता 'अख़्लाक़े मुहम्मदी' नाम की एक किताब है, जिसमें लिखा है कि एक दिन जब पैग़म्बर अपने कुछ साथियों के साथ बैठे हुए थे, एक औरत उनके पास आई और उसने कहा कि "मुझसे एक गुनाह हो गया है। मैं चाहती हूँ कि मुझे सज़ा दे दी जाए ताकि मैं क़यामत के दिन बच जाऊँ।" पैग़म्बर दूसरी तरफ़ देखने लगे गोया वह उस औरत की बात न सुन रहे हों, लेकिन जब उसने बार-बार अपनी बात दोहराई तो पैग़म्बर उसकी ओर मुड़े और यह देखकर कि वह औरत गर्भवती है, उन्होंने कहा कि जब तक उसे बच्चा पैदा नहीं हो जाता, उसकी सज़ा को मुल्तवी किया जाता है।

बच्चा पैदा होने के बाद वह औरत गोद में बच्चे को लिये पैग़म्बर के पास आई और फिर उसने वही बात कही। पैग़म्बर ने आदेश दिया कि चूँकि अभी यह बच्चा बहुत छोटा है, इसलिए सज़ा को मुल्तवी कर दो। फिर फ़रमाया कि जाओ "इस की परवरिश करो। जब बच्चा दूध छोड़ चुका तो फिर वह औरत आई, आपने फ़रमाया जब तक यह बड़ा नहीं हो जाता, तुम्हें सज़ा नहीं दी जा सकती क्योंकि माँ-बाप की तरह कोई बच्चे की देखभाल नहीं कर सकता है।"

यह सब सुनकर पैग़म्बर के एक सहयोगी ने कहा—"हुज़ूर, यह औरत बार-बार आकर आपको परेशान कर रही है, इसलिए मैं इस बच्चे की ज़िम्मेदारी ले लेता हूँ और मैं इसको पढ़ाने-लिखाने और पाल-पोस कर बड़ा करने की ज़िम्मेदारी निभाऊँगा। अब आप चाहें तो इस औरत को सज़ा दे दें।" यह सुनते ही पैग़म्बर ग़ुस्से में आ गए और अपने सहयोगी की ओर मुड़ते हुए उन्होंने कहा, "किसने तुमसे कहा था कि तुम अपनी सेवाएँ दो? क्या तुमने थोड़ा भी यह नहीं समझा कि मैं माँ को दंड से बचाना चाह रहा था?"

यह सुनकर वह व्यक्ति बहुत शर्मिन्दा हुआ। इससे पता चलता है कि पैग़म्बर मोहम्मद के अन्दर दयाभाव किस सीमा तक था?

चालीस वर्ष पहले फ्रांस के राजा ने पाखंडी पादरियों के क़त्ल का आदेश दिया था। बहुत सारे पादरी क़त्ल कर दिए गए और उनका धन ज़ब्त कर लिया गया। काश कि वे लोग पवित्र क़ुरान को पढ़ते तो उन्हें सही रास्ता मिल जाता और सत्य को असत्य से अलग कर पाते।

ऐसा नहीं है कि पाखंड पर केवल फ्रांस के लोगों का ही एकाधिकार है। भारत में मुसलमानों और हिन्दुओं, दोनों के बीच पाखंडियों और धोखेबाज़ों की भरमार है। बहुत सारे ऐसे फ़क़ीर और सूफ़ी मिल जाएँगे जो भोले-भाले लोगों से पैसा

ऐंठकर अपने को धनवान बनाते हैं। इन चीज़ों से फ़िरंगियों के अन्दर इतनी चिढ़ पैदा होती है कि वे यह भी नहीं देख पाते कि सचमुच कुछ फ़क़ीर और सूफ़ी ऐसे हैं जो ईमानदार हैं और जिनके अन्दर बिलकुल पाखंड नहीं है। वे यहाँ तक मानने लगते हैं कि हमारे सन्तों के अन्दर चमत्कार की क्षमता नहीं है और वे केवल अपने पैग़म्बरों के बारे में इस तरह के दावे करते हैं।

अंग्रेज़ों की प्रार्थना पद्धति

भारतीयों के मुक़ाबले अंग्रेज़ लोग प्रार्थनाओं, उपवास या कर्मकांड के पालन पर कम ध्यान देते हैं। हफ़्ते में एक दिन इतवार को इनमें से ढेर सारे लोग प्रार्थना के लिए गिरजाघर में इकट्ठा होते हैं। इनमें से कई ऐसे हैं जो गिरजाघर में जाना अनिवार्य मानते हैं, जबकि बहुत सारे लोग इसे ज़रूरी नहीं मानते। उनका कहना है कि ईश्वर ने जिस विश्व की रचना की है, उसमें छह दिनों तक काम करना है और सातवां दिन आराम और प्रार्थना का है और उस दिन दुनियावी गतिविधियों को रोक देना चाहिए। यही उनकी इबादत का तरीक़ा है। पुरुष और महिलाएँ गिरजाघरों में घुटने के बल बैठकर सिर झुकाकर इबादत करते हैं। पादरी बाइबिल के अंशों को पढ़ता है और एक दूसरा समूह संगीत के साथ कुछ स्तुति गीत गाता है। फ़्रांस के पादरी इस पूजा का समापन इन शब्दों के साथ करते हैं : "हे ईश्वर! जैसे तुमने सुबह का नाश्ता दिया वैसे ही शाम का भोजन भी देना।" अंग्रेज़ लोग इस प्रार्थना पर एतराज़ करते हैं क्योंकि उनका कहना है कि ईश्वर ने सबके लिए खाने की वस्तुएँ निर्धारित कर रखी हैं इसलिए इस तरह की प्रार्थना बेमानी है, लेकिन वे इस बात में ज़रूर यक़ीन करते हैं कि खाना खाने के बाद ईश्वर को धन्यवाद दिया जाना चाहिए।

मुझे बताया गया कि फ़्रांस के लोग बुधवार और रविवार को प्रार्थना के लिए गिरजाघर में जाते हैं। उनके मुक़ाबले अंग्रेज़ लोग प्रार्थना को ज़्यादा महत्त्व नहीं देते। वे कहते हैं कि ईश्वर ने इस धरती पर मनुष्य को इसलिए भेजा है ताकि वह इसे समृद्ध कर सके और धरती को ख़ूबसूरत बना सके। व्यावहारिक अर्थों में देखें तो इसका तात्पर्य यह हुआ कि अगर हम बेहतर मकान बनाते हैं, खेतीबाड़ी में सुधार करते हैं, नई मशीनों को ईजाद करते हैं, ज्ञान में वृद्धि करते हैं, देश की रक्षा को मज़बूत बनाते हैं, आजीविका के नए-नए साधन विकसित करते हैं और धरती के बेशुमार प्राणियों के लिए खाने और रहने की बेहतर व्यवस्था करते हैं तो हम

लोग सही अर्थों में उस भूमिका का निर्वाह करते हैं, जिसके लिए ईश्वर ने हमें भेजा है। हमें अपनी दैनिक गतिविधियों का हिसाब रखना चाहिए और अगले दिन की गतिविधियों की योजना तैयार करनी चाहिए। क़यामत के दिन जब अल्लाह हमसे पूछेगा कि हमने धरती पर क्या काम किया तो जिन लोगों ने आलस्य और निद्रा में अपने दिन बिताए हैं, वे कुछ बता नहीं सकेंगे और फिर दंड के भागीदार होंगे। अगर कोई व्यक्ति अपना सारा समय पूजा-पाठ में लगाता है और उपवास करके कमज़ोर हो जाता है तथा ख़ाली पेट कीर्तन करता रहता है तो इससे दुनियावी गतिविधियाँ प्रभावित होती हैं, जिससे एक अराजकता फैलती है और ईश्वर के बन्दों को नुक़सान उठाना पड़ता है।

इन सबके बावजूद अंग्रेज़ों का मानना है कि ईश्वर एक है। उनमें से कुछ अन्दर ही अन्दर यह मानते हैं कि ईसा मसीह ईश्वर के बेटे हैं जबकि कुछ अन्य ऐसे हैं जो किसी प्राचीन प्राधिकार से ज़्यादा तर्कपूर्ण बातों को तरजीह देते हैं। तर्कवादियों यानी 'मुताज़िला' और प्रकृतिवादियों यानी 'दहरिया' जैसे कुछ लोग इस्लामिक दर्शन से अपनी सहमति जताते हुए न तो क़यामत में यक़ीन करते हैं, न स्वर्ग न नर्क में और न पुनर्जन्म में। वे इसे कोरी कपोल कल्पना मानते हैं। वे इस बात से भी इनकार करते हैं कि ईसा मसीह कोई पैग़म्बर थे या तौरात कोई धार्मिक ग्रंथ है। वे कहते हैं कि ईसा मसीह भी उसी तरह मनुष्य थे जैसे हम लोग हैं और तौरात कोई धार्मिक ग्रंथ नहीं बल्कि मूसा द्वारा लिखित एक किताब है। कुछ का तो यह भी कहना है कि ईश्वर ने इस दुनिया का निर्माण नहीं किया। उनका दावा है कि पृथ्वी और स्वर्ग का हमेशा अस्तित्व रहा है—उसी तरह जिस तरह घास, पेड़ पौधों आदि का अस्तित्व है। कोई भी बीज अंकुरित होता है और उससे एक नया जीवन निकलता है जो विकसित होने के बाद नष्ट हो जाता है और फिर नया जीवन उसका स्थान ले लेता है। इसी प्रकार मनुष्य, जानवर और पक्षी विकसित होते हैं, बूढ़े होते हैं और फिर मर जाते हैं और यह चक्र चलता रहता है।

इस तरह के गुमराह करने वाले विचारों से अल्लाह हमें बचाए।

धर्म के बारे में कुछ और

अंग्रेज़ लोग कहा करते हैं कि यदि बाइबिल (Newtestament) में हज़रत मुहम्मद (स.अ.व.) का वर्णन मिलता है तो हम इस्लाम को स्वीकार कर लेंगे। इस्लामिक विद्वानों की ओर से इसका उत्तर यह दिया जाता है कि बाइबिल जो कि हज़रत ईसा मसीह पर अवतरित हुई थी, दुनिया से लुप्त हो गई। हज़रत ईसा मसीह के बाद इनके हवारियों (धर्म प्रचारकों) में से चार ने अपनी याद्दाश्त के अनुसार चार किताबें लिखीं और उसी को लोग 'इनजील' कहने लगे। यही किताब ईसाइयों के यहाँ प्रचलित है। चूँकि मौजूदा किताब में सराहत के साथ (स्पष्ट रूप से) हज़रत मुहम्मद का वर्णन नहीं मिलता बल्कि केवल इशारा मिलता है, इसलिए इसमें सन्देह पैदा करके क़ौम को ग़लतफ़हमी में डाला हुआ है।

हज़रत ईसा ने न्यू टेस्टामेंट में एक नीति कथा को बयान किया है। एक धनी आदमी, जो एक बाग़ का मालिक था, दिन के पहले पहर में बाज़ार गया और उसने प्रतिदिन एक दिरहम मज़दूरी की दर पर कुछ मज़दूर लिये और उन्हें बाग़ में काम पर लगा दिया। दूसरे पहर बाज़ार में जाने पर उसने देखा कि कुछ मज़दूर काम की तलाश में खड़े हैं और उसने उन्हें भी एक दिरहम की दर से दिन के बाक़ी बचे समय के लिए ले लिया। तीसरे पहर वह फिर बाज़ार में गया और उसने फिर कुछ बेरोज़गारों को देखा। उसने उनसे पूछा कि वे क्यों वहाँ खड़े हैं और उन मज़दूरों ने जवाब दिया, "हम लोग देर से आए, इसलिए कोई हमें काम पर नहीं ले गया।" उस धनी व्यक्ति ने इन मज़दूरों को भी एक दिरहम की दर से बाक़ी बचे समय के लिए मज़दूरी पर ले लिया। शाम को तीनों ग्रुप के मज़दूरों ने काम ख़त्म किया और बाग़ के मालिक के पास अपनी मज़दूरी लेने पहुँचे। मालिक ने सभी मज़दूरों को एक-एक दिरहम दिया। इस पर पहले ग्रुप के मज़दूरों ने विरोध में बड़बड़ाना शुरू किया। उन्होंने कहा, "हमने पूरी मेहनत के साथ दिन भर काम किया जबकि

दूसरों ने केवल एक-दो पहर ही काम किया और फिर भी आप उनको भी उतना ही दे रहे हैं जितना आपने हमें दिया।" बाग़ के मालिक ने जवाब दिया, "हाँ, यह सही है लेकिन क्या मैंने तुम लोगों से यह नहीं कहा था कि मैं तुम्हें एक दिरहम दूँगा?" मज़दूरों ने जवाब दिया, "बिलकुल आपने ऐसा कहा था।" फिर मालिक ने कहा, "तो मैंने अपना वादा पूरा किया, इसलिए शिकायत की तुम्हारे पास कोई वजह नहीं होनी चाहिए।"

यह उदाहरण अल्लाह की मरज़ी का है कि उसने बहुत-से बाद में आने वालों को पहले लोगों से ज़्यादा श्रेष्ठता (फ़ौक़ियत) दी है। मुसलमान अपने को बाद में आने वाला समझते हैं। क्योंकि मुहम्मद स.अ.व. सारे नाबियों (Prophets of God) के बाद दुनिया में तशरीफ़ लाए और उनको सबसे बाद में नुबुव्वत (Propheth-ood) मिली और आपकी उम्मत सबसे पहले जन्नत में जाएगी।

अंग्रेज़ों का मानना है कि चारों मशहूर किताबें अर्थात् तौरात, इनजील, ज़बूर और क़ुरान और अन्य धार्मिक पुस्तकें पैग़म्बरों की लिखी हुई हैं। उनको ख़ुदा की किताब नहीं कह सकते। वे कहते हैं कि जिबरील को पैग़ाम लाते किसी ने नहीं देखा और न ही किसी ने उनकी आवाज़ सुनी।

हाँ, पैग़म्बरों ने समाज के मार्गदर्शन के लिए जो सिद्धान्त और रास्ते उत्तम समझे, उनको दिखाने और बताने के लिए किताबें लिखीं।

हालाँकि अंग्रेज़ लोग क़ुरान और पैग़म्बर मोहम्मद में यक़ीन नहीं करते लेकिन वे उनके नियमों की प्रशंसा करते हैं। उनका कहना है कि 'अपने ज़माने में ज्ञान और विद्वत्ता के मामले में मोहम्मद सबसे आगे थे।' लेकिन इसके साथ ही वे उनके अन्दर एक गम्भीर ख़ामी पाते हैं कि 'उन्होंने ख़ून बहाया जो किसी पैग़म्बरी और दैवी उद्देश्य के ख़िलाफ़ है। अतीत में पैग़म्बरों ने गुमराह मानव जाति को सही रास्ता दिखाने के लिए चेतावनी और सलाह का सहारा लिया था और इस प्रक्रिया में लोग अपनी इच्छा से उनका धर्म अपना लेते थे। जो लोग इसका विरोध करते थे उन्हें उनके हाल पर छोड़ दिया जाता था और जिन लोगों ने पैग़म्बरों का उत्पीड़न किया उन्हें शाप मिला और उनको दंड देने का काम ईश्वर पर छोड़ दिया गया। लेकिन किसी भी सच्चे पैग़म्बर ने ख़ून नहीं बहाया।'

इस प्रकार की बातें कैप्टन स्विंटन ने एक दिन मुझसे कहीं, जिनका जवाब देते हुए मैंने कहा, "अल्लाह ने दुनिया के अनेक देशों में कई पैग़म्बरों को भेजा, लेकिन उनकी चेतावनियों और सलाहों ने हमेशा लोगों को उनके धर्म के प्रति आकर्षित

नहीं किया। इतना ही नहीं, बल्कि उन पैग़म्बरों को प्राय: उत्पीड़न झेलना पड़ा। पैग़म्बर मोहम्मद को भी इसी तरह के तजुर्बे से गुज़रना पड़ा था। उन्होंने इनायत, नेकी, सलाह, डाँट-फटकार, शराफ़त और रुझान—सबको आज़माया, लेकिन कोई फ़ायदा नहीं हुआ। लोगों पर इनका कोई असर नहीं पड़ा। इतना ही नहीं, बल्कि जल्दी ही उन्हें और उनके कुछ समर्थकों को अत्याचार और उत्पीड़न का शिकार होना पड़ा और वह भी उन्हीं के क़बीले के यानी मक्का के क़ुरैशी लोगों द्वारा। फिर उन्हें अपने साथियों के साथ मक्का छोड़कर मदीना जाना पड़ा। इन लोगों ने उन्हें मदीना में भी चैन से रहने नहीं दिया। उस समय अल्लाह की ओर से मुसलमानों को जिहाद (ज़ुल्म के ख़िलाफ़ लड़ाई) की अनुमति मिली। इस प्रकार शान्ति और सुरक्षा के उद्देश्य के लिए मुसलमानों ने मजबूर होकर युद्ध किया।

विलायत से वापस आने के बाद मैंने बर्दवान में एक बार जॉन ग्राहम को ऐसा ही जवाब दिया था। यह साहब लगातार मुंशी मीर सुदुरुद्दीन और मुंशी मीर सिराजुद्दीन नामक दो भाइयों से इस्लाम के बारे में बहस कर रहे थे। उनका कहना था कि मोहम्मद साहब कोई पैग़म्बर नहीं थे और उनके पास कोई चमत्कारिक ताक़त भी नहीं थी और ये दोनों मुंशी क़ायदे से न तो इसका खंडन कर पा रहे थे और न इसका जवाब ही दे पा रहे थे। एक शाम जब इसी तरह की बहस चल रही थी, जिसमें कुछ और साहब लोग भी मौजूद थे, जॉन ग्राहम हमारे पैग़म्बर का लगातार मज़ाक़ बना रहे थे और जब मैंने वहाँ प्रवेश किया तो उन्हें यह कहते हुए सुना कि 'मुसलमान लोग यह मानकर चलते हैं कि मोहम्मद साहब की हिमायत से वे जन्नत में पहुँच जाएँगे और दूसरे लोगों को जहन्नुम में भेज दिया जाएगा। यह बहुत बेकार की धारणा है। उन्होंने कबूतरों को पाल रखा था, जिन्हें उन्होंने छोड़ दिया और वे सारे एक पहाड़ी की तरफ़ उड़कर चले गए। जब लोगों ने पैग़म्बर से कोई चमत्कार दिखाने को कहा तो वह दोनों हाथों की मुट्ठी बनाकर पहाड़ी पर चढ़ गए और वह मुट्ठी एक कबूतर को दिखाने लगे। कबूतर को लगा कि उनकी मुट्ठियों में अनाज है तो वह उड़ता हुआ आया और उनके कन्धे पर बैठ गया। इसके बाद उन्होंने वहाँ इकट्ठी भीड़ को सम्बोधित करते हुए कहा—'देखो, मैं अल्लाह का पैग़म्बर हूँ क्योंकि उसके जीव मेरा आदेश मानते हैं।'

नोट : अंग्रेज़ों के बीच बहुत सारी ग़लत बातें मुहम्मद स.अ.व. के बारे में मशहूर थीं। उन्हीं ग़लत बातों और झूठों में से यह एक वाक़िया है जो

आपने अभी पढ़ा। पश्चिम के विद्वानों ने भी इस तरह की ग़लत बातों का खंडन किया है। प्रोफ़ेसर बेवन अपनी किताब Cambridge Madieval History में लिखते हैं—

'इस्लाम और मुहम्मद के सम्बन्ध में 19वीं सदी के आरम्भ के पूर्व यूरोप में जो पुस्तकें प्रकाशित हुई उनकी हैसियत केवल साहित्यिक कुतूहलों की रह गई है।'

इसी तरह थॉमस कारलायल ने कहा है कि 'इस व्यक्ति (मुहम्मद) पर झूठ का एक ढेर रख दिया गया है, वह वास्तव में तो हमारे लिए ही अपमानजनक है।'

इस बात पर दोनों मुंशी बहुत अपमानित हुए, लेकिन उन्होंने कोई जवाब नहीं दिया और बस क़ुरान तथा सुन्ना के महत्त्व को बताते हुए इतना ही कहा—"अल्लाह ने पवित्र क़ुरान में ऐलान किया है कि हज़रत मोहम्मद धरती पर आख़िरी पैग़म्बर और क़यामत के दिन इनसान की ओर से प्रमुख मध्यस्थ हैं। उन्होंने सूरज को पलटने के लिए, चन्द्रमा को दो टुकड़ों में बँटने के लिए और पेड़ों को ख़ुद-ब-ख़ुद चलने के लिए मजबूर किया। लेकिन अगर इस तरह के चमत्कारों से पवित्र क़ुरान और हमारी परम्पराओं के प्रति विश्वास के लिए कोई प्रेरित नहीं होता है तो हम आम तौर पर प्रचलित इस उक्ति को ही दोहरा सकते हैं कि अगर कोई क़ुरान से सहमत न हो और उसकी बातों को मानने के लिए तैयार न हो तो उसे कुछ भी कहने की ज़रूरत नहीं है।"

इस बात पर मिस्टर ग्राहम ने अपना सिर हिलाया और हँसते हुए कहा, "चूँकि मैं तुम्हारे क़ुरान और अन्य किताबों में यक़ीन नहीं रखता इसलिए तुम जो बातें कह रहे हो, उनसे मैं कैसे सहमत हो सकता हूँ?" इतना सुनकर मैंने बीच में दख़ल दिया और कहा कि अगर आप मुझे इजाज़त दें तो इस बारे में मैं भी कुछ कहना चाहूँगा। मुझे सुनकर सारे लोग मेरी ओर मुड़ गए और फिर मैंने अपनी बात जारी रखते हुए कहा, "मैंने न्यू टेस्टामेंट का अनुवाद पढ़ा है और उससे तथा इतिहास की अनेक किताबों से मुझे पता चला है कि अतीत में पैग़म्बरों द्वारा जो भी चमत्कार किए गए, उनसे प्रभावित होकर शायद ही किसी ने उनके धर्म को अपनाया हो। यह बात ख़ास तौर पर हज़रत ईसा के सन्दर्भ में सही है, जिन्होंने किसी भी पैग़म्बर के मुक़ाबले

ज़्यादा ही चमत्कार दिखाए। उन्होंने मरे हुए व्यक्ति को ज़िन्दा कर दिया, अन्धे की आँखों में रौशनी लौटा दी और कोढ़ तथा अन्य बीमारियों से लोगों को रोग मुक्त किया। फिर भी 12 धर्म प्रचारकों के अलावा मुट्ठी भर लोग थे जो उनमें यक़ीन करते थे। न्यू टेस्टामेंट से पता चलता है कि यहूदियों ने उनका उत्पीड़न किया और अन्त में उन्हें सूली पर चढ़ा दिया। हमारे पैग़म्बर ने भी कई चमत्कारों का प्रदर्शन किया और उनका अभी भी उत्पीड़न किया जा रहा है और अन्त में अल्लाह के आदेश पर अपने धर्म की रक्षा के लिए उन्हें युद्ध छेड़ने के लिए मजबूर होना पड़ा। इन सारी बातों से पता चलता है कि दुनिया में हमेशा कुछ दुष्ट और पापी लोग बसा करते हैं। यह बात हज़रत ईसा के समय, हज़रत मुहम्मद के समय और यहाँ तक कि आज के समय में भी सच है। अगर यहाँ बैठे घटिया लोगों में से कोई हमारे पैग़म्बर पर यक़ीन नहीं करता तो हम यह कहने के अलावा और कुछ नहीं कर सकते हैं कि अल्लाह ही क़यामत के दिन सारी चीज़ें दुरुस्त करेगा।"

मिस्टर ग्राहम ने मेरी बातें सुनकर बहुत अपमानित महसूस किया, लेकिन वह कुछ बोल नहीं सके। दोनों मुंशियों ने तुरन्त वहाँ से जाने की इजाज़त माँगी और मेरा हाथ पकड़कर वे मुझे भी अपने घर ले गए। उनके मन में मेरे लिए बहुत आदर भाव पैदा हो गया था और वे लगातार यही कहते रहे कि ऐसी दलील उनके दिमाग़ में कभी नहीं सूझ सकी थी। उन्होंने मुझसे कहा कि मैं उन्हें न्यू टेस्टामेंट का अनुवाद अपने पास से दे दूँ ताकि वे उसकी कुछ प्रतियाँ बनाकर रख लें और पढ़ सकें। उस दिन के बाद से धार्मिक मामलों में मिस्टर ग्राहम ने उन मुंशियों से कभी बहस नहीं की।

कैप्टन स्विंटन से बहस

एक दिन कैप्टन स्विंटन ने मुझसे कहा, "मुसलमान लोग इस बात में यक़ीन करते हैं कि सभी चीज़ें पहले से तय हैं और उनके अपने प्रयासों का कोई मतलब नहीं है। मैं मानता हूँ कि ऐसा सोचने के कुछ फ़ायदे भी हैं, लेकिन हमारे देश में इस बात पर ज़ोर दिया जाता है कि बुद्धिमानी के साथ अगर आप प्रयास करें तो वह भाग्य को पीछे छोड़ देगा। हम मानते हैं कि प्रतिभा और विवेक का इस्तेमाल करके कोई भी चीज़ हासिल की जा सकती है—बेशक लापरवाही की वजह से होने वाली ग़लतियों से हमारे प्रयास विफल हो सकते हैं। लेकिन तुम भारतीय लोग यह मानकर

चलते हो कि हर कोशिश की सफलता, चाहे वह बड़ी हो या छोटी, केवल भाग्य पर ही निर्भर करती है। अगर तुम्हारे हाथ से कोई प्लेट या बोतल गिरकर टूट जाती है तो तुम कहोगे कि यह तो पहले से तय था। मैं एक और उदाहरण देता हूँ। कोई ड्यूक जो सेना का नेतृत्व कर रहा है, वह बहुत बहादुर और लड़ाई की कला में बहुत निपुण है। वह अपने सैनिकों को अनुशासित करता है, उन्हें अच्छे से अच्छे हथियारों से लैस करता है और बड़ी आसानी से उस दुश्मन को हरा देता है जो संख्या में दुगुना होने के बावजूद ख़राब हथियारों और ग़लत प्रशिक्षण से लड़ रहा हो। तुम्हारे लोग कहेंगे कि उसे जो जीत मिली है, वह विधाता का वरदान है जबकि मैं इसे एकदम बकवास मानूँगा।"

मैंने जवाब दिया, "ईश्वर सर्वोच्च है, लेकिन अल्लाह ने मनुष्य को अन्य जीवों से श्रेष्ठ बनाया है और उसे समझदारी और बुद्धिमानी से लैस किया है। अल्लाह ने मनुष्य को आदेश किया है कि वह दुनियावी और दैवी गतिविधियों में आन्तरिक ताक़त का इस्तेमाल करे, लेकिन इसमें उसे कामयाबी मिलेगी या नहीं मिलेगी, यह इस बात पर निर्भर करता है कि पहले से क्या चीज़ तय की गई है? मिसाल के तौर पर, कोई किसान किसानी के सारे अच्छे नियमों का पालन करते हुए अपने खेत को जोतता है और बीज डालता है, लेकिन अगर विधाता की मर्ज़ी से बारिश नहीं होगी तो उसकी इन सारी कोशिशों का कोई फल नहीं मिलेगा। इसीलिए हम कहते हैं कि हर चीज़ भाग्य से निर्धारित होती है। लेकिन आपका यह कहना सही है कि हमारे लोग बहुत ज़्यादा भाग्यवादी हैं। वे हाथ बाँधकर बैठ जाते हैं और सोचते हैं कि सब कुछ भगवान कर देगा। यह ग़लत है क्योंकि क़ाबिलियत की पूर्व शर्त यह है कि इसका इस्तेमाल किया जाए।"

जब भी कैप्टन स्विंटन के यहाँ रात के खाने पर कुछ मेहमान आते, वे लोग किसी को भेजकर मुझे बुलवा लेते क्योंकि वे मुझसे मिलना चाहते थे और धर्म तथा सामाजिक आचार-विचार के बारे में मेरे विचार जानना चाहते थे। बग़ैर किसी अशिष्टता के मैं बताना चाहूँगा कि मेरे जवाबों से वे हमेशा बहुत सन्तुष्ट होते। एक दिन कई लोगों के साथ जनरल मुनरो और कैप्टन ओडरमन मौजूद थे। उन्होंने मुझसे कहा, "आप इस देश में एकदम अकेले हैं। क्यों नहीं आप अपने लिए कोई बीवी ढूँढ़ लेते?"

मैंने जवाब दिया, "दो वजहों से यहाँ मेरा शादी करना नामुमकिन है। पहली वजह तो यह कि अगर मैं किसी औरत को शादी के लिए पसन्द करूँगा तो वह

मुझे नहीं चाहेगी। दूसरे, अगर कोई औरत मुझे पसन्द भी कर ले तो मैं उसे शायद न पसन्द करूँ। मेरे कहने का मतलब यह है कि हालाँकि मैं ख़ुद को अपने देश के एक अच्छे परिवार का मानता हूँ, लेकिन अच्छे ख़ानदान की कोई अंग्रेज़ औरत दूसरे मज़हब के किसी विदेशी से शादी करना नहीं पसन्द कर सकती। इसी तरह कोई निम्न वर्ग की अंग्रेज़ औरत मुझसे शादी के लिए अगर राज़ी हो जाए तो मैं उससे शादी करना नहीं चाहूँगा।" इस जवाब से वे लोग बहुत ख़ुश हुए।

इसके बाद वे लोग मज़हब की ओर मुख़ातिब हुए और उन्होंने मुझसे कहा, "ईश्वर ने पहले आदम को और उसके साथ रहने के लिए बीवी हव्वा को पैदा किया। इससे हम यह कह सकते हैं कि एक विवाह की प्रथा ईश्वर की देन है। आपका मज़हब क्यों इस नियम के ख़िलाफ़ जाता है और चार-चार पत्नियों की इजाज़त देता है? इसके अलावा क्यों आपके पैग़म्बर ने ख़ुद तो नौ शादियाँ कीं, लेकिन अपने अनुयायियों को महज़ चार शादी की ही इजाज़त दी?"

मैंने जवाब दिया, "सर्वशक्तिमान ने औरत को पैदा किया ताकि वह मर्द को सहूलत और सुकून पहुँचाए और बीवी हव्वा को आदम की पत्नी बनाया। लेकिन जब आदम के वंशज बढ़ने लगे तो भगवान ने आदेश दिया कि अगर एक औरत से कोई मर्द ख़ुश नहीं रहता है तो वह एक और शादी कर सकता है। पैग़म्बर मोहम्मद ने हमें एक साथ चार औरतें रखने की इजाज़त दी। पाँच पर उन्होंने रोक लगाई। लेकिन अगर एक की मृत्यु हो जाए तो उसकी जगह पर हम एक और शादी कर सकते हैं। उनके इस आदेश की सम्मानित नज़ीर भी है। हज़रत इब्राहिम की दो पत्नियाँ थीं—बीवी सारा और बीवी हाजरा। हज़रत सोलोमन को 160 पत्नियाँ थीं। हज़रत दाउद (डेविड) ने उरिआ की पत्नी को अपना बनाने के लिए क़ानून और रीति-रिवाज का उल्लंघन किया। इसके अलावा, क्या आप ईमानदारी से कह सकते हैं कि जिनके पास महज़ एक पत्नी है, उन्होंने वास्तविक तौर पर या ज़ेहनी तौर पर कभी कोई व्यभिचार नहीं किया?"

फिर उन्होंने कहा, "ईश्वर ने अपनी अपार उदारता दिखाते हुए अपने सेवकों को शराब के रूप में एक महान उपहार दिया, लेकिन आपके पैग़म्बर ने इसके इस्तेमाल पर पाबन्दी लगाकर आपको इस नायाब तोहफ़े से महरूम कर दिया।"

मैंने कहा, "शराब अपने आप में अच्छी चीज़ है, लेकिन इसकी वजह से होने वाला नशा बुरा है क्योंकि इससे लोगों की बुद्धि काम नहीं करती और वे ईश्वर तक को भूल जाते हैं। इस सिलसिले में अल्लाह-ताला का हुक्म है कि अपनी मर्ज़ी

के मुताबिक़ खाओ और पियो, लेकिन तुम्हें मुझको एक मिनट के लिए भी नहीं भूलना चाहिए।"

उन्होंने इस पर एक जवाबी सवाल किया, "अगर कोई व्यक्ति सन्तुलित रूप से पीता है और अपना होश नहीं खोता तो वह अच्छा महसूस करेगा।"

इस दलील के जवाब में मैंने पलटकर कहा, "क्या आपमें से कोई यह याद कर के बताएगा जब उसने बिना नशे में आए कभी शराब पी हो?"

मेहमानों ने एक बार फिर मज़हब का ज़िक्र छेड़ दिया। उन्होंने कहा, "आप लोग यह मानते हैं कि अगर कोई आदमी अपने दिल में एक बार भी ईमानदारी के साथ मोहम्मद साहब को याद करते हुए बोले कि 'ला इलाहा इल्लाल्लाह मोहम्मदुर रसूल उल्लाह' (अल्लाह के अलावा कोई पूजनीय नहीं है और मोहम्मद साहब उनके पैग़म्बर हैं) तो उसे जन्नत में जगह मिलेगी और जिन्होंने ऐसा नहीं किया, वे जहन्नुम में जाएँगे। अब देखें तो मुसलमानों की तादाद तो काफ़ी कम है। वे केवल टर्की, सीरिया, फ़ारस, अरब और इंडिया में पाए जाते हैं। जो दूसरे धर्म के लोग हैं उनकी तादाद बहुत ज़्यादा है और फिर भी आप कहते हैं कि वे लोग जहन्नुम में जाएँगे। क्या आप यह कहना चाहते हैं कि ईश्वर ने अपने सेवकों को बस नर्क में जाकर जलने के लिए पैदा किया?"

मैंने जवाब दिया, "यक़ीनन, क्योंकि हमारा यह मानना है कि भले ही मुसलमानों की तादाद कम हो, पर जन्नत केवल उनके लिए ही बनाया गया है। दूसरे लोग तादाद में बहुत ज़्यादा हैं और इसी वजह से जन्नत के मुक़ाबले जहन्नुम चार गुना बड़ा है।"

मैंने अपनी बात जारी रखी और कहा, "हालाँकि सभी लोग अल्लाह के बन्दे हैं, पर उनमें से कुछ आज्ञाकारी, कुछ बुद्धिमान, कुछ ईमानदार, कुछ मूर्ख, कुछ चोर और कुछ ऐसे हैं, जिनका कोई दीन-ईमान नहीं है। न्यू टेस्टामेंट में हज़रत ईसा ने इस सिलसिले में एक कहानी सुनाई है। एक व्यक्ति था, जिसके तीन बेटे थे। एक दिन जब वह एक लम्बी यात्रा पर जाने वाला था तो उसने सोचा कि इन तीनों बेटों की प्रतिभा और ईमानदारी की जाँच की जाए और इस मक़सद को ध्यान में रखते हुए उसने अपने तीनों बेटों को एक-एक हज़ार रुपए दिए। बड़े बेटे ने अपने पैसे को ज़मीन में गाड़ दिया, जिसे कोई चोर खोदकर ले भागा। मँझले बेटे ने पैसा बैंक में जमा कर दिया और उसके ब्याज से अपना ख़र्च चलाया, लेकिन सबसे छोटे बेटे ने उस पैसे को व्यापार में लगाया जिससे वह पैसा दुगुना हो गया।

"यात्रा से वापस आने के बाद उस व्यक्ति ने अपने बेटों से जानना चाहा कि उन्होंने वे पैसे किस तरह ख़र्च किए? बड़े बेटे ने बताया कि किस तरह उसका पैसा चोरी हो गया। मँझले बेटे ने एक हज़ार रुपए वापस कर दिए और इस पर उसके पिता ने कहा, "तुम आधे बुद्धिमान हो" और उसे एक उपहार दिया। सबसे छोटे बेटे ने पिता को मूल एक हज़ार तो वापस ही किया, साथ में उस पर कमाया गया मुनाफ़ा भी उसे दिया। पिता यह देखकर बहुत ख़ुश हुआ और उसने कहा, "तुम बुद्धिमान भी हो और ईमानदार भी।" इसके बाद उसने अपनी जायदाद की देखरेख की ज़िम्मेदारी सबसे छोटे बेटे को सौंप दी।

"हज़रत ईसा ने इस कहानी की व्याख्या इस प्रकार की : ईश्वर ने कुछ ऐसे नियम बनाए हैं कि वह, जो मूल राशि का समूचा बचा लेता है, उसे वह सब मिल जाता है जिसका वह हक़दार है; जो कम बचा पाता है उसके हिस्से में कम ही आता है और जो कुछ भी नहीं बचा पाता है, वह अन्त में ख़ाली हाथ ही रह जाता है।

"मुसलमान लोग इस कहानी की इस प्रकार व्याख्या करते हैं : मूर्ख वे हैं जो अज्ञानी और अनाज्ञाकारी हैं। रुपया यहाँ आस्था का प्रतीक है और चोर शैतान का प्रतीक, जो मूर्खों और लापरवाह लोगों की आस्था को चुरा लेता है और फिर वे ईश्वर की कृपा से वंचित हो जाते हैं और उन्हें नर्क में जगह मिलती है। मँझला बेटा, जिसने ब्याज का इस्तेमाल किया, पाखंडियों का प्रतीक है जिनकी ईश्वर में आधी-अधूरी आस्था है, लेकिन वे ईश्वर के पैग़म्बरों को ढोंगी समझते हैं और इसलिए उनकी भी जगह नर्क में ही है। सबसे छोटा बेटा, जिसने अपनी निष्ठा और काम से अपने पिता को न केवल मूल धन लौटाया बल्कि मुनाफ़ा भी दिया, मुसलमानों का प्रतीक है क्योंकि ऐसे लोग अपने शब्द और विचार से ईश्वर के पालनकर्ता होने की तस्दीक़ करते हैं। वे ईश्वर पर पूरा भरोसा करते हैं और उसके नियमों से तथा पैग़म्बर के आदेशों से एक सूत भी इधर-उधर नहीं जाते। वे मानते हैं कि यह संसार नश्वर है और स्वर्ग में स्थायी जगह पाने की उम्मीद में वे हर तरह की दिक़्क़तों और तकलीफ़ों को झेलते हुए एक कठिन और किफ़ायतमन्द ज़िन्दगी गुज़ारते हैं। वे कहते हैं कि इस दुनिया में भविष्य के बीज डाल दिए गए हैं। जैसा कि अरबी की इस कहावत में कहा गया है—'यह दुनिया भविष्यकाल का मैदान है।' यक़ीनन, बग़ैर किसी शक-शुबहे के उन लोगों को जन्नत नसीब होगी।

"मुसलमान लोग दुनियावी धन-दौलत को बेकार की चीज़ मानते हैं और उन्हें अपनी मिसाल नहीं मानते जो पैसा जुटाने के लिए दिन-रात भागते फिरते हैं और

जिन्हें समृद्धि के आनन्द के अलावा और कुछ नहीं मिलता। इस तरह के लोगों का स्वर्ग पृथ्वी पर है और उनके लिए जन्नत में जाने की कोई उम्मीद नहीं है।

"इनसान की ज़िन्दगी में सुख और दु:ख एक-दूसरे से घुले-मिले हैं। सुख के बाद दु:ख और दु:ख के बाद सुख आता है। न तो दु:ख हमेशा टिका रहता है और न सुख ही बराबर बना रहता है। इसलिए वे मुसलमान, जो धन-दौलत को धिक्कारते हैं और अपने विश्वास की वजह से तकलीफ़ों का सामना करते हैं, आख़िर में जन्नत में सही मायने में सब कुछ पा लेते हैं, जबकि दुनियावी ऐशो-आराम में डूबे लोग जल्दी ही दर्द और तकलीफ़ की गिरफ़्त में पड़ जाते हैं।"

अंग्रेज़ों की राजनीति

इंग्लैंड एक मामूली देश हुआ करता था, जिसमें सात स्वतंत्र राजा साथ-साथ शासन करते थे। यहाँ तक कि आयरलैंड और स्कॉटलैंड के इसमें जुड़ जाने के बाद भी समूचा राज्य बंगाल के दुगुने आकार से भी कम था।

मुझे पता चला कि फ्रांस में समुद्र तट से लगा एक इलाक़ा है जहाँ के बाशिन्दे अपने तौर-तरीक़ों और रीति-रिवाजों में अन्य फ्रांसीसियों से अलग हैं। इस इलाक़े के एक महत्त्वाकांक्षी और शक्तिशाली राजा ने बड़ी सेना लेकर इंग्लैंड पर हमला किया और इंग्लैंड के छोटे-छोटे राज्यों को जीत लिया और आयरलैंड के साथ इसको मिलाकर एक बड़ा साम्राज्य बना दिया। इस राजा ने अपने न्याय और निष्पक्षता के ज़रिए इंग्लैंड के आम लोगों और वहाँ के कुलीन लोगों, दोनों का दिल जीत लिया। वह वहाँ की जनता के साथ घुल-मिल गया और उनके तौर-तरीक़ों को अपना लिया। अंग्रेज़ों ने अपने को बहुत ख़ुशक़िस्मत समझा कि उन्हें इतना न्यायप्रिय और शक्तिशाली राजा मिला और फिर उसके प्रति अपनी पूरी वफ़ादारी सौंप दी। कुछ वर्षों के बाद इस ख़ुशक़िस्मत राजा ने एक बहुत बड़ी सेना बनाई और फ्रांस पर विजय हासिल कर ली, लेकिन फ्रांस के लोगों के विनम्र निवेदन पर उसने एक शान्ति समझौता किया और फ्रांस के राजा को उसकी गद्दी वापस लौटा दी। लेकिन इंग्लैंड वापस आने पर उसने अपने नाम से फ्रांस के सिक्के जारी किए। उसके बाद से ही इंग्लैंड का हर सम्राट इंग्लैंड, फ्रांस, हॉलैंड और स्कॉटलैंड पर अपनी सम्प्रभुता मानता है और इसी के अनुसार उसने सिक्के भी जारी कर दिए।

कई वर्षों से लेकर अब तक विलियम के वंशजों ने इंग्लैंड पर शासन किया। इनमें से एक का नाम जॉर्ज है। अभी जो सम्राट हैं उनका नाम जॉर्ज-3 है। वह लगभग साठ वर्ष की आयु के हैं। फ्रांस और इंग्लैंड के बीच जो दुश्मनी है, उसकी असली वजह फ्रांस पर इंग्लैंड के सम्राट की अपनी सम्प्रभुता का दावा है। फ्रांसीसियों के

अन्दर ज़बर्दस्त इच्छा है कि वे इंग्लैंड को एक बार हराएँ और उनके सिक्कों पर जो इंग्लैंड की शाही मुहर लगी है, उसकी वजह से अब तक झेल रहे बदनामी से उन्हें मुक्ति मिले। ऐसा हो जाए तो उसके बाद वे एक सम्मानजनक शान्ति हासिल कर सकते हैं, लेकिन आज तक यानी 1780 ईसवी तक उनकी यह इच्छा पूरी नहीं हुई। आगे क्या होगा, यह तो अल्लाह ही जानता है।

किंग जॉर्ज-3 जो अभी इंग्लैंड के राजा हैं, उन्हें एक बुद्धिमान और बहादुर सम्राट के रूप में जाना जाता है। जब इस लेखक ने उन्हें देखा तो पाया कि उनका डीलडौल काफ़ी आकर्षक है और उनकी आयु पचास वर्ष के आसपास है। उनकी पत्नी यानी महारानी भी काफ़ी सुन्दर हैं, हालाँकि डील-डौल में वह दुबली-पतली हैं। वह डेनमार्क के राजा की बहन हैं। ब्रिटिश राजघराने का नियम है कि वहाँ के राजा यूरोप के अन्य राजघरानों में शादी करते हैं। इस शादी की वजह से इंग्लैंड और डेनमार्क के सम्बन्ध बहुत मधुर हैं। जिन दिनों मैं इंग्लैंड में था, शाही दम्पती के बारह बच्चे थे। मुझे पता चला कि बाद में उनके कुल बच्चों की संख्या 19 हो गई।

देश का प्रशासन इतने निष्पक्ष और न्यायपूर्ण ढंग से होता है कि राजा के ताज के प्रति लोगों की पूरी निष्ठा है और किसी तरह का विरोध नहीं दिखाई देता। अगर कोई राजा बुद्धिमान और न्यायप्रिय है और अगर उसके तथा युवराजों और अमीर उमरा लोगों के बीच कोई मतभेद नहीं है तो उसे अपनी प्रजा की पूरी-पूरी वफ़ादारी मिलती है और इस क्रम में समूचा देश एकजुट और अनुशासित रहता है, लेकिन अगर राजा अत्याचारी है और उसे अपनी प्रजा का विश्वास नहीं प्राप्त है तो शाही अधिकारियों के बीच भी मनमुटाव रहता है, भले ही वह राज्य कितना भी समृद्ध क्यों न हो। नतीजा यह होता है कि उस राज्य का पतन शुरू हो जाता है, वह काले दिनों की चपेट में आ जाता है, प्रजा कष्ट उठाने लगती है और चारों तरफ़ अराजकता का वातावरण पैदा हो जाता है। आज का भारत इसका ज़बर्दस्त उदाहरण है।

प्रशासन के मामले में इंग्लैंड का राजा उस हद तक स्वतंत्र नहीं है, जितनी स्वतंत्रता भारत में महान मुग़लों को प्राप्त है। इंग्लैंड का राजा राज्य के सभी मामलों में अपने मंत्रियों और कुलीन लोगों से सलाह-मशविरा किए बग़ैर कुछ नहीं कर सकता। सलाह देने वालों में मध्य वर्ग के भी कुछ चुने हुए लोग होते हैं। अगर भारत की तरह सत्ताधारी वर्ग के बीच कोई विवाद होता है तो सम्पत्ति और शासन, दोनों से हाथ धोना पड़ सकता है, जैसाकि इन पंक्तियों में कहा गया है :

एकता पैदा करती है समृद्धि
फूट पैदा करती है ग़रीबी
जिन राजाओं ने मंत्रियों को नहीं सुना
खोना पड़ा उन्हें सम्मान और आज़ादी।

प्रशासन को चलाने के लिए चार विभाग होते हैं। पहला है न्यायपालिका, जो क़ानून से सम्बन्धित सभी मामलों के लिए ज़िम्मेदार है। दूसरा विभाग है नौकरशाही, जो टैक्स वसूलने, हिसाब-किताब रखने, राज्य के ख़ज़ाने की ज़िम्मेदारी सँभालने, सरकार के विभिन्न दफ़्तरों के कामकाज को देखने और राज्य द्वारा किए जाने वाले ख़र्चे पर निगरानी रखने के लिए ज़िम्मेदार है। तीसरे विभाग के अन्तर्गत वफ़ादार सलाहकारों का एक समूह होता है, जिसमें कुलीन परिवारों के सदस्य होते हैं और चौथा सैनिक कमांडरों का समूह है, जिनके ज़िम्मे देश की हिफ़ाज़त है। ये लोग पैदल सेना, नौसेना, जंगी बेड़ों तथा सेना से सम्बन्धित सारे मामलों की ज़िम्मेदारी सँभालते हैं। सभी प्रशासनिक और वित्तीय मामलों में इन चारों विभागों के पास भरपूर अधिकार हैं। अगर किसी देश के साथ युद्ध की घोषणा करनी होती है या शान्ति स्थापित करनी होती है तो इस तीसरे विभाग की सिफ़ारिशें ही सर्वोपरि होती हैं। इसकी सिफ़ारिशों के आधार पर ही राजा फ़रमान जारी कर सकता है। जनता के पास भी यह अधिकार है कि वह किसी राजा को नियुक्त करे या उसे गद्दी से हटा दे या ज़रूरी हो तो उसके अधिकारों में कमी कर दे। उनका कहना है कि 'राजा बस प्रजा का संरक्षक है, जिसकी नियुक्ति इसलिए की गई है ताकि वह देश के अभिभावक के रूप में काम करे। अगर वह हम लोगों का ध्यान रखता है तो हम उसके आदेशों का पालन करेंगे। लेकिन अगर वह अत्याचारी, स्वार्थी, अज्ञानी, असंवेदनशील या अनैतिक है तो हमारा कर्तव्य है कि हम उसे हटा दें।'

"अगर कभी ऐसा होता है तो शाही परिवार से किसी और व्यक्ति को चुनकर राजा बना दिया जाता है। अगर यह भी सम्भव नहीं है तो कुलीन लोगों में से बुद्धि, साहस और महानता जैसे गुणों को ध्यान में रखते हुए किसी को गद्दी पर बिठा दिया जाता है और सभी लोग उसके प्रति अपनी वफ़ादारी का इज़हार करते हैं। अगर उसके शाही आदेश और शाही घोषणाएँ न्याय और क़ानून की कसौटी पर खरी उतरती हैं और प्रजा की इच्छा के अनुरूप हैं तो उनका पालन किया जाता है, लेकिन अगर राजा के आदेश नागरिकों के हितों के ख़िलाफ़ हैं, वैसी हालत में

कमज़ोर से कमज़ोर आदमी उसके मुँह के सामने ही कहेगा, सर, मैं आपकी सत्ता को नहीं मानता।"

राजा की मृत्यु के बाद राजा का सबसे बड़ा बेटा गद्दी पर बैठता है, बशर्ते वह राज्य का शासन सँभालने के योग्य हो। अगर ऐसा नहीं हुआ तो बाद के बेटों में जो सबसे योग्य माना जाता है, उसे चुनकर गद्दी पर बैठा देते हैं। अगर राजा की मृत्यु हो जाती है और उसकी कोई सन्तान नहीं है तो या तो पुराने शाही परिवार के किसी राजकुमार को या कुलीन तंत्र के किसी महत्त्वपूर्ण व्यक्ति को राजा बनाने के लिए चुना जाता है और फिर उसे चर्च में इस पद की शपथ दिलाई जाती है। जिस दिन राज्यारोहण होता है, उस दिन समूचे राज्य में धनी और ग़रीब, सभी लोग समान रूप से ख़ुशी मनाते हैं, लेकिन अगर यह राजा सत्ता के मद में चूर हो गया और अपनी शपथ को भूलकर प्रजा को सताने लगा तो देश के प्रमुख नागरिक जनता के समर्थन से उसको गद्दी से हटाने की कार्रवाई शुरू कर देते हैं और किसी अन्य योग्य व्यक्ति को उसकी जगह पर गद्दी दे देते हैं। इन शर्तों की वजह से कोई भी राजा न्याय का पालन करता है और अपनी प्रजा के प्रति अच्छा रवैया अख़्तियार करता है, जिसकी वजह से अनुशासनहीनता और अराजकता का ख़तरा लगभग नहीं के बराबर होता है। इन कारणों से अन्य देशों के मुक़ाबले यहाँ पर स्थिरता और प्रगति ज़्यादा दिखाई देती है। न्यायशास्त्र में जो लोग विशेषज्ञ हैं, उनका कहना है कि शासन की ब्रिटिश प्रणाली दुनिया में सबसे अच्छी है। उनका यह भी कहना है कि जिन देशों में सम्राटों ने मनमाने ढंग से शासन किया और वहाँ की जनता को कष्ट उठाना पड़ा, वे देश जल्द ही ध्वस्त हो गए। अगर इस तरह के राज्य का सम्राट एक कुशल प्रशासक है तो वह अपने बेटे को सत्ता सौंप सकता है। कभी-कभी ऐसा भी होता है कि इस नए राजा के भाइयों के बीच सत्ता का ख़ूनी संघर्ष शुरू हो जाता है। ऐसा होने पर राजा की मृत्यु के बाद जो भी सत्ता पर क़ब्ज़ा करता है, वह अपने प्रतिद्वन्द्वियों को या तो मौत के घाट उतार देता है या उन्हें जेल में डाल देता है। कभी-कभी ऐसा भी हुआ है कि सत्ता पलट के डर से पिता ने अपने बेटों की हत्या करवा दी और किसी बेटे ने अपने पिता की हत्या कर दी।

राजा के मंत्रिमंडल में अगर कोई मक्कार और धूर्त मंत्री हो तो वह राजा के प्रभाव को कम कर सकता है और शासन को बदनामी दे सकता है। वह राजा को हटा भी सकता है और अपनी पसन्द के किसी व्यक्ति को गद्दी पर बिठा सकता है या राजा को अन्धा कर उसे जेल में डाल सकता है। ग़ाज़िउद्दीन ख़ान, अहमद

शाह, बादशाह आलमग़ीर-2 और मौजूदा बादशाह शाह आलम के सिलसिले में जो तजुर्बे हुए हैं, उनसे मेरी इन बातों को बल मिलता है। इसके विपरीत इंग्लैंड में जहाँ सभी क़ानून जनता की मर्ज़ी से बनाए जाते हैं, इस तरह की घटनाओं के लिए कोई जगह नहीं होती। अंग्रेज़ों की राजनीतिक प्रणाली की ख़ासियत यह है कि अगर मंत्रियों से भी वैसी ग़लती होती है जो प्रायः मनुष्यों से हो जाया करती है तो राजनीति को उतना नुक़सान नहीं पहुँचता कि उसे दुरुस्त न किया जा सके। बेशक, राजनीति में सबसे बड़ी बात यह है कि अल्लाह की मर्ज़ी क्या है? तो भी इनसान का कर्तव्य है कि वह एक स्वस्थ राजनीति की बुनियादी शर्तों को बनाए रखने में मदद करे। इस मामले में एकता, दूरदर्शिता और सतर्कता की अनदेखी नहीं की जा सकती।

इंग्लैंड में हर व्यक्ति स्वतंत्र है। कोई भी व्यक्ति दूसरे पर शासन नहीं कर सकता और मालिक और ग़ुलाम जैसी कोई चीज़ नहीं होती। दूसरे देशों में यह बात नहीं है—इन देशों में सारे लोग राजा के ग़ुलाम होते हैं। इंग्लैंड में कोई छोटा हो या बड़ा, हर व्यक्ति 'ग़ुलाम' शब्द को अपमानजनक समझता है। यहाँ के लोगों का कहना है, "हम एक व्यक्ति को राजा कहते हैं क्योंकि राजा के बिना सरकार नहीं चल सकती और इसीलिए हमने अपने ऊपर एक शासक को नियुक्त किया है, लेकिन इस शासन में हम सभी लोगों की ज़िम्मेदारी है। दुश्मनों से संघर्ष के दौरान शासन की प्रतिष्ठा को बनाए रखने के लिए हम लोग अपनी जानें दे सकते हैं, लेकिन कोई दास है, ऐसा नहीं कह सकते। इन सबके बावजूद राजा को सम्मान और आदर देने में हम एक इंच भी इधर-उधर नहीं होते और इसी प्रकार महामहिम भी अपनी प्रजा के प्रति उचित सम्मान प्रदर्शित करते हुए बहुत सौम्य तरीक़े से शासन करते हैं।"

शाही दरबार में राजा की मौजूदगी सिर पर ताज के साथ होती है, जबकि अन्य दरबारी एक-एक कर आते हैं और सम्मान में नंगे सिर आकर घुटने के बल बैठकर आदर प्रकट करते हैं। ऐसा हो जाने के बाद राजा रत्नों से जड़े अपने सिंहासन पर बैठता है और उसके भाई और बेटे उसके अगल-बग़ल थोड़े नीचे स्थान पर बैठते हैं। थोड़ी दूरी पर पदों के अनुसार अमीर, लॉर्ड, जनरल और कर्नल बैठते हैं। अगर राजा किसी देश के साथ युद्ध छेड़ना ज़रूरी समझता है तो वह प्रमुख लोगों की एक मजलिस बुलाता है और वे राजा के सामने आकर नंगे सिर खड़े होते हैं। इसके बाद राजा अपील करता है : "हमारे सामने एक संकट मौजूद हो गया है। अगर आप लोग इसकी नज़ाकत को समझ रहे हैं और हमारी सम्प्रभुता तथा देश

की शान को बनाए रखना चाहते हैं तो हमारी मदद करिए।" यह सुनने के बाद मजलिस में मौजूद लोग एक स्वर से जवाब देते हैं : "हम आपके प्रति अपनी पूरी वफ़ादारी का इज़हार कर रहे हैं और दुश्मन को हराने के लिए हम कोई भी क़ुर्बानी देने को तैयार हैं।" लेकिन अगर कोई राजा उद्दंदडतापूर्वक आदेश दे कि 'जाओ और लड़ो' तो वह मजलिस बड़े अदब से जवाब देगी कि 'हम लोग आपके ग़ुलाम नहीं हैं—आप जाइए और ख़ुद लड़िए।'

सेना

सेना और नौसेना के अफ़सरों को तरतीब से अलग-अलग पदों के अधीन रखा जाता है। मसलन, सार्जेंट, लेफ्टिनेंट, कैप्टन, मेजर, कर्नल, लॉर्ड, ड्यूक और अन्त में ख़ुद राजा। हर यूनिट के पास तीन अफ़सर होते हैं ताकि अगर किसी कमांडिंग ऑफ़िसर की लड़ाई में मौत हो जाती है या वह अक्षम हो जाता है तो वरिष्ठता क्रम में जो अगला अफ़सर है, वह सेना की कमान सँभाल ले। अंग्रेज़ सैनिकों के लिए उनके कमांडर का आदेश ईश्वर के आदेश जैसा होता है और वे उसका अक्षरश: पालन करते हैं। आदेश के पालन में अगर किसी ने थोड़ी भी कोताही की तो उसे माफ़ नहीं किया जाता और दंडित किया जाता है।

देशभर में फैले अनेक कैंटोनमेंट्स में पैदल सेना और तोपख़ाना दोनों के सैनिक कमांडरों के निर्देश के अनुसार सैनिक अभ्यास करते हैं। इन अभ्यासों में घुड़सवारी, हथियारों का प्रशिक्षण तथा बन्दूक़ चलाने की ट्रेनिंग दी जाती है। भारत की ही तरह यहाँ के कमांडर भी मुख्य रूप से राजा और उनकी सरकार के आदेशों का पालन करते हैं। हर कमांडर के साथ धावकों का एक दस्ता जुड़ा रहता है, जिसमें कमांडर के रैंक के अनुसार एक से लेकर बारह लोग होते हैं और इनका मुख्य काम कमांडर और सैनिकों के बीच आदेशों और सन्देशों को पहुँचाना होता है। राजा के महल की पहरेदारी के लिए पचास घुड़सवारों और पैदल सैनिकों की एक सेना तैनात रहती है।

शान्ति के समय ये अफ़सर आम तौर पर अपने घरों में रहते हैं और अपने निजी कामों में व्यस्त रहते हैं, लेकिन युद्ध का पहला संकेत मिलते ही वे अपने-अपने केन्द्रों की तरफ़ दौड़ पड़ते हैं और लड़ाई की तैयारी में लग जाते हैं। हर इतवार को वे शाही दरबार में हाज़िरी देकर अपना वेतन इकट्ठा करते हैं। इन लोगों को

अपने निजी कामों से विदेश जाने की अनुमति नहीं होती क्योंकि अगर अचानक कोई युद्ध छिड़ गया तो उन्हें एक-दो दिनों के अन्दर ही ड्यूटी पर आना पड़ता है। ऐसी आपात स्थिति में अगर कोई व्यक्ति ड्यूटी पर आने में हिचकिचाहट दिखाता है तो उसे गिरफ़्तार कर सज़ा दी जाती है, भले ही वह कितना भी बड़ा अफ़सर क्यों न हो।

शाही सेना के सैनिकों का बड़ी सावधानी के साथ चुनाव किया जाता है और उन्हें भरपूर प्रशिक्षण दिया जाता है। इन सैनिकों का डील-डौल और इनकी क़द-काठी बहुत अच्छी होनी चाहिए। ये लोग एक ही रंग के कपड़े पहनते हैं और ड्रिल तथा मार्शल आर्ट में निपुण होते हैं। घुड़सवार रेजिमेंट में सात सौ घोड़े होते हैं और इनकी पहचान रंगों से होती है। इस प्रकार कोई रेजिमेंट काले घोड़ों की होगी तो कोई सफ़ेद घोड़ों की या भूरे रंग के घोड़ों की। इन कारणों की वजह से जब ये रेजिमेंट अभ्यास करती हैं तो बहुत सुन्दर दृश्य उपस्थित होता है। मुझे दो मौक़ों पर यह दृश्य देखने का अवसर मिला—एक बार लन्दन में और एक बार स्कॉटलैंड में। जो भी सैनिक हैं, उन्हें खाने-पीने का सामान और वर्दी सरकार की ओर से दी जाती है। इसके साथ ही इन्हें प्रतिमाह आठ रुपए भी मिलते हैं।

मुझे बताया गया कि फ्रांस के साथ जब पहली लड़ाई हुई तो अंग्रेज़ी सेना में पैदल सैनिकों और घुड़सवारों को लेकर कुल डेढ़ लाख लोग थे। इनमें नाविक और मरीन के लोग भी थे। जिस समय मैं विलायत में था, विलायत की सरकार के पास अलग-अलग आकार के डेढ़ सौ युद्धपोत थे, जो हमेशा लड़ाई के लिए तैयार रहते थे। इनमें से एक युद्धपोत राजा के नाम पर था, जिसमें एक सौ साठ बन्दूक़ें थीं और दूसरा युद्धपोत रानी के नाम पर था और इसमें एक सौ पचास बन्दूक़ें थीं। इन दोनों युद्धपोतों की काफ़ी ख्याति थी क्योंकि यूरोप की जो नौसेनाएँ हैं, उनमें से किसी के पास इस तरह के युद्धपोत नहीं थे। अंग्रेज़ लोग बड़े और मज़बूत युद्धपोतों के निर्माण को विशेष महत्त्व देते हैं और नौसैनिक युद्ध के मामले में यूरोप के अन्य देशों के मुक़ाबले वे काफ़ी आगे हैं। इसके लिए उनके अन्दर एक सहज प्रतिभा है। मुझे बताया गया कि अभी उनके पास पाँच सौ युद्धपोत हैं जो पूरी तरह हमेशा तैयार रहते हैं। इनकी नौसेना इतनी विशाल है और सेना हथियारों से इस क़दर लैस है कि फ़िरंगी राष्ट्रों की कोई अन्य सेना इन पर विजय हासिल नहीं कर सकती। वे कहते हैं कि इंग्लैंड द्वीप में बना एक क़िला है। युद्ध के दिनों में इनके सैकड़ों युद्धपोत पूरी तरह तैयार रहते हैं और पानी की तरफ़ से इन्हें पूरा सुरक्षा देते हैं। शान्ति के दिनों में ये समुद्र में खड़े रहते हैं, लेकिन इनकी सुरक्षा का

भरपूर इन्तज़ाम भी रहता है। जैसे ही लड़ाई का पहला संकेत मिलता है, इन्हें सारे सामानों से लैस करके समुद्र की ओर छोड़ दिया जाता है।

सारी दुनिया में सैनिक मामलों में बहादुरी और कौशल के लिए अंग्रेज़ मशहूर हैं। इनके बहुत सारे सैनिक क़ायदे-क़ानून अन्य देशों से भिन्न हैं। इनमें से एक क़ानून यह है कि अगर किसी अफ़सर के आदेश की थोड़ी भी अवमानना की गई तो या तो उसे मौत की सज़ा मिलती है या बहुत अपमानजनक ढंग से नौकरी से हाथ धोना पड़ता है और इसके बाद उसे फिर कहीं सेना में नौकरी नहीं मिलती। एक और नियम के मुताबिक़, अगर कोई लड़ाई के मैदान से भाग जाता है तो यह भी बहुत बड़ा अपराध है और इसकी भी सज़ा मौत है। ऐसा अपराधी बूढ़ा हो, किसी कुलीन घराने का हो या राजकुमार ही क्यों न हो—उसे रियायत नहीं मिलती। तादाद में दुश्मन दुगुना हो तो भी पीछे हटने की सज़ा मौत है। कमांडर यह तय करता है कि कब कौन सा क़दम उठाना है ताकि सैनिकों का मनोबल न टूटे और वे अनुशासनहीन न बनें। अगर पीछे हटने का निर्णय लिया जाता है तो इसका मक़सद होता है कि हम कम-से-कम नुक़सान उठा सकें और रणनीतिक तौर पर ऐसी पोज़ीशन लें ताकि दुश्मन को मात दे सकें। अगर पीछे हटना मुमकिन न हो और सेना पूरी तरह दुश्मनों से घिर गई हो जिनकी संख्या बहुत ज़्यादा हो तो सैनिकों से यह उम्मीद की जाती है कि वे किसी वीर की तरह लड़ते हुए अपनी जान दे देंगे। संख्या में अधिक दुश्मनों की सेना के ख़िलाफ़ अगर जीत हासिल होती है तो ऐसी हालत में उपयुक्त पदोन्नति और पुरस्कार दिए जाते हैं।

सेना के एक और नियम के अनुसार दुश्मन के इलाक़े में जो कुछ भी लूटा जाता है, वह चाहे लाखों में हो या करोड़ों में, उसका बँटवारा सैनिकों और अफ़सरों के बीच उनके पदों के अनुसार किया जाता है। यह परम्परा यूरोप तथा अन्य देशों में प्रचलित परम्परा के विपरीत है। मिसाल के तौर पर, फ़्रांस और पुर्तगाल में लूट का एक चौथाई हिस्सा सैनिकों को दिया जाता है और बाक़ी शाही ख़ज़ाने में जमा होता है। अंग्रेज़ी सेना ने इस परम्परा की शुरुआत इसलिए की ताकि सैनिकों को लगे कि उन्हें भी कुछ लाभ मिल रहा है और वे और भी ज़्यादा बहादुरी से लड़ सकें। अफ़सरों तथा सामान्य सैनिकों को चुस्त रखने में इस नीति ने काफ़ी असर दिखाया है।

अंग्रेज़ लोग आत्मप्रशंसा से बचते हैं और अपनी बहादुरी का बखान करना अपमानजनक मानते हैं। अगर आप किसी अफ़सर से, जिसने लड़ाई में बहुत नाम

कमाया हो, उसके अनुभवों के बारे में पूछेंगे तो वह महज़ कुछ तथ्यों की ही जानकारी देगा। अगर कोई दूसरा व्यक्ति उसकी मौजूदगी में उसकी तारीफ़ कर रहा हो तो वह चुपचाप अपने पैरों की ओर देखने लगेगा और ख़ामोश बैठ जाएगा। वैसे भी आमतौर पर अंग्रेज़ों की यह आदत है कि वे अपने सामने अपनी प्रशंसा सुनकर ख़ुश नहीं होते बल्कि कभी-कभी तो चिढ़ भी जाते हैं। उनका मानना है कि जो लोग अपने अहम के बारे में बहुत बोलते हैं वे कायर होते हैं और कुछ चापलूस और झूठे लोग हैं जो उनकी तारीफ़ करते रहते हैं। यही वजह है कि उनके बीच चापलूसी भरी बातें असामान्य हैं।

हर जगह समझदार लोग घमंडियों और चापलूसों को नापसन्द करते हैं तो भी भारत में और ख़ास तौर पर दिल्ली में रहने वाले सिपाही और अधिकारी यह समझते हैं कि अगर अपनी बड़ाई और चापलूसी की जाए तो इसका फ़ायदा मिलता है। इस प्रकार अगर कोई व्यक्ति बड़ी मुश्किल से किसी लोमड़ी को मारने में कामयाब होता है तो वह चिल्ला-चिल्लाकर यही बताना चाहेगा कि उसने किसी शेर को मार दिया है। वह अपनी मूँछें ऐंठता फिरेगा और घमंड से फूल कर कुप्पा हो जाएगा, जैसे उसने कोई बहुत बड़ा काम कर दिया हो। अपने इस काम के मुक़ाबले दूसरों के काम को ऐसे ख़ारिज करेगा जैसे वही सबसे बड़ा रुस्तम हो।

राजस्व के मामले

इंग्लैंड में टैक्स और लगान वसूलने वाले दबाव डालकर काम नहीं करते जबकि बंगाल में ऐसा नहीं होता। ईस्ट इंडिया कम्पनी ने जब से टैक्स वसूली की ब्रिटिश प्रणाली की शुरुआत की है, बंगाल के ज़मींदारों को भू-राजस्व का भुगतान करने को लेकर अब कोई चिन्ता नहीं है। इंग्लैंड में जो काश्तकार हैं वे किसी सम्मन का इन्तज़ार नहीं करते और न इस इन्तज़ार में रहते हैं कि कोई उनके यहाँ टैक्स वसूलने आए बल्कि वो अपने आप ही ज़मींदार के यहाँ जाते हैं और दो क़िस्तों में सालाना लगान का भुगतान कर देते हैं। हर काश्तकार से ज़मींदार को जो लगान मिलता है और उसके बदले सरकार को वह जिस राजस्व का भुगतान करता है, उनकी राशियाँ पहले से तय हैं। निर्धारित राशि से अधिक वसूलने की अगर किसी ने कोशिश की तो इससे काश्तकारों के अन्दर विद्रोह पैदा हो जाता है। अगर अकाल की स्थिति हो, फ़सल पैदा न हुई हो तो लगान का एक हिस्सा माफ़ कर दिया

जाता है। दूसरी तरफ़, युद्ध की स्थिति में लगान और राजस्व, दोनों की राशि दुगुनी कर दी जाती है, लेकिन जैसे ही युद्ध समाप्त होता है और शान्ति स्थापित होती है, पुरानी दरें फिर लागू हो जाती हैं।

भारत के मुक़ाबले विलायत में ज़मीन का रक़बा काफ़ी कम है। इसके अलावा ज़मीन से मिलने वाले राजस्व की राशि भी व्यापार तथा अन्य साधनों से मिलने वाले टैक्स के मुक़ाबले बहुत कम होती है। मकानों पर जो टैक्स लगाया जाता है, वह इस हिसाब से होता है कि उस मकान में कितने दरवाज़े, खिड़कियाँ, कमरे, फ़र्श, बालकनी इत्यादि हैं और मकान मालिक के पास कितनी गाड़ियाँ हैं। यह सिद्धान्त किसी और देश में नहीं लागू है। इमारतों और सड़कों की मरम्मत के लिए अलग से टैक्स अथवा शुल्क लिया जाता है।

जब युद्ध छिड़ता है तो इसका ख़र्च उठाने के लिए कम-से-कम 25 करोड़ रुपए टैक्स के रूप में इकट्ठा किए जाते हैं। इसमें से केवल 50 लाख की राशि भू-राजस्व से आती है और बाक़ी पैसों का इन्तज़ाम दूसरे तरह के करों से किया जाता है। युद्ध को ख़र्च के लिहाज से एक भारी बोझ समझा जाता है। हाल के दिनों में अमेरिकी युद्ध और फ्रांस, स्पेन तथा अन्य देशों के साथ जो युद्ध हुए, उनमें 129 करोड़, 70 लाख, 18 हज़ार 707 रुपयों का ख़र्च हुआ, जिसमें से ढाई करोड़ छोड़कर सारे पैसे सरकारी खज़ाने से लिए गए थे।

न्यायपालिका

अंग्रेज़ों की न्यायप्रणाली में, जिसे हाल के दिनों में बंगाल में भी शुरू किया गया है, जब कोई सिविल या फ़ौजदारी जैसा विवाद पैदा होता है, वादी और प्रतिवादी, दोनों को पेशेवर वकीलों के साथ अदालत में पेश होना पड़ता है ताकि वे अपने-अपने पक्ष में बहस कर सकें। यह मुक़दमा महीनों या कभी-कभी वर्षों तक चल सकता है और उसके बाद फ़ैसला आता है। इस दौरान वकीलों की और अदालत की फ़ीस के रूप में दोनों पक्षों के काफ़ी पैसे ख़र्च होते हैं। जो पक्ष हार जाता है, उसे जीतने वाले पक्ष को मुक़दमे का ख़र्च देना पड़ता है।

इस सन्दर्भ में आचार संहिता का कड़ाई से पालन किया जाता है। किसी भी तरह की घूस अथवा उपहार देने की इजाज़त नहीं है। अगर किसी का पक्ष न्यायपूर्ण है तो भी और अगर वह घूस देने की कोशिश करता है तो भी जजों

का रुख़ इस पर बहुत कड़ा होता है। मुक़दमा लड़ने वाले व्यक्ति का ओहदा कितना भी ऊँचा क्यों न हो, उसके साथ पक्षपात नहीं किया जाता। अगर कोई राजकुमार अथवा कुलीन घराने का कोई व्यक्ति किसी के खेत को अपने घोड़े से रौंदकर उसकी फ़सल बर्बाद कर देता है और प्रभावित किसान शिकायत करता है तो दूसरे पक्ष को मुआवज़े के रूप में दस गुना क़ीमत देनी होती है और साथ में अदालत को भी जुर्माना देना होता है। इस तरह के क़ानून का मक़सद यह है कि धनी और प्रभावशाली लोग ग़रीब और कमज़ोर लोगों को सताने से बचें।

हत्या के मामले में अंग्रेज़ों का क़ानून इस्लामी क़ानून से बहुत भिन्न है। इस्लामिक क़ानून में इस बात का प्रावधान है कि अगर पीड़ित व्यक्ति के वारिस हत्यारे को माफ़ कर दें तो मुक़दमे का निपटारा दियत[1] के ज़रिए किया जा सकता है। इंग्लैंड में अगर जज को यह आभास होता है कि किसी की हत्या जान-बूझकर की गई है तो अपराधी को मौत की सज़ा दी जाती है, लेकिन इस सज़ा तक पहुँचने से पहले बहुत सोच-समझकर विचार-विमर्श किया जाता है। इसके अलावा मुक़दमे की कार्रवाई इस तरह की जाती है कि अपराधी को दोषी ठहराने में हड़बड़ी न की

1. दियत वह राशि कहलाती है जो मरने वाले के वारिसों को क़ातिल (Killer) से लेकर दी जाती है। यह या तो सौ ऊँट और उनकी क़ीमत या सौ दीनार (सोने के सिक्के) तय की जाती है। सौ दीनार आधुनिक पैमाने के अनुसार लगभग 1200 ग्राम सोना होता है, जिसकी क़ीमत इन दिनों लगभग पच्चीस से तीस लाख रुपए के बीच होगी। स्पष्ट है कि हर क़ातिल इतनी बड़ी राशि नहीं दे सकता। इसलिए यह राशि उसके आकिला से वसूली जाती है। आकिला इस्लामी क़ानून की भाषा में सामाजिक सतह पर व्यक्तियों का वह समूह है जो अपने में से किसी एक व्यक्ति पर आई हुई दियत को अदा करने के लिए बाध्य हो। यह समूह क़बीला (Tribe) भी हो सकता है (यदि Tribal System हो) और दीवान शरीक भी। इसी तरह एक व्यवसाय से जुड़े लोगों का एक समूह भी हो सकता है। ऐसा इसलिए किया गया है कि एक ओर मारे जाने वाले के वारिसों की कुछ सहायता हो सके तो दूसरी ओर एक आकिला से जुड़े सारे लोग जो सामान्यत: एक-दूसरे के सहायक होते हैं के बीच यह प्रवृत्ति पैदा हो कि वे अपने लोगों को एक हद से आगे बढ़ने से रोक दें और एक अन्दरूनी दबाव बदमाशों को भी अपना हाथ रोकने पर मजबूर करता रहे मानो यह ऐसा जीवन बीमा है जो किसी कम्पनी को एक पैसा दिए बिना हर व्यक्ति को प्राप्त रहता है और आकिला के आन्तरिक दबाव के कारण हत्या बहुत कम हो जाती है। महत्त्वपूर्ण यह है कि क़त्ल-ए-ख़ता (क़ातिल के इरादे के बिना किसी की हत्या हो जाए, जैसे आजकल सड़क दुर्घटनाए होती रहती हैं) में केवल दियत का प्रावधान है, क़िसास (जान के बदले जान) का प्रावधान नहीं।

जाए। इसी वजह से अगर दोषी व्यक्ति पूछताछ के दौरान अपना अपराध स्वीकार कर लेता है तो उसके इस क़ुबूलनामे को अपने आप स्वीकार नहीं किया जाता और यह मान लिया जाता है कि हो सकता है उसने किसी दबाव में या अस्वस्थ मानसिक अवस्था में यह स्वीकार किया हो। लेकिन अगर दो बार वह अपने क़ुबूलनामे को दोहराता है तो यह मान लिया जाता है कि उसने सचमुच अपराध किया है और फिर उसे फांसी की सज़ा दे दी जाती है। अगर दोषी व्यक्ति पूरी ताक़त के साथ अपने पर लगे आरोपों से इनकार करता है तो दूसरे पक्ष के वकील की यह ज़िम्मेदारी होती है कि वह गवाहों और सुबूतों के आधार पर और अपनी दलील के ज़रिए उसके अपराध को सिद्ध करे। ऐसी हालत में दूसरा पक्ष तरह-तरह के सवालों के ज़रिए अदालत में पेश किए गए सबूतों को परखने की कोशिश करता है। कभी-कभी ऐसी हालत हो जाती है कि वादी परेशान होकर ग़ैर हाज़िर हो जाता है। अगर वादी अदालत से दिनभर ग़ायब रहता है तो अदालत समूचे मुक़दमे को ख़ारिज कर देती है और दूसरा पक्ष छूट जाता है।

चोरी के मामले में भी मुस्लिम क़ानून के अनुसार दंड देने की जो व्यवस्था है, उससे अंग्रेज़ों का क़ानून बिलकुल अलग है। मुस्लिम क़ानून में इस तरह की व्यवस्था है कि अगर किसी ने आठ आने से अधिक की क़ीमत की चोरी की है तो उस चोर के हाथ काट दिया जाएँ जबकि अंग्रेज़ों के क़ानून के अनुसार हर तरह के चोरों के लिए मृत्युदंड का प्रावधान है। अंग्रेज़ों की दलील है कि सज़ा का सरोकार इससे नहीं है कि उस व्यक्ति ने कितने की चोरी की बल्कि इस बात से है कि उसका इरादा क्या था? कोई भी चोर वह सारा कुछ ले जाएगा जो वह ले जा सकेगा। इसलिए इस बात पर ध्यान नहीं दिया जाना चाहिए कि किस मूल्य की वस्तु चुराने में उसे कामयाबी मिली? लिहाज़ा, चोरी के हर मामले में मौत की सज़ा दी जानी चाहिए। इन तमाम चीज़ों के बावजूद इंग्लैंड में जेबकतरों, चोरों और डकैतों की भरमार है।

यूरोप के भद्र लोग जब कहीं जाते हैं तो वे अपना पैसा, सोने, चांदी और बैंक नोट के रूप में अपने पास रखते हैं और साथ में अपनी जेब में एक घड़ी भी रखते हैं। चूँकि वे प्राय: बाज़ार, बाग़-बग़ीचों और थिएटर आदि जैसी भीड़ भरी जगहों में जाने के आदी हैं, इसलिए जेबकतरों को जब भी मौक़ा मिलता है, वे अपना हाथ साफ़ कर देते हैं। ऐसी हालत में अगर कोई चोर रंगे हाथों पकड़ लिया जाता है तो वह सज़ा पाने से बच ही नहीं सकता।

इंग्लैंड में एक शहर से दूसरे शहर तक जाने वाली सड़कों पर घुड़सवार डकैत घूमते रहते हैं जो यात्रियों पर धावा बोल देते हैं। उनमें से कुछ बड़े घरों के लड़के होते हैं, जिन्होंने जुआ आदि खेलकर या तरह-तरह के व्यभिचारों में डूबकर अपनी सारी दौलत गँवा दी है और फिर वे अपराधी बन गए हैं। ये लोग जंगल आदि ऐसी जगहों में छिपकर बैठे रहते हैं जहाँ कोई आबादी नहीं है और किसी गाड़ी के नज़दीक आते ही हाथ में पिस्तौल लेकर उसमें सवार लोगों पर टूट पड़ते हैं और आदेश देते हैं कि अगर वे ज़िन्दा रहना चाहते हों तो उनके पास जो कुछ है, उसे इन डकैतों के हवाले कर दें। वह यात्री बेचारा कोई चारा न देखकर अपना पैसा, सोना तथा अन्य बेशक़ीमती चीज़ें इन डाकुओं के हवाले कर देता है। मुझे दो घटनाओं की जानकारी मिली, जिसमें डकैतों के नज़रिए से देखें तो पासा पलट गया था।

एक धनी व्यक्ति अपनी गाड़ी में जा रहा था और उसने देखा कि बड़ी तेज़ रफ़्तार से कुछ घुड़सवार उसकी तरफ़ आ रहे हैं। उसे फ़ौरन आभास हो गया कि ये लोग लूटने के इरादे से आ रहे हैं और उसने तुरन्त अपनी पिस्तौल में गोलियाँ भरीं और उसे जेब में रख लिया। वे डकैत नज़दीक आए और उन्होंने पिस्तौल दिखाते हुए आदेश दिया कि सब कुछ उनके हवाले कर दिया जाए। उस व्यक्ति ने जेब से अपनी पिस्तौल निकाली और यह कहते हुए कि 'यह लो' उसने उन डाकुओं के सीने पर गोली चला दी।

एक दूसरी कहानी इस प्रकार है कि एक चोर किसी सम्मानित व्यक्ति के यहाँ गया और पैसे चुराकर ले गया। नोटों का मालिक शीघ्र ही शहर में आया और साहूकार की कोठी में अपने साथ घटित होने वाली घटना बता दी। दूसरे दिन चोर इन नोटों की क़ीमत लेने के लिए साहूकार की कोठी में गया। कोठी के मालिक ने चोर को पकड़कर अदालत के हवाले कर दिया।

अगर कोई औरत यह शिकायत करती है कि उसके साथ बलात्कार हुआ है और यह आरोप अदालत में साबित हो जाता है तो अपराधी को तुरन्त ही फांसी पर लटका दिया जाता है। अंग्रेज़ों की अदालतें इस तरह के सामान्य मामलों में कुछ नहीं करतीं। अगर किसी मर्द और औरत के बीच आपसी सहमति से या पुलिस सुपरिंटेंडेंट के डर के बिना अन्तरंग सम्बन्ध क़ायम होता है तो ऐसे मामलों में काफ़ी रियायत दी जाती है। वहाँ यह भी माना जाता है कि किसी के बेडरूम में पुलिस के अधिकारी के जाने की क्या ज़रूरत है? भारत में कोतवाल के पास ढेर सारे अधिकार हैं। वह सामान्य मामलों में भी किसी को गिरफ़्तार कर सकता है। दरअसल, जहाँ

पुलिस राज्य होता है, वहाँ पुलिसवाले दूसरी औरत से सम्बन्ध को ही बहुत बुरी नज़र से देखते हैं। अगर किसी हैसियत वाली औरत के बारे में यह पता चलता है कि वह दूसरे पुरुषों के साथ सम्बन्ध रखती है तो समाज में ऊँचा ओहदा रखने वाली औरतें उसकी भर्त्सना करती हैं और उसके साथ कुजात जैसा व्यवहार करती हैं। अगर किसी औरत का अपने पति के अलावा दूसरे किसी व्यक्ति से सम्बन्ध है और उसका पति उसे रंगे हाथों पकड़ लेता है तो उसके पास इस बात का पूरा अधिकार है कि वह अपनी पत्नी और उसके प्रेमी, दोनों की हत्या कर दे। अगर ऐसी कोई घटना होती है और उस समय पति के पास कोई हथियार नहीं होता और वह कोई हथियार लाने के लिए जाता है लेकिन उसके लौटने तक उसकी पत्नी और पत्नी का प्रेमी, दोनों अलग हो जाते हैं तथा इस बात से इनकार करते हैं कि उन्होंने कोई अपराध किया है, फिर वह पति अपराधी की हत्या नहीं कर सकता। अगर उसने हत्या कर दी तो उस पर हत्या का मुक़दमा चलेगा और उसे मृत्युदंड मिलेगा। अगर कोई व्यक्ति अपनी पत्नी के ख़िलाफ़ व्यभिचार का आरोप लगाकर उसे अदालत तक लाता है तो अदालत इस मामले को तब तक स्वीकार नहीं करेगी जब तक वह कम-से-कम तीन विश्वसनीय गवाह न पेश करे।

कम्पनी का मतलब

कोई भी कम्पनी कुछ व्यक्तियों का समूह होती है जो व्यक्तियों के समान उद्‌देश्य को ध्यान में रखकर बनाई जाती है। सामान्य अर्थों में कहें तो यह व्यापारियों का एक समूह होता है जो अपनी पूँजी एक जगह लगाते हैं ताकि वे पार्टनर के रूप में व्यापार कर सकें। इंग्लैंड में कई कम्पनियाँ ऐसी हैं जो राजा को नियमित तौर पर नज़राना देती हैं और भारत, चीन तथा पूर्व के अन्य देशों में व्यापार करने के मक़सद से बनी ऐसी कम्पनी का नाम ईस्ट इंडिया कम्पनी है। इसके मालिकों की संख्या दो हज़ार से अधिक है, लेकिन इसके इन्तज़ाम की ज़िम्मेदारी चौबीस डायरेक्टरों के ऊपर है। कम्पनी के कार्यक्षेत्र में आने वाली सरकार के प्रति उनकी सामूहिक ज़िम्मेदारी होती है। वह सरकार इनके दस्तावेज़ों और खातों की जाँच कर सकती है ताकि पता कर सके कि इनका प्रशासन कैसा है और इनकी गतिविधियाँ किस तरह की हैं। इसके लिए उन्हें अच्छी तनख़्वाहें मिलती हैं और मुनाफ़े में भी उनकी हिस्सेदारी होती है, लेकिन इन सबके बावजूद उनकी हैसियत एक व्यापारी की

ही होती है और इसलिए देश के अमीरों के मुक़ाबले उनकी औक़ात कम आंकी जाती है। राजा के मंत्रियों से भी उनकी हैसियत कम होती है। इस लिहाज़ से अगर महामहिम की सेना का कोई कैप्टन भी भारत आता है तो वह कम्पनी की सेना के कर्नल से भी अपने को ऊँचा मानता है।

कम्पनी के कर्मचारियों को लेकर जब कोई जहाज़ भारत के लिए रवाना होता है तो शाही अधिकारी जहाज़ में सवार हर व्यक्ति का ब्योरा दर्ज करते हैं और जाँच तथा मंज़ूरी की ज़िम्मेदारी अपने से ऊँचे ओहदे वाले अफ़सरों को देते हैं। जब तक उन अफ़सरों द्वारा जाँच का काम पूरा नहीं कर लिया जाता, जहाज़ को वहाँ से रवाना होने की इजाज़त नहीं मिलती। ऐसा इसलिए किया जाता है ताकि उस जहाज़ में कोई अपराधी या कम्पनी को दी गई इजाज़त के अलावा कोई दूसरा व्यक्ति देश छोड़कर न जा सके।

इसी प्रकार जब ये जहाज़ पूर्व से वापस इंग्लैंड पहुँचते हैं तो कम्पनी के माल पर कोई शुल्क नहीं लगता, लेकिन यात्रियों का ख़ुद का जो सामान होता है उसकी बारीकी से जाँच की जाती है और देखा जाता है कि वे अपने साथ बंगाल का मलमल, सिल्क, अफ़ीम, या ऐसी कोई चीज़ तो नहीं लेकर आ रहे हैं, जो यूरोप में दुर्लभ है। किसी भी प्राइवेट नागरिक को इस बात की इजाज़त नहीं है कि वह भारी-भरकम टैक्स दिए बिना इन सामानों को अपने ख़ुद के इस्तेमाल के लिए भी ला सके। अगर रेशम की एक रूमाल या एक तोला अफ़ीम या रेशम का कोई टुकड़ा किसी व्यक्ति के सन्दूक में पाया जाता है तो उस पर पाँच सौ रुपए का जुर्माना होता है और उसका सामान ज़ब्त कर लिया जाता है।

मैंने पहले ही उस घटना का ज़िक्र किया था जब हमारी नाव डोवर पहुँची थी और कस्टम के अधिकारियों ने हमसे काफ़ी पूछताछ की थी, लेकिन मैंने उस घटना की समूची कहानी नहीं बताई। मेरे सन्दूक़ में कई रूमालें थीं और जैसा कि मैंने पहले ही बताया था कि मिसेज़ पीकॉक अपने साथ कपास के फूल लेकर आई थीं। इस कारण मिस्टर पीकॉक, कैप्टन स्विंटन और मेरे सामानों को पन्द्रह दिनों तक कस्टम हाउस में रोक लिया गया और जब हम लन्दन पहुँच गए, उसके बाद एक महीने तक वे सामान हमें नहीं दिए गए। सारा मामला जाँच के लिए अदालत में पहुँचा और तब पता चला कि एक कस्टम अफ़सर, जो किसी ज़माने में सैनिक था, ने शराब पीकर नशे में मिसेज़ पीकॉक के साथ छेड़खानी की थी। मिसेज़ पीकॉक के अपमान की भरपाई के लिए उस अधिकारी से जुर्माने की रक़म वसूली

गई और तब सारा सामान दिए जाने का आदेश जारी हुआ। जहाँ तक मेरी रूमालों का सवाल है, अदालत में यह माना गया कि यह एक मामूली बात थी। इन रूमालों को बिक्री के लिए नहीं लाया गया था और सबसे बड़ी बात यह कि एक भारतीय मुंशी पहली बार इंग्लैंड आ रहा था, लिहाज़ा उसे यहाँ के तौर-तरीक़ों की जानकारी नहीं थी। इस आधार पर इस अपराध को माफ़ कर दिया गया।

जब भी कम्पनी को सैनिक सहायता की ज़रूरत होती है वह इसके लिए राजा से प्रार्थना करती है और अगर राजा के मंत्री द्वारा उचित छानबीन किए जाने के बाद अनुमति दे दी जाती है तो उसके बाद ही कम्पनी को वे सैनिक सौंपे जाते हैं। इसके बाद से सैनिकों की देखरेख और वेतन की ज़िम्मेदारी कम्पनी की हो जाती है। कम्पनी की सेवा करते समय अगर कोई सैनिक बीमार पड़ता है या घायल होता है तो जब तक वह दुबारा ड्यूटी पर जाने लायक़ नहीं हो जाता, कम्पनी उसके खाने, इलाज कराने और कपड़ों आदि का ख़र्च वहन करती है। अगर विलायत का कोई नागरिक देखरेख में कमी होने की वजह से विदेश में मर जाता है तो कम्पनी के स्थानीय एजेंट को दंडित किया जाता है और उसे जुर्माना भी भरना होता है। कम्पनी के जहाज़ी बेड़े की तुर्कियों, हब्शियों और अन्य समुद्री लुटेरों से रक्षा करने के लिए एक एडमिरल की कमान में सात-आठ युद्धपोतों को तैयार रखा जाता है। हैट पहनने वाले अन्य फ़िरंगी देश भी इसी तरह अपने यहाँ की कम्पनियों की मदद करते हैं।

अंग्रेज़ों के क़ानून के अनुसार हर साल शहर के नागरिक अपने लिए ऐसा प्रशासक चुनते हैं जो ईमानदारी, बुद्धिमानी और जनता के प्रति सद्भाव रखने के मामले में असाधारण क्षमता का हो। उसे बहुत अच्छी तनख़्वाह दी जाती है और उसकी तुलना आप कलकत्ता के किसी ज़मींदार से कर सकते हैं। उसे लॉर्ड मेयर का ख़िताब प्राप्त रहता है। जिस दिन वह इस पद को सँभालता है, शहर के सभी आयु और वर्ग के लोग एक जुलूस की शक्ल में इकट्ठा होते हैं और मेयर के पास जाते हैं जहाँ वह टाउनहॉल तथा चर्च में अपने पद का लबादा पहनता है और ईमानदारी तथा न्यायपूर्ण ढंग से अपना कर्तव्य निभाने की शपथ लेता है। इसके बाद एक दावत होती है, जिसमें तक़रीबन दस हज़ार लोग खाते-पीते हैं। एक लॉटरी भी निकाली जाती है, जिसके टिकट की क़ीमत लगभग बीस रुपए होती है। लॉटरी में मिलने वाली इनाम की राशि दो लाख रुपए होती है जो विजेता को धनी बनाने के लिए काफ़ी होती है। एक बार एक मोची को लॉटरी में दो लाख रुपए

मिल गए और इसी प्रकार बहुत सारे ग़रीब लोगों को भी इस लॉटरी ने धनी बना दिया। सच्चाई यह है कि राष्ट्रीय खुशहाली और जनता की बेहतरी राष्ट्रीय एकता का परिणाम साबित होती है। एकता से किसी तरह के नुक़सान के बारे में सोचा ही नहीं जा सकता।

लॉर्ड मेयर के अलावा शहर के प्रशासनिक परिषद् के लिए कुछ अन्य व्यक्तियों का भी चुनाव होता है जैसा हमने वारेन हेस्टिंग्स के समय में कलकत्ता में देखा है।

शिक्षा और जीवन पद्धति

इंग्लैंड में ऊपरी तबक़े के लोग अपने बच्चों को जिस तरह तालीम देते हैं, वह उससे बिलकुल अलग है जैसा भारत में होता है। जहाँ अध्यापक को एक नौकर की तरह घर में रखा जाता है ताकि घर से दूर रहने पर बच्चे पर किसी की बुरी नज़र न लगे या किसी बुरी आत्मा के प्रभाव में वह न आ जाए। इंग्लैंड में ऊँचे लोगों में, चाहे वे ख़ानदानी रईस हों या मंत्री हों, यह आम है कि वे अपने बच्चों को शिक्षा के लिए दूर भेजें और उनकी देखरेख की ज़िम्मेदारी अध्यापकों को सौंप दें। उनका सालाना ख़र्चा शुरू में ही दे दिया जाता है और इसके तहत रहने-खाने का ख़र्च, पढ़ाई, चिकित्सा, बाल बनाने वाले नाई आदि का ख़र्च आता है और साथ में कपड़ों के लिए भी ख़र्च दिया जाता है। इंग्लैंड के स्कूलों में नाई की कोई नौकरी नहीं होती। लिहाज़ा, लड़कों को बाल कटवाने के लिए बाहर जाना होता है। जिन लड़कों के परिवार नज़दीक की जगहों में रहते हैं, वे इतवार को उनसे मिलने जा सकते हैं—वैसे महीने के अन्त में लोग अपने बच्चों से मिलने जाते हैं।

लड़कों और लड़कियों को औसतन 20 साल की उम्र तक स्कूल में रखा जाता है। यहाँ शिक्षा देने का तरीक़ा इस प्रकार है : सबसे पहले बच्चे को वर्णमाला के अक्षरों का ज्ञान कराया जाता है जो बोर्ड पर लिखे होते हैं। इससे उन्हें शब्दों की सही स्पेलिंग लिखने का इल्म हो जाता है। इसके बाद शब्द-भेद (पार्ट्स ऑफ स्पीच) बताया जाता है और इसके साथ वे वाक्य बनाने का अभ्यास करते हैं। इसके बाद दो साल तक उन्हें अच्छी-अच्छी कहानियों के पाठ दिए जाते हैं, जिससे वे पढ़ने के हुनर में माहिर हो जाते हैं। फिर अंकगणित की पढ़ाई चलती है। पढ़ने, लिखने और गणित में माहिर हो जाने के बाद उन्हें क़ानून, धर्म, प्रकृति विज्ञान, शरीर-रचना विज्ञान, शरीर-क्रिया विज्ञान और चिकित्सा तथा अन्य विषयों

का ज्ञान दिया जाता है। इंग्लैंड के शिक्षाविदों और विद्वानों ने कठिन विषयों पर भी इतने सहज ढंग से लिखा है कि एकदम शुरुआत करने वाले को भी समझने में कोई दिक़्क़त नहीं होती। छपाई की ईजाद ने अब पुस्तकों की इतनी भरमार कर दी है कि अगर कोई दस हज़ार किताबें भी ख़रीदना चाहे तो वे उसे एक ही दूकान पर मिल जाएँगी। इसके अलावा किताबें बहुत सस्ती भी हैं। भारत में 'शाहनामा' ख़रीदने के लिए आपको कई सौ रुपए देने पड़ते हैं जो यहाँ दस-बारह रुपए में ही उपलब्ध है।

जो समृद्ध अंग्रेज़ हैं वे अपने बच्चों को चार साल की उम्र तक पहुँचते ही पढ़ने में लगा देते हैं। इसके बाद से बच्चे को आलसी की तरह बैठने की इजाज़त नहीं होती। उसे लगातार पढ़ने, लिखने और कला तथा विज्ञान के विभिन्न विषयों का अध्ययन करना होता है। अंग्रेज़ों में अगर क़िसी मर्द या औरत को संगीत की जानकारी नहीं है या वह नृत्य या घुड़सवारी नहीं जानता तो उसे समाज में जगह नहीं मिलती। दरअसल, धनी-मनी लोग ऐसे लोगों को घटिया परिवार का मानते हैं और उन्हें ताने देते हैं। ऐसे लोगों के बारे में वे कहेंगे कि 'उनके माँ-बाप इतने ग़रीब थे कि उन्हें पढ़ाने-लिखाने में पैसे नहीं ख़र्च कर सके और वे जाहिल बने रहे।' जो औरतें नाचना या गाना नहीं जानतीं, उन्हें निम्न कोटि का माना जाता है और शादी के लिए उन्हें अच्छा पति नहीं मिलता।

कुल मिलाकर इंग्लैंड की आम शिक्षा प्रणाली पूरी तरह उस प्रणाली से अलग है जो भारत में है, जहाँ बादशाहों, अमीरों या कुछ धनी नागरिकों द्वारा मदरसे चलाये जाते हैं। वहाँ पढ़ने साधारण लोगों के जो बच्चे जाते हैं उन्हें रहने और खाने का इन्तज़ाम करने में बड़ी दिक़्क़तों और अपमान से गुज़रना पड़ता है (आम तौर पर वे धनी लोगों के बच्चों को पढ़ाकर अपना ख़र्च निकालते हैं)। धनी और रईस लोग अपने बच्चों को इन स्कूलों में भेजकर पढ़ाना बेइज़्ज़ती मानते हैं। भारतीय लोग इस बात के लिए यूरोप के लोगों को धिक्कारते हैं कि वे अपने बच्चों के प्रति कठोरता अपनाते हैं क्योंकि वे उन्हें अपने से दूर किसी स्कूल में भेज देते हैं। लेकिन अगर इस पर थोड़ा विचार किया जाए तो पता चलेगा कि बच्चों के प्रति उनकी यह सबसे बड़ी कृपा है क्योंकि इससे इस बात की गारंटी होती है कि बच्चे शिक्षित हो जाएँगे और कला तथा अन्य क्षेत्रों में हुनर हासिल करने के बाद वे एक अच्छी ज़िन्दगी जी सकेंगे। जिस तरीक़े से रईस भारतीय लोग अपनी औलाद के प्रति प्रेम दिखाते हैं उससे उन्हें नुक़सान ही पहुँचता है। घर में रखकर वे उन्हें

जाहिल बना देते हैं और फिर वे लड़के बड़े होने के बाद एक बदतर और भ्रष्ट ज़िन्दगी जीते हैं।

इंग्लैंड के ग़रीब लोग अपने बच्चों को टाउन स्कूलों में भेजते हैं जहाँ हर छात्र की फीस प्रति सप्ताह एक रुपए होती है। यहाँ लड़कियों के लिए अलग स्कूल हैं। इन पंक्तियों के लेखक ने ख़ुद इन स्कूलों में पढ़ाने का तरीक़ा देखा। यहाँ छात्रों को एक पंक्ति में बैठा दिया जाता है और वे अपना पाठ याद करते हैं। अध्यापक अपने हाथ में चमड़े का एक सोंटा लेकर घूमता रहता है अगर उसने देखा कि कोई छात्र पढ़ने में कुछ ग़लत कर रहा है तो वह उस सोंटे से उसे इतना तेज़ मारता है कि उस छात्र की पीठ पर दाग़ उभर आते हैं। ऊपर से देखने पर यह क्रूरता लग सकती है तो भी यह कथन सही है कि 'पिता के प्यार से बेहतर है अध्यापक की क्रूरता।'

निचले तबक़ों के लोगों में भी सभी पुरुष और महिलाएँ पढ़ने-लिखने और अंकगणित तथा व्यापार के बुनियादी नियमों से परिचित होते हैं। केवल वही लोग यह सब नहीं समझ पाते हैं जो दिमाग़ से कमज़ोर होते हैं या जिन लोगों के माँ-बाप इतने ग़रीब हों कि वे अपने बच्चों को स्कूल न भेज सकें। प्रारम्भिक शिक्षा प्राप्त करने के बाद ग़रीब माँ-बाप के बच्चों को अलग-अलग व्यवसायों में लगाया दिया जाता है। यूरोप के लोग अपनी पसन्द का कोई भी व्यवसाय सीखने के लिए स्वतंत्र होते हैं। इस प्रकार अगर किसी व्यक्ति के चार बेटे हैं तो इसमें कोई हैरानी की बात नहीं कि बड़ा बेटा सुनार हो, दूसरा बेटा बढ़ई हो, तीसरा मोची हो और चौथा लोहार हो। अपने पेशे की वजह से इनमें से किसी के अन्दर कोई शर्मिन्दगी नहीं होगी। भारत में स्थिति एकदम उल्टी है। हिन्दुओं के अन्दर जो जाति प्रथा है उसकी वजह से अलग-अलग जातियों के लोगों के लिए अलग-अलग पेशे तय कर दिए गए हैं। इसका इतनी कड़ाई से पालन होता है कि कोई व्यक्ति दूसरी जाति के व्यक्ति के साथ खाना खाने भी नहीं बैठ सकता—उसका पेशा अपनाने की तो बात ही दूर रही। अगर उसने किसी दूसरी जाति का पेशा अपना लिया तो वह अपनी जाति खो देगा। इंग्लैंड में अगर किसी व्यक्ति के पिता ने कोई निचले दर्जे का काम किया हो तो ज़रूरी नहीं कि उसका बेटा भी वही काम करे, बल्कि होता यह है कि वह बेटा सैनिक या कुछ और बन जाए।

इंग्लैंड में अनेक ऐसे व्यापारिक घराने अथवा कम्पनियाँ देखने को मिलती हैं जिन्हें तीन या चार भागीदार चलाते हैं और जिनमें बहुत सारे मज़दूर काम करते हैं।

जिनकी मदद से तरह-तरह की चीज़ों का उत्पादन होता है और उनसे लाभ कमाया जाता है। जिनके पास अपना धंधा शुरू करने का कोई साधन नहीं है, वे अपने बच्चों को कारख़ानों में एपरेंटिस के रूप में लगा देते हैं जहाँ वे एक सुपरवाइज़र की देख-रेख में काम सीखते हैं और कारख़ाने के मालिक द्वारा उन्हें खाना और कपड़ा दिया जाता है। यह सिलसिला तब तक चलता है जब तक वे 10-15 वर्ष की आयु के नहीं हो जाते और उस समय तक वे इतना कुछ सीख लेते हैं कि फिर वेतनभोगी मज़दूर के रूप में वहाँ काम कर सकें। अन्त में जब वे अपने काम में पूरी तरह कुशल हो जाते हैं तो उन्हें पूरी तनख़्वाह दी जाती है। अगर वे चाहें तो यहाँ का काम छोड़कर कहीं दूसरी जगह नौकरी कर सकते हैं या अपना ख़ुद का कारख़ाना लगा सकते हैं। जब वे पैसे बचा लेते हैं तो फिर शादी करते हैं, माँ-बाप का घर छोड़ देते हैं और स्वतंत्र रूप से रहने लगते हैं।

मुझे जो जानकारी मिली, उसके अनुसार ऐसा लगता है कि इंग्लैंड के ग़रीब निवासी इसी तरह अपनी ज़िन्दगी गुज़ारते हैं। जो लोग नौकर के रूप में या निम्न श्रेणी के अफ़सर के रूप में भारत आ गए हैं, वे वहाँ के ग़रीब अंग्रेज़ हैं। उनमें से कइयों के लिए इंग्लैंड में कोई जगह नहीं है क्योंकि उनके पास कोई हुनर नहीं है। उनमें से कुछ तो निहायत जाहिल क़िस्म के हैं और कुछ खेतों में काम करने वाले ऐसे मज़दूर हैं, जिन्होंने अपने देश में कोई अपराध किया और सज़ा के डर से नाविक या कुली बनकर किसी जहाज़ में लदकर भारत आ गए।

लावारिस और यतीम बच्चों के लिए प्रबन्ध

फ्रांस और इंग्लैंड, इन दोनों देशों में मैंने कई अनाथालयों को देखा जो बड़ी-बड़ी सरकारी इमारतों में सरकार के ख़र्चे से चल रहे हैं। यहाँ पर अनाथ बच्चों और बच्चियों को खाना दिया जाता है, उनके रहने की व्यवस्था की जाती है और उन्हें शिक्षा दी जाती है। शहर और आसपास के ऐसे लोग जो ग़रीबी के कारण अपने बच्चों की देखभाल नहीं कर सकते, वे भी अपने बच्चों को इन अनाथालयों में डाल देते हैं। अक्सर ऐसा होता है कि कोई वेश्या या कुंवारी औरत गर्भवती हो जाती है और गर्भपात का ख़तरा न उठाने के डर से वह बच्चे को जन्म देने के लिए मजबूर हो जाती है। वैसे गर्भपात यहाँ गम्भीर अपराध माना जाता है और इसके लिए मौत की सज़ा का प्रावधान है। (अगर गर्भपात के दौरान रक्तस्राव हो गया और इसकी

जानकारी अदालत तक पहुँच गई तो मृत्युदंड के लिए इतना काफ़ी है)। बच्चे के जन्म के बाद वह औरत शर्म से रात होने तक कहीं छुपी रहती है और फिर चुपके-से अपने नवजात शिशु को लेकर अनाथालय के दरवाज़े पर लाकर छोड़ जाती है। इन अनाथालयों में इस तरह के हज़ारों बच्चे हैं। इन अनाथों को पालने-पोसने और शिक्षित करने के लिए सरकार ने बहुत सारे लोगों को नौकरी पर रखा है। हर अनाथालय में एक प्रिंसिपल, कुछ पहरेदार, डॉक्टर, नौकरानियाँ, परिचारिकाएँ, पुरुष नौकर और विभिन्न व्यवसायों की जानकारी रखने वाले अध्यापक होते हैं। वे इन अनाथ बच्चों को बहुत प्यार के साथ अपनी गोद में लेते हैं और खाना-कपड़ा, झूला, बिस्तर आदि हर ज़रूरत की चीज़ उन्हें मुहैया करते हैं। जैसे ही बच्चे थोड़े बड़े होते हैं, उन्हें पढ़ने-लिखने की शिक्षा दी जाती है। उन्हें विभिन्न पेशों का प्रशिक्षण भी दिया जाता है। लड़कियाँ जब लिखना-पढ़ना सीख लेती हैं तो उन्हें आगे की शिक्षा देने के लिए अलग सुविधा है क्योंकि उन्हें सिलाई-कढ़ाई जैसे क्षेत्र में शिक्षित किया जाता है, जो ख़ास तौर पर महिलाओं का काम है। लड़कों को दर्ज़ी के काम से लेकर लोहार के काम तक और जहाज़ निर्माण तक की भी ट्रेनिंग दी जाती है। एक अनाथालय में मैंने देखा कि वहाँ आंगन में एक जहाज़ का नमूना रखा हुआ है जो किसी जहाज़ के सारे साज़-सामानों से लैस था। इसकी मदद से लड़के यह सीख रहे थे कि जहाज़ को कैसे चलाया जाता है। जब वे जवान होते हैं या तो राजा की सेना में या नौसेना में या मर्चेंट नेवी में भर्ती हो जाते हैं। जब वे बूढ़े होते हैं और नौकरी करने लायक़ नहीं रह जाते तो वे पुलिस की नौकरी कर लेते हैं या सड़क के किनारे बने लैम्पों को जलाने के काम में लग जाते हैं।

पश्चिमी जीवन पद्धति से भारतीय जीवन पद्धति की तुलना

हालाँकि अंग्रेज़ लोग परलोक के बारे में शायद ही कभी सोचते हों, लेकिन उनकी जीवन और सामाजिक प्रणाली ऐसी है कि ज़िन्दगी के बारे में वे हमें बहुत कुछ सिखा सकते हैं। पहली बात हो यह है कि इस देश में शायद ही कोई ऐसा वयस्क हो जो आलस्य के साथ बैठा हो, काम करने से बचता हो या पढ़ने या काम करने के प्रति अनिच्छुक हो। देखा जाए तो अंग्रेज़ों के पास इस तरह के बहुत सारे साधन हैं, जिनसे वे बग़ैर कुछ किए ज़िन्दगी गुज़ार लें, लेकिन किसी न किसी पेशे के साथ संबद्ध होने में वे गर्व का अनुभव करते हैं और किसी की दया पर निर्भर

रहने को शर्मनाक मानते हैं। वे लोग आध्यात्मिक मामलों से ज़्यादा महत्त्व भौतिक मामलों को देते हैं और इसी वजह से उन्होंने कुछ ऐसे नियम और तरीक़े निकाल लिए हैं, जिनसे हर प्रयास को सामान्य और योजनाबद्ध बनाया जा सके ताकि लोग अपने को दुनियावी सफलता के कामों से जोड़ सकें। जवानी से लेकर बुढ़ापे तक उनका समय पढ़ने-लिखने, आजीविका कमाने और अपना धन-दौलत बढ़ाने में गुज़रता है। उनकी दुनियावी सफलता कला और विज्ञान के क्षेत्र में ज्ञान से पैदा होती है। अगर कोई ऐसा है जो ज्ञान पाने के प्रति उदासीन है या प्रतिभा और साधन के बावजूद कोई पेशा अपनाने से बचता है और भारतीय युवकों की तरह रात-दिन मौज-मस्ती में बिताता है या अपने समय को खाने और सोने में ही बाँट देता है तो वहाँ क़ानून के रक्षक उसे टोकते हैं ताकि वह अपने तरीक़े में सुधार कर ले और अगर इससे भी कोई नतीजा नहीं निकलता तो वे डंडे की मदद से सही रास्ता दिखाते हैं। अगर किसी को विरासत में अपने पिता से सम्पत्ति मिली है तो वह इस सम्पत्ति के आधे भाग को अपना नहीं मानता और इसे अपनी दैनिक ज़रूरतों के लिए नहीं ख़र्च करता बल्कि बचत के तौर पर इसे अलग रख देता है। वह कभी भी विरासत में मिली सम्पत्ति को ख़र्च नहीं करेगा और अपने घर का ख़र्च अपनी ख़ुद की आय से चलाएगा।

इन लोगों में एक और प्रचलन यह है कि उत्तराधिकार के बँटवारे से सम्बन्धित दैवी आदेश को वे स्थगित रखते हैं। इसे देश की आर्थिक ख़ुशहाली के हित को ध्यान में रखकर किया जाता है। आर्थिक ख़ुशहाली व्यक्तिगत भू-स्वामियों और व्यापारियों की समृद्धि पर निर्भर करती है। अगर किसी व्यक्ति की मृत्यु पर उसकी सारी सम्पत्ति उसके उत्तराधिकारियों में बँट जाती है तो इस प्रक्रिया में कुछ पीढ़ियों के बाद समृद्धि का आकार ऐसा हो जाएगा, जिसकी वजह से आम तौर पर ग़रीबी फैलेगी और देश की स्थिरता प्रभावित होगी। इसको ध्यान में रखकर यहाँ का चलन यह है कि पिता अपनी सम्पत्ति अपने सबसे बड़े बेटे के लिए छोड़ता है और सम्पत्ति का केवल थोड़ा हिस्सा दूसरे बच्चों को मिलता है। अगर उसकी मृत्यु बग़ैर किसी वसीयत के हो जाती है तो भी सबसे बड़े बेटे को ही उसकी सारी सम्पत्ति मिलती है और बड़े बेटे का यह फ़र्ज़ बनता है कि वह अपने भाइयों और बहनों की शिक्षा तथा अन्य ज़रूरतों की देखभाल तब तक करे जब तक वे बड़े नहीं हो जाते हैं। वह अपनी बहनों की शादी-ब्याह के लिए दहेज आदि का ख़र्चा भी ख़ुद ही जुटाता है। जो छोटे भाई हैं, वे अपनी शिक्षा पूरी करने के बाद किसी व्यवसाय या नौकरी

में लग जाते हैं और फिर इतना पैसा बचाने की कोशिश करते हैं ताकि वे अपना ख़ुद का मकान ख़रीद सकें और अपनी सम्पत्ति बना सकें।

अगर इनमें से कोई छोटा भाई नालायक़ निकल जाता है और अपनी आजीविका चलाने के लिए अपनी प्रतिभा का इस्तेमाल करने से इनकार करता है तो सबसे बड़ा भाई उसे मदद देने का अपना फ़र्ज़ निभाएगा, लेकिन आलस्य को लोग इतना बुरा मानते हैं कि अपनी मर्ज़ी से बेरोज़गार रहने वालों की तादाद नहीं के बराबर है। आत्मनिर्भर होने का सामाजिक दबाव यहाँ जितना है, उतना किसी अन्य देश में नहीं मिलता। नतीजतन, छोटे भाई अपने पिता की देखरेख के बग़ैर बड़े होने पर महज़ अपने बने रहने से सन्तुष्ट नहीं होते—वे इस दुनिया में ख़ुद कुछ कर के कमाने की आत्मसम्मान की भावना से संचालित होते हैं। वे ज़्यादा से ज़्यादा पैसा बनाने के लिए संघर्ष करते हैं ताकि चालीस की उम्र तक पहुँचने पर वे घर लौटकर अपनी जायदाद खड़ी कर सकें, अच्छी तरह अपनी शादी करें और आराम के साथ ज़िन्दगी गुज़ारें। वे अपनी पत्नियों को अच्छे कपड़े, ज़ेवर, गाड़ी आदि मुहैया कराते हैं। अगर छोटे भाई को महसूस होता है कि उसके पास इतनी धन-दौलत नहीं है कि उसकी पत्नी अन्य भाइयों की पत्नियों के बराबर ख़ुद को महसूस कर सके तो वह शादी ही नहीं करता है और ज़िन्दगी भर कुंवारा रह जाता है।

फ़िरंगियों के रीति-रिवाजों और आदतों के बारे में मुझे ऐसा लगा कि ये लोग ऐसे हैं कि कुछ न होने पर भी मकानों और धन-दौलत जुटाने की व्यवस्था कर लेते हैं। कहना न होगा कि ऐसा अल्लाह की मर्ज़ी से ही मुमकिन है क्योंकि सभी फ़िरंगियों का बहुत लम्बा-चौड़ा परिवार होता है, जिसमें बीस-पच्चीस बच्चे होते हैं। जो अपने परिवार को छोटा मानते हैं, उनके भी कम-से-कम सोलह से लेकर उन्नीस बच्चे होते हैं। और अगर कोई परिवार सचमुच बहुत छोटा है तो वहाँ भी आपको कम-से-कम सात-आठ बच्चे मिलेंगे। इसके अलावा लगभग सभी बच्चे जीवित रहते हैं तो वयस्क बनते हैं। शायद ही कोई ऐसा हो जिसका कोई बच्चा न हो। जब अल्लाह किसी देश को समृद्ध बनाने पर मेहरबान होता है तो समृद्धि की बुनियाद में आबादी में तेज़ी से बढ़ोत्तरी होना होता है जो उसकी रहम के बिना मुमकिन नहीं है।

विलायत के समझदार लोग कहते हैं कि ज़िन्दगी को ख़ुशहाल और आरामदेह बनाने के लिए दौलत इकट्ठी करना ज़रूरी है, जबकि तालीम हासिल करने से आदमी की अक़्ल में इज़ाफ़ा होता है ताकि वह इस लायक़ हो सके कि किसी के

सलाह माँगने पर वह उसे सही रास्ता दिखा सके। अपनी बुनियादी दौलत को ऐशो-आराम से रहने, अच्छे-अच्छे कपड़े ख़रीदने, शानदार पकवान खाने और शराब पीने तथा नाचने-गाने वाली औरतों के साथ दिन और रात बिताने में नहीं उड़ा देना चाहिए, जैसा कि भारत के रईस लोग करते रहते हैं। ऐसे लोग ख़ुद को ज़नानाघर में क़ैद रखते हैं और ख़ुद भी औरतों जैसी ही चालढाल अपना लेते हैं। ये लोग चूड़ीदार पायजामा पहनते हैं और चुन्नट वाली पगड़ी बाँधते हैं और चमकदार कुर्ता पहनते हैं जो स्कर्ट की तरह झूलता रहता है, जैसा औरतें पहनती हैं। आँखों में सुरमा लगाते हैं, सीने पर इत्र मलते हैं, हथेली पर मेहँदी लगाते हैं, दाँतों में मिस्सी जड़ते हैं और ख़ुशबूदार तेल अपने लम्बे बालों में लगाकर चोटी बनाने जैसी गाँठ लगा लेते हैं। इन सबके बावजूद जब वे शहर में निकलते हैं तो दुनिया भर का दिखावा होता है—घोड़ा गाड़ियाँ, साथ चलने वालों का हुजूम और इतना शोर-शराबा, जैसे लड़ाई जीत कर कोई योद्धा आ रहा हो। जब वे चलते हैं तो साथ में ढोल बज रहे होते हैं, पटाखे छोड़े जाते हैं, हवा में झंडे लहराते हैं, नक़ीब लोग बुलन्द आवाज़ में अपने मालिक की भारी-भरकम पदवी की घोषणा करते हैं, चोबदारों और नौकरों का समूह आगे-आगे चलते हुए आम आदमियों से रास्ता ख़ाली कराता रहता है और ये लोग अपने मालिक का जय-जयगान करते रहते हैं।

विलायत में ऐसे लोगों और उनके रूप-रंग और दिखावे का मज़ाक़ उड़ाया जाता है। मुख़्तसर बात यह है कि अंग्रेज़ लोग चालीस साल की उम्र तक ख़ुद को व्यापार और घूमने में तथा दुनिया के अजूबों को देखने में मशग़ूल रखते हैं। इसके बाद वे काफ़ी दौलत कमा कर लौटते हैं, शादी करते हैं और अपने परिवार के साथ सुकून से रिटायरमेंट वाली ज़िन्दगी गुज़ारते हैं।

इसके एकदम उलट, भारतीयों के तौर-तरीक़ों को देखकर अफ़सोस भी होता है और शर्म भी आती है। यहाँ माँ-बाप अपने बेटों की शादी तभी कर देते हैं जब वे लड़के ही रहते हैं! ऐसा नहीं हुआ तो किशोर उम्र तक पहुँचते-पहुँचते लड़के ख़ुद ही शादी के लिए बेचैन होने लगते हैं। अगर माँ-बाप के पास इतना पैसा नहीं है कि वे शादी का ख़र्च उठा सकें तो इसके लिए वे उधार लेकर ज़िन्दगी भर के लिए ख़ुद को क़र्ज़ में डुबो देते हैं या रिश्तेदारों और दोस्तों से भीख माँगते हैं। लोग शादी को अपने हर काम से बढ़कर एक ज़रूरी कर्तव्य मानते हैं। अगर लड़के के पास कमाई का कोई ज़रिया नहीं है तो शादी होते ही काम की तलाश में वह कहीं दूर-दराज़ चला जाता है और फिर उसे अपनी पत्नी के पास लौटने में कभी-कभी

कई साल लग जाते हैं। ऐसे में पत्नी के दिल में बिछुड़ने का जो दर्द है, उसे आसानी से समझा जा सकता है। ऐसी हालत में यह असामान्य नहीं है कि उसके और किसी से नाजायज़ सम्बन्ध क़ायम हो जाएँ और उसका पति अपमान और शर्मिन्दगी के दौर से गुज़रे। यह दस्तूर बहुत पुराना होगा क्योंकि फ़ारसी में तथा हिन्दी, ब्रज और बांग्ला भाषाओं में जो साहित्य मिलता है, उनमें पतियों से बिछुड़ी औरतों के दर्द को बयान करने वाली बहुत सी कविताएँ दिखाई देती हैं। अंग्रेज़ लोग इस तरह के विछोह को धार्मिक और क़ानूनी नज़रिये से पत्नी के लिए बहुत क्रूर मानते हैं। यक़ीनन इस मामले में अंग्रेज़ों का रुख़ काफ़ी सही है।

इतनी बचत कर लेने के बाद भी कि वे सत्तर-अस्सी साल की उम्र तक की अपनी ज़िन्दगी आराम से गुज़ार सकें, अंग्रेज़ लोग आलस्य की गिरफ़्त में नहीं आते और अपना समय पढ़ने-लिखने तथा रचनात्मक कामों में लगाते हैं। वे अपने को विज्ञान, चिकित्सा और टेक्नोलॉजी के क्षेत्र में शोधकार्यों में व्यस्त कर लेते हैं, इतिहास और दर्शन शास्त्र जैसे क्षेत्र में विद्वतापूर्ण अध्ययन करते हैं, कारख़ानों और मशीनों की क्षमता बढ़ाने के उपाय ढूँढ़ते हैं और ऐसी पुस्तकें लिखते हैं जिससे उनकी खोजों से मानव जाति को लाभ मिले। अब आप देखिए कि भारतीयों से वे कितने भिन्न हैं? भारत का पढ़ा-लिखा तबक़ा किसी सुन्दरी के चेहरे की तारीफ़ में या शराब और जाम का गुणगान करते हुए फ़ारसी और हिन्दी में कविताएँ लिखता है। ये लोग प्यार का नाटक करते हैं और प्यार के रोग में ग्रस्त हो जाते हैं। अपनी इन वाहियात भावनाओं की चपेट में आकर उनकी नींद ग़ायब हो जाती है, वे अनिद्रा के शिकार हो जाते हैं और रात को दिन में और दिन को रात में बदलते रहते हैं। जब ये लोग फ़ारसी में कोई गद्य लिखते हैं तो इनकी भाषा और शैली उपमाओं और अलंकारों से इतनी लच्छेदार होती है कि उसे समझने के लिए डिक्शनरी का सहारा लेना पड़ता है। ये तरह-तरह के मुहावरों का इस्तेमाल करते हैं, शब्दों के साथ खेलते हैं और इतने अपरिचित ढंग से ख़ुद को अभिव्यक्त करते हैं कि उन्हें समझने के लिए पाठकों को अपने दिमाग़ पर अनावश्यक दबाव डालना पड़ता है। यूरोप के लोग इस तरह की कविताओं और कहानियों को पढ़कर हँसते हैं और कहते हैं कि ख़्वामख़्वाह इतनी मेहनत की और इन लेखकों को पागल क़रार देते हैं। उनके इन ख़यालात को जानने और ज़िन्दगी जीने का ढंग देखने के बाद मैं अच्छी तरह समझ गया कि क्यों रईस और दौलतमन्द अंग्रेज़ अपने बच्चों को चार साल की उम्र से ही घोड़े पर चढ़ना सिखाते हैं और कहते हैं कि उन्हें अपने

बुढ़ापे तक घुड़सवारी और व्यायाम नियमित तौर पर करना चाहिए। वे शारीरिक ताक़त और सहन करने की क्षमता की तारीफ़ करते हैं और आलसीपना, सुस्ती और आरामतलबी की आदत को नापसन्द करते हैं। अगर ऐसे लोग दूर-दूर के देशों तक अपना साम्राज्य नहीं बढ़ाएँगे तो क्या हमारे आज के अमीर-उमराव और रजवाड़ों के लोग ऐसा करेंगे, जो मसनद लगाकर मुलायम मख़मल के गद्दों पर लेटे अय्याशी और आरामतलबी की ज़िन्दगी जीने में ही सारा वक़्त गुज़ार देते हैं? अगर किसी देश के सैनिक और कुलीन लोग अय्याश हो जाएँ और बहादुर लोग उन्हें अपना ग़ुलाम बना लें तो इसमें हैरानी कैसी?

दरअसल, जो व्यक्ति तलवार से वार करता है, उसी का नाम क़ायम रहता है। एक दम्भी व्यक्ति कभी महत्त्वाकांक्षी नहीं होता। इस धरती पर वे ही अपना पांव टिका पाते हैं जो बहादुर और उद्यमी होते हैं।

अंग्रेज़ों के अन्दर एक आम चलन यह है कि वे अपना पैसा बैंकों में रखते हैं और हर महीने ब्याज लेते हैं। इस प्रकार उनका मूल पैसा बचा रहता है और वो ब्याज से ही अपना ख़र्च चलाते हैं। अगर वे कोई व्यापार करना चाहते हैं तो आम तौर पर यह व्यापार पार्टनरशिप में होता है, जिससे सफलता के अवसर ज़्यादा हो जाते हैं। अगर उन्हें अपना कोई सामान बाहर भेज़ना होता है तो सारा सामान एक जहाज़ में नहीं रखते हैं क्योंकि अगर जहाज़ डूब गया तो सब कुछ नष्ट हो जाएगा। यही सोचकर वे अलग-अलग जहाज़ों में अपने सामान रखते हैं और उसकी ज़िम्मेदारी किसी कर्मचारी को सौंप देते हैं।

अंग्रेज़ लोग फ़ालतू ख़र्च से इतना बचते हैं कि धनी से धनी व्यक्ति भी चार से ज़्यादा नौकर नहीं रखता। एक नौकर होता है जो मालिक को कपड़े आदि पहनाए, फिर एक महिला रसोइया होती है, एक दासी होती है जो घर के अन्य कामकाज सँभालती है और घोड़ों के लिए एक साईस होता है। अगर मालिक अपनी रियासत का कामकाज न देख रहा हो तो वह बाहर कहीं सैर के लिए या शिकार के लिए चला जाता है। उस हालत में उसकी पत्नी घर का सारा कामकाज सँभालती है, हिसाब-किताब रखती है और जो लोग काम कर रहे हैं उन पर निगरानी रखती है। बहुत सारे सम्पन्न परिवार ऐसे हैं जो ख़ुद अपनी गाड़ी न रखकर ज़रूरत पड़ने पर किराए की गाड़ी मँगा लेते हैं। जब कोई लॉर्ड या मिनिस्टर गाड़ी में बाहर जाता है तो उसकी गाड़ी के पीछे दो लोग खड़े रहते हैं और गाड़ी के आगे तथा पीछे दो-दो घुड़सवार चलते रहते हैं। यहाँ का राजा आठ घोड़ों की गाड़ी में चलता है, जिसके

आगे और पीछे 13 घुड़सवार होते हैं। राजकुमारों सहित बड़े परिवारों के लोग सड़क पर या बाज़ार में एक-दो मील तक पैदल चलने में बेइज़्ज़ती नहीं महसूस करते और रात हो या दिन, कोई फ़र्क़ नहीं पड़ता। वे जब चलते हैं तो उनके हाथ में महज़ बेंत की एक छड़ी होती है और वे साधारण कपड़ों में ही पैदल कहीं के लिए भी निकल पड़ते हैं। इस मामले में उनका व्यवहार भारत के राजाओं और धनी लोगों से एकदम उलटा है। अंग्रेज़ लोग भारतीय राजाओं की तड़क-भड़क को बकवास मानते हैं और इस फ़ालतू ख़र्चे का मज़ाक़ उड़ाते हुए इन्हें मूर्ख और बदमिज़ाज कहते हैं। इनका कहना है कि अगर इंग्लैंड में कोई इतने तड़क-भड़क के साथ निकले तो बाज़ारी लड़के भी इन पर व्यंग्य कसने और पत्थर मारने से बाज नहीं आएँगे। किसी भी देश में पाप अथवा पुण्य के मामले में जो नैतिक नियम हैं, वे एक ही होते हैं। इंग्लैंड में जो ऊँचे तबक़े के लोग हैं, वे यह कहना बहुत बुरा मानते हैं कि 'भगवान तुम्हें सज़ा देगा।' हालाँकि आम लोगों की ज़बान पर यह जुमला चढ़ा हुआ है जिसे वे कभी सचमुच तो कभी मज़ाक़ में बोल देते हैं, लेकिन जो पढ़े-लिखे लोग हैं, वे इस वाक्य को कभी नहीं बोलते क्योंकि इसका अर्थ हुआ कि ईश्वर तुम्हें शाप देगा जो निश्चय ही बहुत कठोर बात है। इसी प्रकार मुसलमानों में 'लानुतुल्लाह' (अल्लाह तुम्हें सज़ा दे) कहना अनुचित माना जाता है। इसके अलावा जो पवित्र ईसाई हैं, उनका कहना है कि प्रार्थना में ईश्वर का नाम बहुत सम्मान के साथ लिया जाना चाहिए और सड़कों पर या बाज़ार में इस तरह की बात करना ईश्वर के प्रति असम्मान है। जो ख़ानदानी अंग्रेज़ हैं, वे बाज़ार या सड़क पर चलते समय लगातार बातचीत करना भी अश्लील मानते हैं।

मध्य और उच्च वर्ग के अंग्रेज़ों में अगर कोई किसी को झूठा या चोर कहे तो वे इसे बहुत बुरा मानते हैं। कभी-कभी तो ऐसा भी होता है कि इस तरह के शब्दों पर लड़ाई हो जाती है और पिस्तौलें निकल जाती हैं। ऐसा होने पर अगर कोई लड़ने से इनकार करता है तो उसे कायर मान लिया जाता है और सभी लोग उसका मज़ाक़ उड़ाते हैं। फिर वह अपने साथियों के बीच चेहरा नहीं दिखा पाता है। अगर दोनों के बीच लड़ाई हो जाती है और किसी एक की मौत हो जाती है तो गिरफ़्तारी और फांसी से बचने के लिए उसे भागकर दूसरे देश में जाना पड़ता है। यह सच है कि अंग्रेज़ लोग अपनी ज़िन्दगी से ज़्यादा अपनी इज़्ज़त को प्यार करते हैं।

इंग्लैंड में ऐसे कई लोग हैं जो पक्के जुआरी हैं। वे जुए की मेज़ पर अपनी सारी जायदाद हार सकते हैं और मूर्ख बन सकते हैं, लेकिन हैरानी की बात है कि

इतना होने पर भी वे जुआ खेलना नहीं छोड़ते क्योंकि उन्हें लगता है कि हो सकता है अगली बार वे जीत जाएँ और यही सोचकर अपनी क़िस्मत आज़माते रहते हैं। उनका कहना है कि जुआ भी वैसे ही है जैसे समुद्र में व्यापार करना। कम ही लोग ऐसे हैं जो आफ़तों से भरे इस खेल से धनी हुए हों, लेकिन ज़्यादातर को आप इसके नतीजे के तौर पर कंगाली की हालत में पाएँगे।

अमेरिका जिसको नई दुनिया कहते हैं

सारी दुनिया को सात भागों में बाँटा गया है और उनका नाम हफ़्त अक़लीम रखा है। पहली अक़लीम को बल्ख़, दूसरी को ख़ुरासान, तीसरी को रोम, चौथी को चीन, पाँचवीं को हिन्दुस्तान, छठी को मावराउन नहर और सातवीं को तुर्किस्तान कहा जा सकता है।

लेकिन विलायत के विद्वानों ने दुनिया को चार भागों में बाँटा है। वे नई दुनिया को अमेरिका कहते हैं। यह देश बंगाल के उत्तर-पश्चिम की ओर स्थित है। इंग्लैंड से अमेरिका का सफ़र जहाज़ से दो-ढाई माह में तय होता है।

अंग्रेज़ों ने क़ुतुबनुमा के विकास के बाद जब नए जोश के साथ नए-नए द्वीपों और समुद्री रास्तों की तलाश शुरू की और उन पर अपना प्रभुत्व स्थापित करना आरम्भ किया तो इसी बीच यह मुल्क (महादेश) दुनिया वालों की जानकारी में आया। हुआ यूँ कि स्पेन का एक जहाज़ अज्ञात स्थानों की तलाश में निकला था। वह तबाह हाल होकर उस ओर पहुँचा। जहाज़ के लोगों को जब आबादी नज़र आई तो वे बहुत ख़ुश हुए। वहाँ के काले लोग बुरे और इनसानों को खाने वाले न थे, लेकिन इनसानी गोश्त खाने वाले लोगों से मिलते-जुलते नज़र आ रहे थे। वे लोग गोरों को काले और लाल रंग के लिबास में देखकर हज़ारों की संख्या में महासागर के तट पर जमा हो गए और उन्हें बुलाने के लिए इशारा देने लगे। जहाज़ पर मौजूद लोग उनकी भूतों जैसी शक्लें देखकर आश्चर्यचकित रह गए। वे डरे और सहमे हुए थे। न तट पर उतरने की हिम्मत थी और न जहाज़ मोड़कर भागने की संभावना बची। वे लोग वहीं पर जमे रहे। तब अमेरिकी लोगों ने सूखी लकड़ियों का एक गट्ठर बनाकर उसको रस्सियों से मज़बूत बाँधा और उस पर सवार होकर जहाज़ की तरफ़ आने का इरादा किया। यह देखते ही इन्होंने तोप और बन्दूक़ों से उन पर हमला कर दिया। बहुत सारे लोग मारे गए। वे सादे

लोग तोप की आवाज़ सुनकर आसमान की ओर देखते थे और समझते थे कि यह आसमानी कड़क है। जब बहुत सारे लोगों की मृत्यु हो गई तो वे लोग थोड़ा शान्त हुए। इशारों से मुलाक़ात की ख़्वाहिश का इज़हार किया। जहाज़ के कप्तान ने पहले तीन आदमियों को रोटी, पनीर और शराब देकर उनके पास भेजा कि उनको तोहफ़े के तौर पर पेश करें। वे जंगली लोग वह तोहफ़ा पाकर बहुत ख़ुश हुए। उसके बाद दोनों तरफ़ के लोग एक-दूसरे से मिले-जुले। कुछ दिन ये लोग वहाँ रहे। वहाँ की विशेषताओं को जाना। वहाँ दोबारा आ सकें उसके लिए रास्ते का नक़्शा बनाया। वहाँ से फल, फूल और दूसरी चीज़ें लेकर अपने मुल्क वापस आ गए। दूसरे साल दो-तीन जहाज़ लेकर बहुत सारे तोहफ़े के साथ वहाँ गए। वे लोग ये तोहफ़े पाकर बहुत ख़ुश हुए। और इस तरह ये लोग उनके क़रीब हो गए। फिर वहाँ व्यापारिक केन्द्र बनाए, बाग़ीचे लगाए। इस प्रकार सोने-चाँदी के इस देश पर उनका क़ब्ज़ा हो गया। मुल्क के मूल निवासी उनके ग़ुलाम और मज़दूर बनते गए।

अमेरिका की विशेषताएँ

अमेरिका के निवासी काले, लम्बे और मज़बूत होते हैं। उनकी लम्बाई समान्यत: छह हाथ से ऊँची होती है। हमारे मुल्क के लोगों से अधिक मोटे और ताक़तवर होते हैं। उनके यहाँ हलाल-हराम का कोई फ़र्क़ नहीं और उनका कोई धर्म नहीं है। जानवरों के चमड़े और पेड़ों के पत्तों से अपने कपड़े बनाते हैं। वे कच्चा या अधपका गोश्त खाते हैं। उस देश के सरदार राजा की तरह अधिकार रखते है। वे टापा (कहार) पर सवार होते हैं जिसको लोग कांधों पर उठाकर उनके आदेशानुसार पहुँचा देते हैं। उन्हें ज्ञान-विज्ञान से कोई मतलब नहीं है, लेकिन लिखाई-पढ़ाई के लिए एक अजीब लिपि का उन्होंने आविष्कार कर लिया है। वे पेड़ों के पत्तों पर लिखते हैं। उनके यहाँ प्राचीन काल से पत्तों पर पीले, हरे और दूसरे रंगों से शेर, बिल्ली, कुत्ता, गीदड़, लोमड़ी और सूअर आदि की तस्वीर बताई जाती है। अपनी बातों को दूसरों तक पहुँचाने के लिए हर एक शक्ल का एक अर्थ तय किया हुआ है और इस तरह वे अपनी मुश्किल का हल निकाले हुए हैं।

अमेरिका में सोना, चाँदी, ताँबा, लोहा, पारा और दूसरे खनिज पदार्थ प्रचुर मात्रा में उपलब्ध हैं। विलायत से हमारे मुल्क में जो सोना-चाँदी आ रहा है, वह

अंग्रेज़ अमेरिका से ही प्राप्त करते हैं क्योंकि विलायत में सोना, चाँदी प्रचुर मात्रा में मौजूद नहीं हैं। बंगाल की तरह अमेरिका में बारिश बहुत होती है।

पहली बार जब स्पेन के लोग वहाँ गए तो एक छोटे भाग पर अपना प्रभुत्व स्थापित किया। उसके बाद फ्रांस के लोग वहाँ पहुँचे। उन्होंने मुल्क का बहुत बड़ा क्षेत्र अपने नियंत्रण में ले लिया। उसके बाद अंग्रेज़ों ने उस देश में अपनी जगह बनाई और अपने मुल्क के पेशेवर (professionals) और हुनरमन्द लोगों को वहाँ बसाया और व्यावसायिक गतिविधियाँ शुरू कर दीं। उनके हाथ बंगाल के बराबर क्षेत्रफल आया।

फ्रांस, इंग्लैंड और स्पेन के शासकों ने अपने-अपने मुल्कों के आपराधिक प्रवृत्ति के लोगों को वहाँ बसाया। उन लोगों ने खेतीबाड़ी को बढ़ावा दिया। बाग़ीचे लगाए, बड़े-बड़े भवनों का निर्माण किया। जहाज़ बनाने के कारख़ाने लगाए। पूरे देश को राज्यों में बाँटा, फिर हर राज्य में राज्यपाल, ज़मींदार, क़िलेदार और फ़ौजी अधिकारी नियुक्त किए। मालगुज़ारी से सम्बन्धित विधान बनाए, न्यायालय स्थापित किया। अपने मुल्क की तरह युद्ध के लिए हथियार वग़ैरह बनाने लगे। ये लोग शक्तिशाली होते गए। फिर फ्रांस के अधीन क्षेत्र को अपने अधीन ले आए। कहते हैं कि पहले अमेरिका के लोग किसी व्यक्ति को विलायत के राजा का प्रतिनिधि बनाते थे जो वहाँ शासन करता था, लेकिन बारह साल पहले उन्होंने वहाँ की हुकूमत अपने हाथ में ले ली। जब राजा को यह जानकारी मिली तो उसने पचास-साठ हज़ार की सेना वहाँ भेजी। पहले हमले में बादशाह को जीत प्राप्त हुई और उन्होंने एक बड़े शहर पर क़ब्ज़ा कर लिया, लेकिन ज़मीनी लड़ाई में उन्हें अमेरिकियों ने पराजित कर दिया। इस स्थिति की ख़बर जब राजा तक पहुँची तो उन्होंने अस्सी हज़ार फ़ौजियों को, लॉर्ड कॉर्नवालिस, जो आजकल कलकत्ता के गवर्नर हैं, के साथ भेजा। अमेरिका के पास उस समय न आदमियों की कमी थी न हथियारों की, लेकिन कोई अनुभवी सेनानायक न थे, इसलिए वह पराजित हुए। लेकिन उसके बाद भी उन्होंने वीरता के साथ लड़ाई जारी रखी। इसमें कई हज़ार अंग्रेज़ मारे गए। चूँकि दोनों ओर के लोग एक राष्ट्र से थे, इसलिए बाद में आपस में समझौता कर लिया।

विलायती विविधता

इंग्लैंड में जितने भी आविष्कार हुए हैं, उनके बारे में लिखने के लिए मुझे बहुत लम्बी ज़िन्दगी चाहिए और कई किताबें लिखनी पड़ेंगी।

पनचक्की और पवनचक्की टेक्नोलॉजी के क्षेत्र में फ़िरंगियों की बहुत उपयोगी नई खोजें हैं। इनका इस्तेमाल भूसी निकालने की मशीनों, लकड़ी काटने की आरा मिलों, तेल निकालने के कोल्हुओं और बारूद फ़ैक्ट्रियों को चलाने में किया जाता है। मैं समझता हूँ कि इस तरह की पनचक्कियाँ और पवनचक्कियाँ हाल ही में कलकत्ता में लगाई गई हैं। कोई भी आसानी से समझ सकता है कि श्रम बचाने वाले इन आविष्कारों से जनता को कितना फ़ायदा हुआ है? अगर आटा पीसने वाली मिल को चलाने के लिए इनका इस्तेमाल किया जाए तो दिन भर में पचास से सौ मन तक या इससे भी ज़्यादा गेहूँ की पिसाई हो सकती है। गाँव के लोग इन मिलों में प्रति मन की तय दर से पैसा देकर जब चाहें अपना गेहूँ ले जा सकते हैं। तेल निकालने के लिए भी इस तरह की मिलें हैं।

मैंने ऐसी कटाई मिलें देखीं जहाँ केवल एक ऑपरेटर एक बड़े पहिए को घुमाता है जिसकी गति अपने आप तक़रीबन बीस अन्य पहियों तक स्थानान्तरित हो जाती है और रेशम के लम्बे धागे तैयार होते हैं।

शराब बनाने का कारख़ाना देखना भी काफ़ी दिलचस्प है। यहाँ जौ के पानी से बनती है बीयर, जो अमीरों और ग़रीबों दोनों के बीच बहुत लोकप्रिय पेय है और बताया जाता है कि यह काफ़ी ताज़गी देती है और ठंडी होती है। यहाँ एक कुएँ से पानी खींचकर विशाल टंकी में भरा जाता है, जिसमें हज़ारों मन जौ उबलता रहता है। पानी निकालने के लिए घोड़ों का इस्तेमाल किया जाता है। होता यह है कि घोड़ों पर जुए की तरह एक बल्ली लगाई जाती है, जिसका दूसरा सिरा सीधे खड़ी धुरी पर घूमने वाली एक कीली में लगा होता है जो एक पहिए से जुड़ा रहता है।

जब इसमें घोड़े को जोत दिया जाता है तो उसके सामने कुएँ के चारों तरफ़ घूमने के अलावा और कोई चारा ही नहीं रहता और इस प्रकार वह पहिया भी घूमता रहता है। चूँकि उस पहिए के साथ एक रस्सी लगी होती है जिसके सिरे पर एक बाल्टी होती है, लिहाज़ा चक्कर लगाने से बाल्टी में पानी ऊपर आता है और टंकी में डाल दिया जाता है। मुझे लोगों ने बताया और किताबों में भी मैंने पढ़ा कि पानी निकालने के इस तरीक़े का इस्तेमाल प्राचीन ईरान और तुर्किस्तान में विकसित हुआ था, लेकिन पहली बार इसका इस्तेमाल विलायत में देखा।

विलायत में सही समय बताने वाली तरह-तरह की घड़ियाँ देखने को मिलीं। सबसे ज़्यादा इस्तेमाल वाली घड़ी जेब घड़ी थी, जिसका इस्तेमाल बहुत ग़रीब लोगों को छोड़कर लगभग सभी लोग करते थे। इसके बाद दीवार घड़ियाँ देखीं जो काफ़ी बड़ी थीं और धनी लोगों के रसोईघर की दीवार पर लटकी रहती थीं ताकि रसोइये को खाना बनाने के समय का पता चल सके। पार्कों और बाज़ारों में तथा बड़ी-बड़ी इमारतों के प्रवेश द्वार के पास और बाग़-बाग़ीचों में धूप घड़ी देखने को मिली। इस तरह की घड़ी का अगला हिस्सा गोल पत्थर या तांबे का होता है, जिस पर अलग-अलग घंटों के निशान लगे होते हैं और बीच में एक डायल होता है। इन निशानों के साये दिन के पहर की जानकारी देते हैं। भारत में सम्पन्न लोग घंटा बजाने वालों को काम पर लगाते हैं ताकि अलग-अलग समय की सूचना वे घंटा बजाकर दें, लेकिन विलायत में हर वर्ग के लोग समय से घड़ी की सहायता से अवगत होते हैं।

खाना : इंग्लैंड में खाने और पीने की जितनी चीज़ें मिलती हैं, उन सबका बयान करना बहुत मुश्किल है। बस, अगर कहावत की भाषा में बोलूँ तो यही कह सकता हूँ कि अगर आपकी पसन्द चिड़िया का दूध हो तो यहाँ यह भी मिल सकता है।

फूल : हालाँकि भारत और फ़ारस में फूलों की बेशुमार क़िस्में हैं, लेकिन विलायत में मैंने जितने तरह के फूल देखे उससे बहुत प्रभावित हुआ। इन फूलों में रजनीगंधा, गुलाब, मुर्ग़ की कलंगी वाला फूल, ट्यूलिप, गेंदा, नारसीसस, गुलमेहँदी, नाफ़रमान, बेला, मोगरा, जूही और चमेली के फूल दिखाई दिए। इनके अलावा सफ़ेद, लाल, पीले, और नीले रंग के बहुत सारे फूल देखने को मिले, जिनके नाम मैं नहीं बता सकता। एक और फूल मैंने देखा जिसे अंग्रेज़ी में कॉर्नेशन और हमारी भाषा में 'गुलनार' कहते हैं, जिसके बारे में एक सुन्दरी की प्रशंसा में कहे गए इन लफ़्ज़ों को मैं याद करता हूँ :

गुलाब की लाली और लिली का नीलापन
गुलनार की मिठास और तुम्हारे चेहरे का नूर।

इंग्लैंड में ही मैंने ऐसे गुलाब के फूल देखे, जिन्हें दुनिया के सबसे बड़े गुलाबों के श्रेणी में रखा जाता है और जो हज़ारों की संख्या में पैदा होते हैं।

लम्बी दूरी के लिए यातायात : किसी यात्री को यात्रा के विभिन्न चरण में एक सराय मिलती है जहाँ वह आराम कर सकता है, अपने लिए मांस और मदिरा हासिल कर सकता है, अपने घोड़े के लिए मकई और भूसा भी पा सकता है। अगर वह चाहे तो अपना खाना ख़ुद पका सकता है और ज़रूरत पड़ने पर उसे किसी वेश्या की सेवाएँ भी मिल सकती हैं। कुछ ख़ास क़िस्म की घोड़ा-गाड़ियाँ हैं, जिनमें हर 10-12 मील पर घोड़े बदल दिए जाते हैं और जो रात-दिन लगातार चलती रहती हैं ताकि अगर किसी को आराम करना हो या सोना हो तो वह उस गाड़ी के अन्दर ही सो जाए। यही वजह है कि रात-दिन मिलाकर इस तरह की गाड़ियाँ तक़रीबन 150 मील का सफ़र तय कर लेती हैं। ये गाड़ियाँ उन सरायों पर रुकती हैं जहाँ खाना तैयार है और यात्रियों का इन्तज़ार हो रहा है। यात्रियों को तक़रीबन 15 मिनट का समय दिया जाता है ताकि वे खा-पी लें। अगर कोई चाहे तो अपने लिए एक घोड़े से चलने वाली गाड़ी किराए पर ले सकता है। इस गाड़ी में आमने-सामने चार लोग बैठ सकते हैं। दोनों तरह की गाड़ियाँ सरायों में उपलब्ध रहती हैं। बेशक, जो लोग बहुत दिक़्क़त वाली हालत में हैं वे पैदल चलने के लिए मजबूर होते हैं।

खेती-बाड़ी : विलायत के बहुत बड़े हिस्से में ऐसी खेती होती है कि शायद ही ज़मीन का कोई टुकड़ा हो, जिस पर फ़सल न पैदा की जा रही हो। इंग्लैंड और स्कॉटलैंड की यात्रा के दौरान मुझे बड़े-बड़े खेत दिखाई दिए, लेकिन कोई ऐसा नहीं दिखा जहाँ खेती न हो रही हो। ये इतने बड़े खेत थे कि इन पर 10-12 हज़ार लोगों की सेना खड़ी हो सकती थी। दूसरे शब्दों में कहें तो 500 से लेकर 1000 लोग इस विशाल खेत में अपना कैम्प लगाकर विश्राम कर सकते थे। यहाँ खेती-बाड़ी करने का तरीक़ा भारत से एकदम भिन्न है। यहाँ की मिट्टी बहुत उपजाऊ नहीं है और ज़्यादातर इलाक़ा पथरीला है। कोई खेत तैयार करने के लिए पहले ज़मीन से खोद-खोदकर पत्थरों को निकाला जाता है और इसके बाद घोड़े और गाय के गोबर से बनी खाद को ज़मीन में डाला जाता है। इसका मतलब यह हुआ कि किसी भी तरह का पौधा रोपने के लिए बहुत मेहनत की ज़रूरत पड़ती है, लेकिन इन सबके

बावजूद यहाँ के किसान अलग-अलग क़िस्म के अनाज सफलतापूर्वक पैदा कर लेते है। कई जगहों में मैंने सफ़ेद मिट्टी देखी, जिसे अंग्रेज़ी में 'चॉक' कहते हैं। यहाँ लाल मिट्टी भी काफ़ी दिखाई दी जिसे भारत में 'गेरू' कहा जाता है।

यहाँ की ज़मीन साल के चार महीने तक बर्फ़ से ढकी होती है, लेकिन गर्मियों में धूप से यह इतनी गर्म हो जाती है जिससे बर्फ़ पिघल जाती है और धरती में नमी आ जाती है। ऐसा होने के बाद यहाँ के किसान लोग दो घोड़ों अथवा चार घोड़ों वाले हल की मदद से खेतों को जोतते हैं और फिर जौ तथा दूसरे अनाजों को अपने खेतों में बोते हैं। चार से लेकर पाँच महीनों के दौरान फ़सल तैयार हो जाती है और फिर उसे हँसुए से काट लिया जाता है। पूरे साल बारिश होती रहती है, इसलिए यहाँ केवल एक ही फ़सल होती है जबकि भारत में दो फ़सलें तैयार होती हैं—रबी और ख़रीफ़। सर्दियों में रबी और गर्मियों में ख़रीफ़ की फ़सल होती है।

विलायत के जानवर : विलायत में घोड़ों की क़ीमत भारत के मुक़ाबले कम है हालाँकि वे भारतीय घोड़ों के मुक़ाबले दो गुना बड़े हैं और यहाँ के घोड़ों की तुलना में ज़्यादा भारी काम कर सकते हैं। निचले तबक़े के लोग गाड़ी खींचने और हल चलाने के लिए तथा बोझा ढोने के लिए भी घोड़ों को रखते हैं। भारत में जो काम बैलों, गधों, ऊँटों, भैसों आदि से लिया जाता है, वह सारा काम यहाँ अकेले घोड़े करते हैं। अंग्रेज़ लोगों को यह सुनकर बड़ी हैरानी होती है के भारत में बैलों से चलने वाली गाड़ियाँ होती हैं और बोझ ढोने के काम में भी बैलों का इस्तेमाल होता है। विलायत में रेस के मैदान में दौड़ने वाले घोड़े अन्य घोड़ों की तरह मोटे नहीं होते और बहुत चुस्त होते हैं। यहाँ अरब और फ़ारस से आए घोड़ों को काफ़ी महत्त्व दिया जाता है और इनकी क़ीमतें भी बहुत ज़्यादा हैं।

विलायत में चीते, भेड़िये, बाघ, रीछ, साँप, सियार जैसे जंगली जानवर नहीं दिखाई देते। लोग बताते हैं कि बहुत पहले इन आदमख़ोर और जंगली जानवरों से लोग बहुत तंग आ चुके थे। इसलिए लोगों को जंगल में तैनात किया गया ताकि इन जानवरों का सफ़ाया कर दें और यही वजह है कि आज इनका कोई सुराग़ नहीं मिलता। केवल कुछ लोमड़ियाँ दिखाई दे जाती हैं क्योंकि वे उन दिनों अपने बिलों में छुप गई थीं और उन्होंने ख़ुद को बचा लिया।

मैंने लोमड़ी की चालाकी की एक कहानी सुनी। बताते हैं कि एक ज़माने में किसी व्यक्ति ने बहुत सारी बतख़ें पाल रखी थीं। उनकी सुरक्षा को ध्यान में रखते हुए उसने लकड़ी का एक बहुत बड़ा पिंजड़ा बनवाया, जिसमें रात में उन बतख़ों

को बन्द कर दिया जाता था। एक लोमड़ी की निगाह इन बतख़ों पर लगी हुई थी और वह हर रात लगातार टोह लगाए रहती थी। एक शाम उस व्यक्ति ने बतख़ों को पिंजड़े में रखा, लेकिन उसके दरवाज़े पर ताला लगाना भूल गया और वह दरवाज़ा किसी प्रेमी की आँखों की तरह खुला रह गया। अब तो लोमड़ी के लिए बहुत अच्छा मौक़ा था। बिजली की रफ़्तार से भी तेज़ी के साथ उसने पिंजड़े में प्रवेश किया और सीधे बतख़ों के गले पर हमला किया ताकि वे आवाज़ ही न निकाल सकें। उसके बाद वह उन्हें खींचकर थोड़ी दूर ले जाकर एक रेतीली जगह में उन्हें ज़मीन के अन्दर गाड़ दिया और ऊपर से ज़मीन को बराबर कर दिया। इस प्रकार उसने अपने लिए खाने का एक गोदाम तैयार कर लिया (अल्लाह, यूरोप की इन लोमड़ियों के पास ग़ज़ब की दूरदर्शिता है। दूसरी तरफ़ हम लोग इतने अभागे हैं कि न तो हम इस जन्म के लिए कोई गोदाम बना पाते हैं और न अगले जन्म के लिए)।

अगले दिन सुबह जब वह व्यक्ति अपनी बतख़ों को बाहर निकालने के लिए पिंजड़े के पास पहुँचा तो उसने हैरानी के साथ देखा कि दरवाज़ा खुला हुआ है और अन्दर एक भी बतख़ नहीं है। उसने कुछ लोगों को बतख़ों को ढूँढ़ने के लिए चारों तरफ़ भेजा। ढूँढ़ते-ढूँढ़ते वे लोग बतख़ों की उस सामूहिक क़ब्र के पास पहुँचे क्योंकि उन्हें ज़मीन के अन्दर से निकला हुआ एक पंख दिखाई दिया। उन्होंने उस पंख को पकड़कर खींचा और उनके हाथ में एक मरी हुई बतख़ आ गई। इसके बाद उन्होंने ज़मीन को खोदना शुरू किया और वहाँ सारी बतख़ें दिखाई दीं। उस व्यक्ति को यह जानकर बहुत अफ़सोस हुआ।

हाथियों और ऊँटों जैसे जानवर भारत से ही विलायत भेजे जाते हैं, जहाँ इन जानवरों को बड़ी-बड़ी इमारतों में रखा जाता है। विलायत के लोग इन जानवरों को असाधारण प्राणी समझते हैं और इन्हें देखने के लिए इकट्ठा हो जाते हैं। इमारत के प्रवेश द्वार पर एक दफ़्तर बना दिया जाता है, जहाँ से एक या दो रुपए का टिकट लेकर कोई भी अन्दर आकर जानवरों को देख सकता है।

कुत्तों का सम्मान : विलायत में कुत्तों को बहुत सम्मान प्राप्त है क्योंकि उन्हें अनेक हैरतअंगेज़ करतब दिखाने की ट्रेनिंग दी जाती है। ये कुत्ते ऐसे-ऐसे करतब दिखाते हैं, जिन पर भारत के किसी आम नागरिक को यक़ीन ही नहीं हो सकता।

मैंने अनेक नस्लों और आकारों के कुत्ते देखे। उनमें ख़ास तौर पर प्वांइटर नस्ल के कुत्ते ने मुझे हैरानी में डाल दिया। एक दिन मिस्टर सर्जेंट नामक किसी

व्यक्ति के बेटे और उनके माली के साथ एडिनबर्ग से बाहर के मैदानी इलाक़े में मैं शिकार के लिए गया। यह गर्मियों का मौसम था जब गेहूँ और जौ की कटाई होती है। मिस्टर सर्जेंट ने अपने साथ एक छोटा-सा प्वाइंटर भी ले लिया था जो कुछ दूरी पर हम लोगों के आगे-आगे चल रहा था। वह कुत्ता शिकार की टोह में कभी इधर तो कभी उधर सूंघता हुआ भागता फिरता था, लेकिन काफ़ी देर तक उसे कोई कामयाबी नहीं मिली। फिर अचानक हम एक खेत में पहुँच गए जिसमें हमारी मौजूदगी से बेख़बर 10-12 फ़ाख़्ते घास में दाने चुग रहे थे। जैसे ही कुत्ते को उनकी गन्ध लगी वह उन फ़ाख़्तों से तक़रीबन बीस हाथ की दूरी पर चुपचाप रुक गया। उसने अपने मालिक की ओर देखा और फिर सिर झुका लिया। मिस्टर सर्जेंट को तुरन्त लग गया कि वह शिकार की तरफ़ इशारा कर रहा है। वह तेज़ी से बढ़े, पर जब कोई चिड़िया उनके हाथ नहीं लगी तो उन्होंने ग़ुस्से से कुत्ते की ओर देखा जो दस क़दम आगे बढ़कर फिर चुपचाप खड़ा हो गया था। उसे अच्छी तरह पता था कि उसके मालिक उससे नाख़ुश हैं कि उसने पहले क्यों नहीं शिकार को देखा और शायद उसने मन ही मन कहा कि 'मेरे मालिक सोच रहे होंगे कि मैं उन्हें धोखा दे रहा हूँ।' मिस्टर सर्जेंट आगे बढ़े, लेकिन उन्हें अभी भी कुछ नहीं दिखाई दिया। उन्होंने एक बार फिर कुत्ते की ओर ग़ुस्से से देखा, जो अभी भी आगे बढ़ रहा था। मिस्टर सर्जेंट भी उसके पीछे-पीछे चल दिए, लेकिन शिकार कहीं नज़र नहीं आ रहा था। दरअसल वे सारे फ़ाख़्ते गेहूँ की डांठ के ढेर के पीछे थे और यह ढेर इतना ऊँचा था कि फ़ाख़्ते पूरी तरह छुप गए थे।

मालिक को ग़ुस्से में देखकर प्वाइंटर अपने शिकार पर टूट पड़ा। वह झुंड अचानक उड़ा और मिस्टर सर्जेंट ने गोली चला दी और दो चिड़ियाँ नीचे गिर गईं। माली ने तीसरी चिड़िया को मार गिराया। मिस्टर सर्जेंट को पता था कि मुसलमान लोग कोई मांस तब तक नहीं खाते हैं, जब तक उसकी विधिवत् क़ुरबानी न हुई हो। इसलिए उन्होंने तीनों फ़ाख़्ते मुझे देते हुए कहा कि मैं इनकी क़ुरबानी वाली रस्म पूरी कर दूँ। मैंने जब वैसा कर दिया तो उन्होंने सारा कुछ मुझे दे दिया।

उन चिड़ियों का मांस बहुत स्वादिष्ट था। कैप्टन स्विंटन को जब पता चला कि हमने कैसे कुछ फ़ाख़्ते मारे और उन्हें फिर अन्तिम तौर पर निपटाया तो उन्होंने मज़ाक़िया अन्दाज़ में कहा कि "आपने एक-दो मुझे दे दिया होता क्योंकि हम लोग तो उन्हें वैसे ही खा लेते हैं।" मैंने जवाब दिया कि "अगर मुझे पहले पता होता तो मैं उन तीनों चिड़ियों को आपको भेज देता।"

कुत्तों की बड़ी नस्लों का इस्तेमाल रईस लोग लोमड़ियों और ख़रगोश के शिकार के दौरान करते हैं। सचमुच कुत्तों और आदमियों के स्वभाव में काफ़ी समानता है, जो कुत्ते के शिकार करने के तरीक़े में दिखाई दी। कुछ व्यापारी लोगों ने आपस में मिलकर कुत्ता पालने के केन्द्रों की स्थापना की है जहाँ वे चार सौ से लेकर पाँच सौ शिकारी कुत्तों को पालते या प्रशिक्षण देते हैं। इन कुत्तों को पचास से एक सौ रुपए प्रति सप्ताह की दर पर किराये पर दिया जाता है। जब शिकार का आयोजन किया जाता है तो पचास से लेकर सौ लोग एकजुट होते हैं और आपस में पैसे जुटाकर शिकारी कुत्तों को किराये पर लेते हैं। वे कुत्तों को साथ लेकर घोड़ों पर बैठकर शिकार के लिए निकल पड़ते हैं और इसकी देखरेख घोड़े पर बैठा सिर पर टोप लगाए एक शिकारी करता है, जिसके पास एक भोंपू होता है। पूरा समूह तितर-बितर हो जाता है और शिकार का काम शुरू हो जाता है। कुत्ते छोड़ दिए जाते हैं और वे जंगल में शिकार को ढूँढ़ने में लग जाते हैं। जब शिकारी भोंपू बजाता है तो वे तलाश छोड़कर उसके गिर्द आकर खड़े हो जाते हैं। दूसरा संकेत मिलते ही वे फिर शिकार की तलाश में चारों तरफ़ फैल जाते हैं। जब इन कुत्तों को किसी लोमड़ी या ख़रगोश की गन्ध मिलती है, ये अपने नाख़ूनों से ज़मीन खोदने लगते हैं, जिसे देखते ही घुड़सवार शिकारी वहाँ पहुँच जाते हैं। अगर कोई हिरण सोता हुआ दिखाई दिया तो कुत्ते उस पर टूट पड़ते हैं और अगर वह हिरण भागने में कामयाब हो गया तो वे उसे दौड़ा लेते हैं और फिर उनके पीछे-पीछे शिकारियों का दल भी दौड़ पड़ता है। अगर कोई हिरण किसी जगह पर कुछ घंटे पहले था तो उसकी गन्ध लेते हुए ये कुत्ते उसका पीछा करने लगते हैं और उनके पीछे घुड़सवार शिकारी चलते रहते हैं और यह सिलसिला तब तक जारी रहता है जब तक शिकार पकड़ में नहीं आ जाता। इस तरीक़े से शिकारी लोग 20-25 मील तक की दूरी तय कर लेते हैं। वे एक पल के लिए भी नहीं रुकते और रास्ते में अगर कोई खाई या खन्दक आ गया या आदमी की ऊँचाई तक की भी झाड़ियों की दीवार आ गई तो वे बड़े आराम से उससे निपट लेते हैं।

हर्कुलेनियम से मिली अंगूठी

दम्भी प्राचीन रोमन साम्राज्य में हर्कुलेनियम नामक एक शहर था। इसके बारे में बताया जाता है कि उसकी स्थापना महान नायक हर्कुलिस ने की थी, जिसकी पूजा

हिन्दू अवतारों की तरह होती है। वह शहर एक पहाड़ की तलहटी में बसा था और उस पहाड़ में गन्धक की खान थी, जिससे समय-समय पर ज्वालामुखी फटता था। एक बार इतना भीषण ज्वालामुखी फटा कि उसकी विशाल राख के नीचे पूरा शहर दब गया। तक़रीबन दो सौ साल पहले इस इलाक़े के लोगों ने खुदाई कर के राख के ढेर के नीचे से शहर को निकाला और देखा कि सारी चीज़ें एकदम वैसी ही हैं जैसी रही होंगी—लकड़ी और पत्थर से बने मकान, सामानों से भरी दुकानें, इसकी सड़कें जिनसे गुज़रे रथों के पहिये के निशान अभी भी साफ़ नज़र आ रहे थे। अभी भी प्राचीन कलाकृतियाँ वहाँ से खोदकर निकाली जा रही हैं। मिस्टर जॉन डेविड नामक एक सज्जन ने मुझे नीलम जड़ी एक अंगूठी दिखाई, जिसे बताया जाता है कि उनके दादा को हर्कुलेनियम के खंडहर में मिली थी।

इंग्लैंड में मेरा हुक़्क़ा

हुक़्क़े और तम्बाक़ू का जो तरीक़ा भारत में है, वह न तो विलायत में देखा गया न ईरान, तुरान, सीरिया और चीन आदि में। यह तरीक़ा यह है कि एक छोटे पाइप में तम्बाक़ू भरकर उस पर आग रखते हैं। उसके बाद कश लगाते हैं। कहते हैं कि सर्दी और ज़ुकाम के लिए यह लाभदायक है। विलायत में ग़रीब लोग सूखे तम्बाक़ू का सेवन करते हैं। मेरा हुक़्क़ा पीना वहाँ एक तमाशा बन गया था। जब मैं पीता था तो हुक्के से गुड़गुड़ाहट की आवाज़ निकलती थी। लोग क़रीब आकर देखते, सुनने लगते थे और फिर सवाल करने लगते थे। मैं मजबूर होकर उनसे पूरी क़ैफ़ियत बताता था।

अनुवाद के बारे में

इस सफ़रनामे से मेरा परिचय होने की कहानी भी बहुत रोचक है। किसी संगोष्ठी में भाग लेने के लिए मैं हिन्दी के प्रसिद्ध साहित्यकार असग़र वजाहत के साथ जा रहा था। इस यात्रा के दौरान उन्होंने इस सफ़रनामे की चर्चा की थी। बातचीत के दौरान यह तथ्य सामने आया था कि प्राय: यह माना जाता है कि राजाराम मोहन राय पहले हिन्दुस्तानी थे जो इंग्लैंड गए थे, लेकिन उससे लगभग 60 साल पहले मिर्ज़ा शेख़ एतेसामुद्दीन ने न केवल यूरोप की यात्रा की थी बल्कि एक विस्तृत यात्रा-संस्मरण भी लिखा था। यह रोमांचित करने वाला तथ्य था क्योंकि मिर्ज़ा अब तक ज्ञात पहले पढ़े-लिखे हिन्दुस्तानी हैं, जिन्होंने यह कारनामा किया था। उसी समय मैंने तय कर लिया था कि 'शिगुर्फ़नामा-ए-विलायत' का हिन्दी अनुवाद करना चाहिए।

मिर्ज़ा शेख़ एतेसामुद्दीन के यात्रा संस्मरण के हिन्दी अनुवाद का काम काफ़ी जटिल था। यद्यपि इसका अंग्रेज़ी अनुवाद 2001 में 'पीपल ट्री लन्दन' से प्रकाशित हो चुका है, लेकिन अनुवादक क़ैसर हक़ ने स्वयं इस पुस्तक की भूमिका में स्पष्ट रूप से लिखा है कि यह अनुवाद मूल फ़ारसी पांडुलिपि से नहीं किया गया है बल्कि पांडुलिपि के बांग्ला अनुवाद 'विलायतनामा' के आधार पर किया गया है। इसलिए मूल फ़ारसी पाठ से अंग्रेज़ी अनुवाद का मिलान करने पर यह पाया गया कि अंग्रेज़ी अनुवादक ने कुछ ऐसे प्रसंग छोड़ दिए हैं या उनको संक्षिप्त कर दिया है जो सम्भवत: उसके अनुसार अंग्रेज़ी पाठक के लिए महत्त्वपूर्ण या रोचक न थे। इस कारण अंग्रेज़ी

अनुवाद वास्तव में अधूरा अनुवाद है। 'शिगुर्फ़नामा-ए-विलायत' का उर्दू अनुवाद उपलब्ध है, पर हिन्दी पाठक उससे लाभान्वित नहीं हो सकते। सफ़रनामे का उर्दू अनुवाद वैसे भी सरलता से उपलब्ध नहीं है। इसलिए यह आवश्यक समझा गया कि उसका हिन्दी अनुवाद किया जाए। हिन्दी अनुवाद के सम्बन्ध में यथासम्भव सतर्कता बरती गई है। इस सम्बन्ध में सबसे पहले तो यह चुनौती सामने आई कि सफ़रनामे की मूल फ़ारसी पांडुलिपि ऑक्सफ़ोर्ड पुस्तकालय के अतिरिक्त और कहाँ उपलब्ध है। बहुत खोजबीन के बाद यह पता चला कि सफ़रनामे की एक पांडुलिपि ख़ुदा बख़्श ओरियंटल लाइब्रेरी, पटना में है। यह पांडुलिपि इतनी जीर्ण-शीर्ण अवस्था में थी कि पुस्तकालय ने इसकी फ़ोटोकॉपी या माइक्रो फ़िल्म उपलब्ध कराने से इनकार कर दिया। अब इसके अतिरिक्त और कोई रास्ता न था कि पटना जाकर पांडुलिपि का अनुवाद किया जाता। फ़ारसी-हिन्दी अनुवादक हिफ़्ज़ुर रहमान और आफ़ताब अहमद मनेरी ने धीरे-धीरे इस काम को शुरू किया। फ़ारसी पांडुलिपि को पढ़ना और अनुवाद करना निश्चित रूप से समय साध्य था। हिन्दी अनुवाद का उर्दू अनुवाद से मिलान करने का काम मैंने अपने ज़िम्मे लिया। जैसे-जैसे फ़ारसी से हिन्दी अनुवाद होता जाता था, वैसे-वैसे मैं उसका मिलान उर्दू और अंग्रेज़ी अनुवाद से करता जाता था। अनुवाद में तो समय लगा ही, लेकिन अधिक समय उन अंशों को खोजने में लगा, जिन्हें उर्दू और अंग्रेज़ी अनुवादकों ने छोड़ दिया था। लगभग दो वर्षों की मेहनत के बाद अनुवाद पूरा हुआ। पांडुलिपि के हिन्दी पाठ के सम्पादन में श्री आनन्द स्वरूप वर्मा के योगदान को स्वीकार करना आवश्यक है। उन्होंने हिन्दी पाठ को बहुत सतर्कतापूर्वक देखा है और भाषा को चुस्त-दुरुस्त बनाया है।

मूल पांडुलिपि में हिजरी सन् का प्रयोग किया गया है। उस समय सरकारी तौर पर प्रचलित होने के कारण हिजरी सन् से सभी परिचित थे। हिन्दी अनुवाद में हिजरी सन् को बदलकर ईसवी सन् कर दिया गया है ताकि पाठकों को समझने में कोई कठिनाई न हो। कहीं-कहीं क्रम बदल गया है, लेकिन इस बात का ध्यान रखा गया है कि किताब का मूल न बदले। कहीं-कहीं फुट नोट्स भी लगाए गए हैं क्योंकि कुछ

ऐसे शब्द हैं, जिनका युगीन अर्थ कुछ और था और आज उनका अर्थ कुछ और है। अनुवाद के कारण भी चन्द शब्दों को समझ पाना कुछ कठिन है, इसलिए उन पर टिप्पणी करना आवश्यक था।

विश्वास है कि मिर्ज़ा शेख़ एतेसामुद्दीन के मूल फ़ारसी में लिखे गए यात्रा संस्मरण का हिन्दी अनुवाद कई दृष्टियों से महत्त्वपूर्ण माना जाएगा। यह किसी पहले हिन्दुस्तानी द्वारा लिखा गया यूरोप का पहला यात्रा संस्मरण है। इस कारण इसका न केवल ऐतिहांसिक और राजनैतिक महत्त्व है बल्कि इसके माध्यम से दो बड़ी संस्कृतियों के टकराव और मिलन के कई रोचक पक्ष सामने आते हैं। असग़र वजाहत जैसे प्रसिद्ध लेखक का इस पांडुलिपि में रुचि लेना इस बात का संकेत था कि अतीत के इस सफ़र से गुज़रने के बड़े मायने हैं।

आशा है कि हिन्दी समाज में इस अनुवाद का स्वागत किया जाएगा।

—डॉ. हैदर अली

अनुक्रमणिका